"기독교의 자기 성찰"
크고 두려운 날이 이르기 전에

"기독교의 자기 성찰"
크고 두려운 날이 이르기 전에

1판 1쇄 발행	2025년 1월 20일
1판 1쇄 인쇄	2025년 1월 20일
지은이	한 작은 그리스도인
펴낸이	정신일
편집	홍소희
교정	성주희
펴낸곳	크리스천리더
일부총판	생명의 말씀사 (02) 3159-7979
등록	제 2-2727호(1999. 9.30)
주소	부천시 성주로 96번길 제일빌딩 6층
전화	032) 342-1979
팩스	032) 343-3567
출간상담	E-mail:chmbit@hanmail.net
홈페이지	www.cjesus.co.kr
유튜브	크리스천리더TV

ISBN : 978-89-6594-377-8 03230
정 가 : 14,000원

- 이 출판물은 저작권법에 의해 보호받는 창작물이므로, 무단 복제와 무단전재를 할 수 없습니다.

- 잘못된 책은 구입하신 곳에서 바꿔드립니다.

"기독교의 자기 성찰"

크고 두려운 날이 이르기 전에

한 작은 그리스도인 지음

CLS 크리스천리더

서문

　근래 들어 하나님은 마음이 참 어려우실 것이다. 하루가 멀다고 교회들, 목사들, 믿는다는 자들이 방송, 신문, TV 등에 줄줄이 소환당하기 때문이다. 그것도 돈, 부패, 성적 타락, 싸움 등 악한 죄악들이 원인이다. 그러면 세상 사람들은 기독교를 향하여 마구 분노를 쏟아 낸다. 예수님은 2000년 전과 같이 또 조롱과 침 뱉음을 당하시고, 빌라도 TV, 헤롯신문, 가야바 라디오 등에 또 모진 매를 맞으시는 것이다. 그들은 소리를 지른다.
　"못 박아라. 못 박아라. 못 박아라."
　오늘날 바로 우리 때문에, 당신 때문에, 예수님은 또 아픔과 모욕을 당하고 계시다. 참 슬픈 기독교의 자화상이다. 한국 교회의 이러한 모습들에 대하여 당신은 애통한 마음이 있기는 한가? 얼마나?
　한 달리던 사람이 달리기를 멈춘 채 하염없이 길가에 앉아 있다. 그의 얼굴에는 깊은 고뇌가 있다. 그 사람의 명찰을 보라. 아! 그리스도인이라는 바로 '당신의 이름'이 적혀 있다. 또한 '한국 기독교'라는 이름이기도 하다. 그는 지금 무력감과 혼돈 속에 잠겨 있다. 그는 조용히 지나온 신앙의 여정을 돌아본다. 기뻤던 아팠던 어려웠던 수많던 순간들….
　'믿음의 짧지 않은 세월을 달려왔어. 그래도 그때는 확신이 있었고 열심과 감격의 찬송들이 있었지.'
　'주와 같이 길 가는 것 즐거운 일 아닌가. 우리 주님 걸어가신 발자취를 밟겠네 한 걸음 한 걸음 주 예수와 함께 날마다 날마다….'
　그때는 가진 것이 적었어도 참 기뻤고 감사했어. 하나님과 교회를 사랑했지. 잠을 덜 자도 피곤을 몰랐고 골목길을 외치며 달렸었어.
　'예수 믿으세요. 예수 믿으세요. 예수 믿으세요.'

'저 멀리 보이는 나의 시온성 오 거룩한 곳 아버지 집
내 사모하는 집에 가고자 한밤을 새웠네.'
천국이 큰 위로였고 주님과 함께하는 것이 삶의 기쁨이었지. 그때는 예수님 믿는 것이 참 행복했는데….
그러나 믿음의 길 몇십 년, 지금의 한국 교회.
어떻게 해서, 왜, 이 안개 자욱한 죄악의 골짜기에 빠졌는지 몰라. 목적도 목표도 상실한 넓은 길 타락의 신앙, 온갖 것이 가득한 혼탁의 종교가 되어버렸어. 열정도 순수도 첫사랑도 다 잃어버린듯해. 이미 기독교가 아닌 것 같아. 이제는 세상의 조롱거리가 된 한국 교회의 길을 멈추고 길가에 앉아 고뇌의 시간을 갖는다.
코로나바이러스, 전 지구적 산불들, 재난들, 전쟁들…. 세상은 이전과 달리 수많은 마지막 때의 모습들을 나타내고 있다. 정말로 무언가 심각한 일이 일어나고 있는 것이 확실하다. 종말의 시대이다. 그러나 한국 기독교는 여전히 눈먼 소경이요, 세속의 술에 깊이 취해 비틀거리고 있다. 지금은 종말 즉 주님의 재림이 멀지 않은 때요, 심판과 징벌을 앞둔 시대요. 하루하루 정신 바짝 차리고 예의주시하여 길을 가야 할 시기이다. 본 책은 이 두려운 시대 한국 교회의 회개를 요청하는, 애통한 그리고 경고와 소망의 작은 이야기들이다. 무엇보다 주님의 재림이 아주 가까운 시대임을 알리고자 하는 내용이다. 쭉정이요 초보요 저급한 넓은 길 기독교에서 나와, 이제 올바른 삶을 살고, 천국과 재림을 준비하는 높은 신앙으로 나아가야 할 때이다. 진정 정신 차리고 본질로 돌아가야 한다. 시간이 많지 않다고 본다.

마라나타!

차례

1장 한국기독교의 자기 성찰 · 8
시대의 성찰 / 당신의, 당신의 교회 신앙의 성찰 / 초보기독교 어린아이 기독교 / 당신은 영적 쭉정이는 아닌가? / 구원받았는가? / 한국 기독교 위기의 근본적인 원인

2장 뒤를 돌아보라 · 34
지나온 영광의 복음의 여정 / 땅끝까지 이르러 / 우리나라와 함께하신 하나님 / 우리나라의 위대한 신앙의 영웅들

3장 다른 복음 · 60
저주받을 다른 복음 / 예수님을 믿는다고 하나 이용하는 자들(가롯 유다는 아닌가?) / 다른 복음으로 가는 이유 / 틀린 복음에 대하여(자유주의 다원주의 가톨릭)

4장 진정한 복음 · 95
하나님은 진정 살아계신다. 그분은 전능하신 분이시다 / 예수 그리스도 그분은 하나님이시다 / 예수 그리스도의 십자가 / 예수님의 부활과 재림 그리고 우리의 부활 / 천국 죄와 사망 심판 / 진정한 복음을 가르쳐야 한다.

5장 목회자들에 대하여 · 136
한국 교회와 목회자들의 한 단면들 / 콜라병 기독교 / 인간의 크고자 하는 마귀의 병 / 한 영혼의 중요성 / 교회 세습의 큰 죄 / 진정한 교회

6장 재물과 하나님 · 165

돈이 하나님이 된 한국 교회들 / 재물과 하나님을 겸하여 섬길 수 없다 / 황금골짜기 / 목회자는 청빈을 자부심으로 여길 줄 알아야 한다 / 하늘에 쌓는 삶

7장 거룩함과 성령의 열매 · 182

죄를 죄로 느끼지 못하는 한국 교회 / 거짓말의 죄 / 거룩함 / 기독교는 삶이 / 성령의 은사 성령의 열매

8장 주님의 재림 신앙의 회복 · 204

예수님의 재림을 단단히 믿어야 한다 / 주님의 재림은 멀지 않다 / 주님은 아주 갑자기 오실 것이다 / 시와 때를 주의하라 / 재림 신앙이 없으면 우상 숭배가 된다 / 재림 신앙이 그리스도인의 삶을 가장 잘 살아내게 한다 / 영광의 그날을 사모한다

9장 다가오는 날들의 예측과 대비 · 221

재난의 시작이라 / 전쟁의 증가 / 미혹들의 증가 / 기독교 대박해와 배교 / 복음의 땅끝 전파 / 이스라엘의 회복 / 마지막 세계적 대 부흥과 대추수의 예측 / 초대교회 형태로 갈 것이다 / 전 지구적인 권력과 지도자의 가능성 / 가톨릭의 미 / 마치는 말

1

한국 기독교의 자기 성찰

　2020년은 온갖 재앙들이 지구상에 한꺼번에 닥친, 이전과 너무 달랐던 아주 특별한 한 해였다. 코로나바이러스가 온 세상을 덮어버렸고, 아마존과 호주, 미국 유럽 시베리아가, 아니 온 지구가 불탔다. 수십억 동물들이 타 죽었고, 북아프리카에서 시작된 메뚜기 떼는 아시아 지역까지 밀려왔었다. 이제 40도 50도를 넘어가 버리는 지구, 앞으로 세상은 어떻게 될까?
　2023년, 팬데믹은 벌써 4년째 긴 터널은 끝이 안 보이고, 더하여 전쟁과 기근의 두려운 소식들이 쏟아지고 있다. 이전에 이렇게까지 많은 재난들이 한꺼번에 몰려오고 또 이렇게 심각했던 때가 있었던가? 그러나 이는 이제 작은 시작들에 불과할 것이다.

"이 모든 것은 재난의 시작이니라" (마태복음 24장 8절)

"외식하는 자여 너희가 천지의 기상은 분간할 줄 알면서 어찌 이 시대는 분간하지 못하느냐" (누가복음 12장 56절)

　어찌 기독교란 존재가 죄와 변질에 파묻혀, 곧 다가올 두려운 재앙의 시대 앞에 감각을 잃었는가? 교회는 세상을 맑게 하여야 하나 오히려 세상 복 받는데 정신이 팔려, 다가오는 마지막 시대 앞에 취할 대책마저 없다. 그냥 흘러가는 세월 속에 교인들 수만 세고 있다.

정신 차려야 한다. 지금은 정확히 예수님의 재림을 생각하여야 할 때다. 이 종말 시대의 심각성을 자꾸 무마하거나, 자꾸 밀쳐버리기만 해서는 안 된다. 두려움은 안 되지만 두려워할 줄은 알아야 한다. 깨어서 정신 차리고, 나타나는 종말적 징조들을 보고, 지나온 하나님의 역사를 돌아보며, 현재 자신의 신앙들에 깊은 질문들을 던져보아야 할 때다. 깊이 자기 자신을 성찰하는 마음이다.

지금의 한국 교회들은 너무나 향방 없는 싸움을 많이 하고 있다. 어디가 문제인지, 무엇이 잘못되었는지, 어디부터 손봐야 하는지 도대체 모르는 것 같다. 답답하다.

이 1장에서는 먼저 신앙인 자신들과 한국 기독교의 신앙의 현주소를 깊이 비추어 보고자 한다. 그래야 그 심각성이 보이고 앞으로 대처하여야 할 바를 알게 될 것이다.

시대의 성찰

거대한 강이 도도히 흐르고 있다. 그 큰 강의 이름은 '역사'이다 그 '역사'란 이름의 강 위에는 지금 큰 기선 한 척이 항해하고 있다. 잘 보자. 그 배의 이름은 '인류호'이다, '역사의 강' 위를 항해하고 있는 '인류호' '인류'라는 이름의 큰 기선은 강의 건너편 땅으로 가고 있다. 그 땅의 이름은 '유토피아'라고 불리어왔다. 건너편의 땅 '유토피아'…. 이에는 행복이 있다는 전혀 정확하지 않은 '막연한 희망'의 전설이 예로부터 내려오고 있다.

'인류호'의 사람들은 오래전부터 그 이름을 향하여 항해해 왔다. 하지만, 있다고는 해 왔는데…. '인류호'가 긴 세월 역사의 강을 지나왔다고 하는데…. 여전히 유토피아는 보이지는 않는다. 아니 오히려 갈수록 '자멸의 안개'만이 더욱 깊어가는 듯하다.

근래 들어 '역사'의 강의 상황은 더욱 안 좋아지고 있다. 광풍과 폭풍우가 점점 심해지고 물결이 사나워지며 유속이 빨라져 '인류호'의 요동이 더욱 커지고 있다. 이전과는 전혀 다른 것 같다. 또 '인류호'가 떠내려가는 저기 강의 아래쪽으로부터 두려운 듯한 거대한 소리가 들려온다,

'콰 아아…! 콰 아아…!'

"이게 무슨 소리지?"

인류호의 사람들이 두려워하며 갑판에 모여들었다.

"아니, 앞으로 인류호의 항해에 무슨 큰일이 생기는 것은 아니겠지요? 점점 나쁜 징조들이, 그것도 아주 급속도로 많아지는 것 같아서요."

그러자 또 다른 사람들이 말한다,

"으흠…. 좀 심각해져 가는 것은 맞아요. 그러나 에이 걱정하지 마시오. 우리 '인류호'에는 '과학'이라는 이름의 사람들이 타고 있어요. 잘 대처할 거요. 또 '문학'이라는 사람들, '예술'이라는 이름의 사람들이 우리의 항해에 흥을 돋우어 주고 있고요. 또 '이성'과 '철학'이란 이름의 사람이 항해의 방향도 잡아주고 있지요."

"이 '인류호'를 믿어 봅시다. 어쨌든 지금까지 잘 왔잖소. 설마 무슨 큰일이야 나겠소? 뭐 설마…."

"자, 걱정스럽게 생각하면 즐거움의 흥이 깨지니 이전처럼 잘 될 거라는 '낙관의 마음'을 또 회복합시다. 뭐 그리 머리 아프게 생각할

것 없소. 걱정은 떨쳐버려요. 해는 내일도 내년도 똑같이 뜰 거요. 허 허 허"

그러자 또 다른 사람이 맞장구를 쳤다.

"맞아요. 유속이 좀 빨라지고 암초들이 나타나고 이전과 많이 다르기는 하나, 지나온 '인류호'의 항해에 그런 일은 항상 있어 왔잖소. 애써 두려워 맙시다. 다 잘될 거요. 또 '과학' 씨 외에 '인간의 능력'이란 이름의 유능한 엔지니어도 타고 있잖소. 그들을 믿읍시다. 마침내는 그 '유토피아'라는 땅에 도달할 거요. 자아, '재미와 즐거움'의 붉은 선실로 들어가 놉시다."

그때 어떤 외침들이 배 한편에서 울려 났다,

"정신 차리시오. 깨어나시오. 곧 거대한 무서운 폭포에 이를 거요. 그 폭포의 이름은 '종말'이요. 저 소리가 들리지 않소? 물살이 심히 사나워짐이 안 느껴진다는 말이오. 이 종말의 폭포는 하나님의 심판이요…. 이제 '인류호'는 작은 종이쪽 같이 찢어져 버릴 거요. 진정이요. 죄로부터 돌이키시오. 돌아오시오."

"보시오. 유속이 아주 빨라지고 있어요. 잘 들어보시오. 콰아아 하는 거대한 소리가 안 들린단 말이오? 이제는 돌이킬 수가 없어요."

그들은 어떤 오래된 듯한 책을 펴고 외치고 있는데, 그들은 '크리스천'이라는 이름의 사람들이었다. 인류호의 잘났다는 사람들의 얼굴이 일그러져 갔다.

"아휴, 저 정신병자 같은 사람들 또 시작되었네. 그런 종말의 폭포가 있다고 누가 그런다는 말이오."

"이 책에 쓰여 있소. 이 책은 '성경'이라는 정확한 지도요. 다 이루어졌다고요. 이 '역사'라는 이름의 강을 만든 분이 준 것이지요."

"아니, 이 강은 오랜 세월 그냥 우연히 만들어져 왔지 뭐 누가 만들었다니… 미친 사람들…."
"그냥 무시하자고…."
"혹시, 그래도 우리는 이 역사의 강의 앞길은 전혀 모르잖소. 앞으로 그러한 거대한 폭포가 있을지도 모르는 거고요. 점점 심각하게 위험해지는 것이 확실한 사실인 건 맞잖아요, 또 저 멸망의 소리 같은 섬뜩한 소리도 들리잖아요. 귀담아들어 봐야 하지는 않을까요?"
인류호의 많은 사람은 크리스천이란 사람들의 소리를 무시하고 조롱하면서도 이전보다 더욱 사나워지는 폭풍과 흔들리는 인류호를 보자 한편으로는 깊은 두려움이 밀려온다. 그들은 크리스천이란 사람들의 말이 맞을 수도 있겠다 생각하면서도 머리를 흔들어 그러한 생각들을 떨쳐버리려 애쓴다.
"이전에도 저러한 자들은 많았잖아. 설마 무슨 종말까지 이르겠어. 이러다 좋아지겠지. 다 극복하고 이겨 낼 거야. 이 역사의 강을 만든 이가 있다느니 또 종말에 대하여 쓰여 있다느니 하는 그런 말을 믿지 말자고…."
그들은 배 안에서 재미의 소리, 진미의 먹는 소리, 마시는 소리, 신나는 쾌락과 죄의 풍악 소리들이 울려 나오자 슬금슬금 다 들어가 버렸다.
"들으시오. 정말로 하나님의 종말의 폭포가 가까이 다가오고 있어요. 회개하고 하나님께로 돌아오시오. 이 책에 다 기록되어 있소. 세상의 징조들이 성경과 다 일치되어가고 있단 말이요."
바로 그때, 같은 크리스천 사람들 같기도 하고 아닌 듯도 한 어떤 비슷한 사람들이 목소리를 높였다.
"아휴, 그만하시오. 그만! 창피해 죽겠어. 우리도 그 책을 믿는다구요."
"허나, 자꾸 종말의 폭포 심판의 폭포 하는데 우리가 보기에는 아니에요. 또 그렇다고 해도 아직 멀리 있어요. 지금이 아니요."

또 어떤 자들은 말한다,

"그 지도는 오래전에 만들어졌기 때문에 그대로 해석하면 안 돼요. 그동안 이 역사의 강도 많이 변했소. 그대로 믿으면 안 되오. 그 지도만 붙잡지 말고 다른 책들도 좀 참고하고 좀 지식을 많이 쌓으시오. 또 사람들이 듣기 싫어하는 말을 왜 한단 말이오."

그들은 믿는다고 하면서도 외치는 사람들을 업신여기며, 재미의 객실 쪽을 기웃거린다. 갑판 위에 나와서 보던 '인류호'의 다른 사람들은 조롱하듯 비웃으며 말한다,

"아휴, 자기들 속에서도 서로 다투는 주장들이 어찌 사실일까? 허 참."

이들을 바라보던 '크리스천'은 책을 펴보고 또 펴보며 안타까운 연민의 눈으로 그들을 바라보다 다시 외치기 시작한다.

"이제 곧 멸망의 폭포에 이를 거요. 심판과 종말이요. 들으시오. 두려워하시오. 정신 차리고 회개하시오."

'콰아아… 콰아아…' 서로들 떠들고 있는 사이 폭포의 소리는 점점 더 커지고 더 선명하게 다가오고 있었다.

얼마 전 유엔 사무총장은 이러다가는 인류가 몰살당할 거라고 공개적으로 이야기하였다. 지금 순간도 TV에는 온 유럽이 또 온 지구가 고온에 수없이 죽고 불타는 상황을 보여주고 있다.

성경은 이렇게 분명히 말해주고 있고, 종말적 재앙들이 큰 경고음들을 울려주고 있는 것은 확실한 사실인데…. 기독교는 세상과 똑같아서 종말을 외치지도 못하는 벙어리 개가 되어간다. 눈먼 시각장애 기독교요, 외치지 못하는 교회들이요, 탐욕 가득한 목자들이다.

"이스라엘의 파수꾼들은 맹인이요 다 무지하며 벙어리 개들이라 짖

지 못하며 다 꿈꾸는 자들이요 누워 있는 자들이요 잠자기를 좋아하는 자들이니 이 개들은 탐욕이 심하여 족한 줄을 알지 못하는 자들이요 그들은 몰지각한 목자들이라" (이사야 56장 10절~11절)

우리의 기독교는 현재 너무 많은 것들이 잘못되어 있다. 이제 더욱 심각해질 재난과 난리의 일들 앞에, 여전히 변하지 않으면 큰 재앙이 될 것이다.

주님이 가까운 이 시대에 당신은 어떠한 준비가 되어있는가? 이러한 심각한 사실들을 보면서도 또 무시하고 또 다르게만 해석하고 또 가벼이만 여길 것인가? 회개와 깊은 자기 성찰로 들어가기를 바란다. 정신 차리고 진정한 신앙과 참 복음으로 돌아가야 한다. 더 늦기 전에 그리하여야 한다.

자신은 옳다는, 자신은 문제없다는 착각을 버리라. 지금 설교하고 말하고 내뱉는 말들과 안일하게 행하는 것들에 닥칠 책임의 대가를 생각하라.

당신의, 당신의 교회의, 현재 신앙의 성찰

한 주간이 정신없었다. 너무 빠르다. 이제 토요일 저녁이 되었으니 평소와 다르게 마음을 가다듬어 본다. 일주일 내내 구석에 방치하였던 믿음, 그 모양을 조금 찾아낸다. 확신도 기쁨도 이제는 아지랑이 같이 아득하다.

주일 아침에 눈이 떠졌다. 그래도 신앙의 마음을 조금은 만들어 내야 미안한 감이 덜 할 것 같다. 행방불명되었던 성경을 용케 찾아내었다. 죄송한 마음 쪽으로 가려는 복잡한 생각을 당기며 무작정 한 번 펼쳐본다.

"어? '내가 복음?' 아니, 성경에 이런 이름의 복음이 있었나? 새로 생겼나?" 자세히 다시 본다,

"아, 그럼 그렇지." 무릎을 한번 탁 쳤다. '누가복음이지.' 내가 잘못 봤구나. 일주일 내내 성경 한번 제대로 안 읽고 살아서 그렇게 보인 것인가?" 누가복음을 구별해 낸 자신에 멋쩍은 장함을 느낀다.

"그래도 기도 한 번 정도는 해야겠지? 으흠."

안 나오는 믿음의 어색함을 헛기침으로 떨치고 작으나 비장한 듯 '주우여!'를 외쳤다.

"나여?"

"아이코, 어찌 입에서 이런 소리가 나오나? 나는 분명히 '주여'라고 외친 것 같은데…. 내 믿고 싶은 대로 믿는 기독교 속에 살아서 그런가?"

요즈음의 신앙들을 생각하면 이렇듯 씁쓰름하다. 주일 오전 교회에 와 앉았다. 좀 어색하다. 죄송한 듯한 자기 연민을 신앙의 간절함으로 전환하는 데 어려움을 느낀다. 그래도 얼굴과 마음에 엄숙한 영역을 좀 확보해야 한다. 너덜너덜해진 믿음을 주변 분위기에 도움 받아 조금 살려내려고 애써 본다. 마침 성가대와 악단의 소리가 찬송가 323장으로 믿음의 상승을 도와준다.

'부름받아 나선 이 몸 어디든지 가오리다.'

그런데…부름을 받았다고? 무슨 부름이지? 정말로 어디든지 가고 있나? 소외된 곳 작고 가난한 곳으로 가라고 하는데. 교회는 이미 몇 만 명인데 자꾸 우리 교회로 더 모으라고 더 오라고 한다. 성경은 찬송은 가라고 하는데…. 주님은 그러셨는데….

갈수록 더 커지는 교회, 멋진 성가대, 관현악단, 굉장한 음향 시스템, 수억 대의 헌금들. 하지만 구석구석 골목들 시골 어촌의 소외된 교회들은 늘어만 간다. 교회 건물은 웅장해지고 주변 소유 부동산들은 많아지고 목사님 차는 비싸지는데. 지구상 여기저기는 오늘도 배고픔과 아픔들에 아우성이다. 주님은 낮고 천한 곳으로 한 사람에게로 소외된 곳으로 가라고 하셨는데, 제자들도 핍박받는 곳으로 그렇게들 떠나갔고, 그들을 위하여 죽었는데. 그런데 당신은 크고 화려하고 거대한 자신의 교회 건물을 힐긋 쳐다보며 뿌듯함을 느낀다. 그리고 오늘도 교회당에 앉아 자꾸 행하지도 않을 노래들만 반복한다.

'어디든지 가오리다.'

'어디든지…. 어디든지…. 어디든지….'

'멸시 천대 십자가는 내가 지고 가오리니'

멸시 천대라고? 그런가? 가사를 바꾸어야 하지 않나? 요즘 시대의 맞는 신종 기독교로….

'영광, 성공, 유명세는 내가 지고 쓰고 가오리니,'라고….

세상에 잘났고 부자 되고 세상의 성공이 오늘날의 기독교 아닌가? 예수님 이름 팔아 나의 이름 널리 널리…. 우리는 하여간 성경과는 달라도, 말씀대로 살지 않아도, 매일 찬송은 녹음기처럼 잘도 한다. 안 나오는 감동들을 짜내가면서. 삶에 변함이 없으니 교회 문만 나가면 신앙은 일주일 동안 실종된다.

'멸시 천대 십자가는 내가 지고 가오리니, 내가 지고 가오리니, 내가 지고…. 내가 지고….'

도대체 무슨 멸시 천대를 자기가 또 교회가 진다는 것인지? 오늘도 이번 주도 우리는 나를 위하여 목회하고, 나를 위하여 교회로 간다. 그것도 예수의 이름을 도구로 이용하여….

'이름 없이 빛도 없이,'
'존귀 권세 모든 영광, 주님 홀로 받으소서'
 정말로 이름도 없이 빛도 없이 하는가? 아니다. 좀 솔직해지자. 주님이 아니다. 나다. 존귀 영광 모든 권세 '나여 홀로 받으소서.'
 이름을 알려라. 명함도 직책도 방송으로 유튜브로도…. 아둥바둥 유명해지려고, 비집고 이름 한 번 더 알리려고, 손뼉 쳐 주는 사람 하나 더 늘이려고, 더 많은 사람 위에 오르려고, 얼굴 한 번 더 내밀려고…. 목회도 기업과 같은 거야. 어떻게든 크게 성공하면 되는 거야.
'영원히 즐거운 천국에서 거룩한 아버지 함께 살겠네'
 영원히 즐거운 천국에서 아버지와 영원히 살겠다고? 요즘 천국 가고 싶은 교인이 있기는 한가? 또 천국을 가르치기는 하나? 사랑하는 주님 만나러 간다는데 실상은 죽음이 너무 싫고, 두렵고 인기 없는 천국. 또 교인들을 그렇게 만든 목회자들. 세상 복 받으라는 달콤한 설교만 전하는, 또 그렇게만 듣고 싶어서 하는 교인들. 영원히 즐거운 천국에서? 입만 살아있는 기독교가 되었다.
'천국에서 주님과 살고 싶네. 영원히?'
 오늘도 이렇게 웅장한 악단에 성가대의 소리에 또 웅변 같은 대단한 설교를 들은 것 같다. 그런데 교회를 나서니 '부끄러운 기독교'가 눈앞 신문 판매대를 장식하고, 그 기독교가 길거리 TV에 난도질당하고 있다. 바로 믿음 믿음 하는 당신 때문이요, 당신의 교회 때문이다.

"네가 말하기를 나는 부자라 부요하여 부족한 것이 없다 하나 네 곤고한 것과 가련한 것과 가난한 것과 눈먼 것과 벌거벗은 것을 알지 못하는도다" (요한계시록 3장 17절)

나는 잘하고 있어 나는 문제없어라고 생각하는데 주님은 말씀하신다.

'네 속의 추함, 너의 부끄러움, 너는 눈멀었어, 벌거벗은 너를 봐. 제발…. 너의 믿음의 문제들을 인정할 줄 알아.'

요즘 우리의 신앙 모양은 여전히 반복하고 있는데, 내면은 텅텅 비어 간다. 기독교가 본래 이런 거였나? 이렇게 믿는 것이 맞나? 앞으로도 이 상태로 계속 가야 하나? 머리는 복잡한데 시원한 답은 없다. 그래도 무언가 신앙의 답답함이 느껴져 초대교회로 돌아가야 한다고 외친다.

'초대교회로 돌아갑시다. 돌아갑시다. 다 같이 통성으로 기도합니다. 와아아….'

이렇게 기도 소리는 요란한데, 초대교회 교인들의 삶을 알기는 하고 외치는가? 기도한 대로 삶을 바꾸고는 있는가?

'그들(그리스도인들)은 처참하게 죽임을 당했다. 어떤 사람들은 맹수의 가죽으로 덮여 개들에게 먹히도록 던져졌고 어떤 이들은 십자가에 못 박혔으며 다수는 불태움을 당했고 많은 사람은 불이 붙여져 밤새도록 횃불 노릇을 하기도 하였다, 그러나 그들의 박해는 헛수고였다. 온갖 박해 방법이 동원되었으나 거의 아무도 변절하지 않았다. 그들은 기꺼이 감옥에 광산에 유배지에 끌려갔다. 죽음을 피하려 하기는커녕 죽음을 달게 받기를 원하는 것처럼 보였다.' (타키투스. 세계선교 역사 : 허버트 케인)

'그들은 이방인들에게 밝은 빛을 비추어 주었다. 큰 전염병이 돌자 기독교인들은 지독한 질병 중에 그들의 형제애와 인정을 세상 사람들에게 행동으로 보여준 유일한 사람들이었다. 매일매일 어떤 이들은 시체를 돌보고 매장해 주었고 굶주린 자들을 살폈다. 재력이 부

족했음에도 불구하고 고통받는 이들을 위하여 최선을 다했다.' (유세비우스 : 세계선교 역사)

그들은 사랑과 순결의 올바른 삶으로 결국 로마를 이긴다. 그들의 신앙은 진짜였다.

초대교회와 너무나 다른 지금의 기독교. 성경과 너무 틀린 지금의 신앙들. 본질과 너무 달라져 버린 교회들. 지금 우리가 믿는 이 기독교가 본래의 기독교, 진짜 기독교가 맞는가? 전혀 아닌 것 같다. 진짜 기독교라면 이럴 수가 없다.

당신 자신은 지금 문제가 없다고 굳게 생각할 수 있으나 아닐 수 있다. 손가락을 다른 사람에게 돌리기 전에 먼저 자신에게 향하라. 바로 당신이 또 당신의 교회가 이미 사망 지옥 영벌의 땅에 가 있을 수 있다. 너무 거북스러운 말인가? 그래도 들어야 할 것 같다. 그러한 시대 앞에 있기 때문이다. 무섭고 두려운 것임을 알자. 이미 신앙의 알맹이는 하나도 없고 모양만 남아 있을 수 있음을 알자.

"경건의 모양은 있으나 경건의 능력은 부인하니 이같은 자들에게서 네가 돌아서라"(디모데후서 3장 5절)

초보 기독교. 어린아이 기독교

장로님 구원받으셨어요?
아이 뭘 그렇게 직설적으로 물으셔….
그럼 주님을 인격적으로 만나셨나요? 아니면 거듭나셨나요?
그런 말은 잘 모르겠는데….

그러면 편하게 여쭈어볼까요? 만약 지금 돌아가시면 천국 가실 것 같으세요?

글쎄, 지난주는 괜찮았는데, 이번 주는 화도 내고 술도 한잔했거든…. 그래서 그런지 지금 당장 죽으면 천국 못 갈 것 같아.

권사님 왜 이번 주 교회 나오지 않으셨어요?

에이, 나 이제 안 갈 거요. 내가 교회에 얼마나 많이 봉사하고 헌금을 얼마나 많이 냈는데…. 그런데, 우리 아이들이 사업에 자꾸 실패해…. 하나님이 그러시면 안 되지.

이번 주 우리 교회 오셔. 대학입시를 위한 특별 기도회가 있다오. 좋은 대학 보내야 돈 잘 벌고 성공하지.

우리 교회는 요가 교실, 음악회, 동호회, 은행까지…. 뭐 없는 게 없어. 오셔.

집사님 어디 가셔요?

용하다는 기도원에요.

또 가셔요?

네, 다음 주에 아파트 추첨이 있잖아요, 하나님에게 응답받아내야지. 좋은 아파트 있잖아요, 아, 이번 기회에 재산 좀 더 키워 가야지. 그래서 작정 기도하러 가요!

김 목사님! 좋은 부흥강사 몰라요?

왜요? 이 목사님

교회를 신축해야 하는데 헌금 많이 내게 설교하는 목사님을 초청하려고….

권사님 안녕하세요!

네 안녕하세요.? 그런데 말이죠 우리 목사님 설교가 듣기가 싫어.

왜요?

자꾸 천국 이야기에 예수님의 재림이 멀지 않다느니 죄가 어떻고 죽음이 어떻고…. 요즘 트렌드에 맞는 설교를 해야지 말이야. 웰빙, 건강, 축복, 성공…. 목회 성공! 목회 성공! 전도! 전도! 나가자!

아니, 박 목사님 지금도 교인이 천명은 되잖아요. 그런데 더 필요해요?

만 명은 돼야지. 만 명은….

그러세요? 예수님은 한 명의 영혼을 위하여 사셨는데 말입니다.

요즈음 말이야 카톡에 기독교인들이 서로 싸우고 난리 났어요.

왜요?

누구는 누구 밀자, 또 이 정권이 옳다, 우파는, 또 좌파는. 서울 광장으로 가자. 누군 아니다. 누가 잘못이다…. 법원에도 기독교인들이 가득하대요!

집사님 다니는 교회 세습한다면서요? 온 나라 사람들도 교회들도 손가락질하고 난리인데….

허 참, 우리 교회가 세습을 하건 말건 우리가 좋다는데. 우리만 좋으면 됐지. 왜 남이 난리래.

남이요? 그러면 한국 교회들과 교인들이 다 실족해도 자신의 교회만 좋으면 된다는 말이에요? 그러면 집사님 교회는 이미 기독교가 아니네. 예수님이 한 몸이라고 하셨거든요. 예수님은 한 명의 영혼이라도 실족시키지 말라고 하셨거든요!

아! 초보! 초보! 초보 기독교이다. 저급한 기독교요, 형편없는 기독교이다. 초대교회와 너무 다른 기독교, 성경의 가르침들과 너무 다른 기독교, 정말로 영적 아이 같은 기독교가 되었다.

"때가 오래 되었으므로 너희가 마땅히 선생이 되었을 터인데 너희가 다시 하나님의 말씀의 초보에 대하여 누구에게서 가르침을 받아야 할 처지이니 단단한 음식은 못 먹고 젖이나 먹어야 할 자가 되었도다" (히브리서 5장 12절)

'때가 오래되었으므로…'
때가 오래되었는데도…. 한 삼십 년은 믿었는데도…. 여전히 기독교 기초만도 못한 초보 교인들, 영적 아이 교회들, 영적 아이 목회자들이 교회에 가득하다. 긴 세월 당신은 도대체 무엇을 믿었는가? 도대체 무슨 성장을 이루었는가? 헌금 더 많이 내게 되었고, 직분 하나 더 올라갔고, 교회 더 커진 것이 성장인가?
요즈음 주변의 오래되었다는 높은 직분을 가졌다는 분들을 만나면 절망하게 된다. 천국에 대한 확신은 고사하고 물어보면 기독교 신앙의 기초도 모른다. 거대한 교회당을 만들고, 수많은 교인의 교회가 되었어도, 아예 목회자 자신이 영적 아이와 같은 수준인 사람들이 너무 많다. 그래서 오늘도 교회들과 목회자들의 문제가 쏟아지고 있다.
오늘날 신천지 같은 이단에 가 보면 이전에 장로요 권사였던 사람들이 아주 많다고 한다. 기독교의 기초도 모르니 그냥 미혹에 넘어가 버린 것이다. 많이는 모아놓았는데…. 무엇을 가르친 것인지…. 아이요 초보만 만들어 마귀에게 노략질당하고 지옥 백성이 되게 한 한국 교회들…. 그 책임이 어찌 가벼울까?

당신은 영적 쭉정이는 아닌가?

당신과 당신의 교회는 알곡인가 쭉정이인가? 겉은 화려하고 여전히 찬송하고 설교를 듣고 수많은 사람이 모여 있어도 투영해 본다면 쭉정이만 가득 앉아 있을 수 있다. 돈으로, 세습으로, 부정직과 다툼으로, 성적 타락으로, 정치로 온갖 문제들이 가득하여 쭉정이들만 앉아있는 한국 교회들…. 알맹이 없는 쭉정이인데 스스로 잘 믿고 있다고 착각하는 가짜들이 너무 많다.

그러나 심판의 차가운 겨울, 늦가을이 되면 열매들은 선명하게 농부 앞에 서야 하고 그 본질은 반드시 벌거벗은 듯 드러나게 된다. 가지와 잎은 무성했는데 하나님이 인정하시는 열매는 하나도 없을 수 있다.

예수님이 오셨을 때 세상이 그랬다. 예루살렘에는 거룩한 듯한 성전 예배가 가득했고, 잘 믿는다는 바리새인들 서기관들 제사장들이 여전히 온갖 거룩한 모양으로 예배하고 있었다. 그러나 하나님이 보시기에는 온통 거짓이요 쭉정이들이었다. 오늘날 그러한 교회들 그러한 목자들이 부지기수다. 광야에서 예루살렘을 바라보는 세례요한의 마음은 고통스러웠을 것이다. 그리하여 심판을 외친다.

"회개하라, 천국이 가까웠느니라." "이제 도끼가 나무뿌리에 놓였으니…."

"손에 키를 들고 자기의 타작 마당을 정하게 하사 알곡은 모아 곳간에 들이고 쭉정이는 꺼지지 않는 불에 태우시리라" (누가복음 3장 17절)

늦가을 추수 때 들판의 농부는 키에 타작한 것들을 올려놓고 흔들어 댄다. 그러면 신기하게도 알곡과 쭉정이들이 분리가 일어난다. 그때가 되면 겉은 멀쩡한데 실상은 쭉정이인 모든 것들이 다 밝혀진다. 농부는 알곡은 소중히 수레에 싣고 쭉정이들은 불을 싸지르고 돌아간다. 예수님은 이제 오셔서 키를 흔들어 알곡은 천국에 쭉정이는 지옥 불에 던지실 것이다. 지금은 바로 예수님의 다시 오심을 앞둔 급박한 시대이다.

  이번 코로나바이러스는 하나님의 흔드시는 작은 키에 불과하다. 이번의 일들로 교회들은 많은 시험대 위에 올랐으며 그 결과들을 보고 있다. 교회들의 가려졌던 내면들이 마구 드러났다. 수많은 교인이 떠나고 신앙을 버렸으며 교회들이 문을 닫았다. 분리가 일어나고 있다. 그러나 하나님의 흔드심은 작은 시작일 뿐이다.

  이제 더 크고 깊은 재난들 전쟁들 경제의 어려움 등과 온갖 재앙들이 다가올 것이다. 이번 코로나바이러스를 기점으로 하나님의 흔드심은 세계적으로 더 커지고 격렬해질 것이다. 점점 쭉정이 교인들은 떠나갈 것이요, 쭉정이 교회들은 비어 가는 것을 보게 될 것이다. 이제 덩그러니 삭막한 교회 빈 건물들을 수없이 보게 될 것이다. 그러기 전에 깊은 성찰과 본질의 회복으로 가야 한다.

"그러나 인자가 올 때에 세상에서 믿음을 보겠느냐 하시니라" (누가복음 18장 8절)

  모으기만 할 것이 아니요, 이제는 한 영혼이라도 알곡을 만들기에 힘쓰라. 텅 빈 쭉정이임을 인정할 줄 알아 아직 기회가 남아 있을 때 알맹이를 이루기를 바란다. 한 교인이라도 제대로 된 천국 영혼을 만들어야 한다. 돌이킬 수 없는 영적 늦가을이 이미 이르고 있다. 차

가운 겨울이 이르기 전에 자신을 돌아보라. 여전히 겉만 키우기 전에, 있는 영혼을 한 명이라도 더 알곡을 만들어야 한다.

"이미 도끼가 나무 뿌리에 놓였으니 좋은 열매 맺지 아니하는 나무마다 찍혀 불에 던져지리라" (누가복음 3장 9절)

이미 도끼가 나무 뿌리에 놓이고 있다.

구원은 받았는가?

개인적인 체험이지만 깊이 기도하며 써 보기로 한다. 1987년, 하나님의 살아계심을 경험하고 이제는 하나님의 뜻대로 살아야 함을 알게 되어 깊이 기도하는 중이었다. 아주 맑은 정신이었다.

눈을 감고 기도하는 어느 때에 갑자기 주변과 세상이 아주 밝고 환하게 된 것이었다. 분명히 맑은 정신이었는데 보이는 황홀한 빛의 세상 그리고 너무나 실제인 광경…. 온통 빛으로 가득한 분 곧 빛이신 하나님이 계셨고 그분의 오른편에 예수님이 계셨다. 너무나 신비롭고 아름다운 꿈같은 광경이었다. 그리고 몇 가지를 보이셨다. 그러나 이 모든 것은 실제였다. 그 영광의 광경의 때 영적인 눈에 나의 앞으로는 기도하는 사람 몇 명의 뒷모습들이 보였다.

얼마 후 그 영광의 순간이 지나고 현실의 앞을 보게 되었다. 순간 나는 많이 놀랐다. 나의 눈앞에 현실의 모습은 아까 환상 중의 모습과 달리 훨씬 많은 사람이 기도하고 있었던 것이었다. 실제로는 많은 사람이 기도하고 있었는데…. 왜 환상의 광경 속에는 아주 적은 몇 명의 사람들만 보인 것인가? 주님은 무엇을 말씀하시려고 이러한 모습을 보여주셨을까? 후에 하나님은 말씀하셨다.

'현재 세상엔 많은 사람이 믿는다고 하지만, 진실로 믿고 진실로 구원받은 사람은 많지 않단다.'

물론 개인적인 체험을 말하는 것이 조심스럽다. 그러나 이후 신앙생활을 하며 알게 되었다. 진정으로 믿고 진정으로 구원받아 천국 갈 수 있는 사람이 그리 많지 않을 것이라는 사실을….

'당신은 진정 구원받았는가?'

'신앙이 30년 되셨다고요? 구원받으셨나요? 구원의 의미와 그 실제를 믿으시나요?'

'높은 직분자라고요? 지금 죽으면 천국 가실 수 있나요?'

'목회자라고요? 진정 거듭나셨나요?'

'에이 뭘 그렇게 좀 부담스럽게 캐물어요? 교회 크고 사람 많은데 뭐가 잘못됐겠어. 괜찮지….' '그냥 교회 잘 다니고 목사님 말 잘 들으면 구원받겠지….'

그런가? 사람 많이 모이는 이단들은 옳은가? 사람 많다고 착각하지 말자.

어느 날 제자들은 주님께 이같이 물었다.

"주여, 구원을 받는 자가 적으니이까?"(누가복음 13장 23절)

제자들이 주님을 따르면서 자꾸 말씀을 들으니 진정 구원받은 사람이 많지 않게 느껴진 것이다. 실제로 오늘날 교회들과 교인들을 보면 저 사람이 정말로 구원받은 사람일까? 저 목회자는 정말로 구원받은 사람일까?라고 의문이 드는 사람이 너무 많다.

우리가 지금 하나님을 믿는 '궁극적인 이유'는 무엇인가? 순식간에 가는 인생에서 복 받고 잘 먹고 잘 사는 것이 믿는 이유인가? 믿음을 이용하여 이 땅에서 자기를 성취하고, 한번 무언가 자신을 크게 이루어 보는 것인가? 이 땅에서 더 재미있게 살고 영원히 누리자는 것인가? 아니다. 예수님을 믿는 궁극적인 이유는 '주님을 믿고 구원받아' '천국 가는 것'이다. 다른 이유가 있으면 제발 말해 달라. 요즈음 천국을 이야기하면 깊이 적은 얕은 신앙으로 본다. 아니다. 나는 천국을 간절히 갈망하고 소망한다.

천국 가는 것…. 이것은 신비주의 신앙이 아니다. 현실도피 믿음이 아니다. 몽상가적 자기도취 신앙도 아니며 얕은 신학, 학문 없는 낮은 차원의 믿음은 더더욱 아니다. 지극히 성경적이고 정상적이고 바른 신앙인 것이다.

"만일 그리스도 안에서 우리가 바라는 것이 다만 이 세상의 삶뿐이면 모든 사람 가운데 우리가 더욱 불쌍한 자이리라" (고린도전서 15장 19절)

얼마나 천국이 중요하고 갈망하면 바울 사도는 이렇게 표현할까?

"믿음의 결국 곧 영혼의 구원을 받음이라" (베드로전서 1장 9절)

베드로 사도의 말이다. 우리 믿음의 결국은 구원받고 천국 가는 것이다. 결코 이 땅에서 잘 사는 것이 궁극적인 목적이 아니다.

어떤 연구에 의하면 우리나라 기독교인 중 참으로 천국 갈 수 있는 거듭난 신앙인은 겨우 10% 정도라고 말한다. 지금 믿는다는 사람 중에 구원받은 자들은 10% 정도에 불과하다니…. 90%가 지옥 간다니…. 거북스럽게 들리는가? 머리가 아픈가? 너무 위협적인 과장인가? 그러면 20% 30%라고 하자. 그래도 70%는 지옥 간다. 지옥이란 말이 듣기 싫은가? 고통이다. 당신의 교회에 적게 잡아도 70%가 지옥 간다면, 목회자들은 두려움을 느껴야 한다.

'목회자여! 당신은 교인들 70%가 지옥 가는 것을 방치하고 있는지도 모른다.'

인원수 추구 때문에…. 신학적인 논쟁을 위함이 아니다. 다른 논리들로 가벼이 만들려 하거나 회피만 하고 있을 때가 아니다. 한 영혼이라도 제대로 가르쳐야 한다는 두려움의 무게가 어깨에 무겁게 느껴와야 한다. 천국 가지 못한다면 수십 년 해온 숱한 헌금이 봉사가 전도의 무성한 것들이 무슨 소용 있나.

"우리가 이같이 큰 구원을 등한히 여기면 어찌 그 보응을 피하리요" (히브리서 2장 3절)

히브리서 저자는 말한다. '이 큰 구원'이라고, '결코 등한히 말라'고 '보응이 따른다'라고. 교인 한 명 한 명의 구원을 등한히 여기는 목회자는 그 보응을 두려워할 줄 알아야 하는 것이 옳다. 수많은 초보요 쭉정이들을 만든다면 그 책임을 무서워할 줄 알아야 하는 것이 옳은 것이다.

"그러므로 나의 사랑하는 자들아 너희가 나 있을 때뿐 아니라 더욱 지금 나 없을 때에도 항상 복종하여 두렵고 떨림으로 너희 구원을 이루라" (빌립보서 2장 12절)

항상 두렵고 떨림으로 당신의 구원을 이루어 가야 한다. 두렵고 떨림으로 교인들 한 명 한 명의 구원을 책임져야 한다. 오늘날 구원의 개념도 없이 교인 수만 좇는 목회자들이 너무 많다. 자신도 천국에 못 들어가면서 남도 못 들어가게 막고 있는 목회자들이 많은 것이다.

'당신은 진정 천국 갈 수 있는가?' '아니면 왜 믿는 것인가?'

이 책을 읽어 가면 자신의 신앙이 진짜인지 가짜인지…. 구원받은 것인지 구원받은 것으로 착각하고 있는지…. 당신의 신앙의 본질을 알게 될 것이라 믿는다.

한국 기독교 위기의 근본적인 원인

기독교의 역사를 보면 시대와 나라들에 성령의 부흥이 나타난다. 보통 부흥 이전에는 암울한 상황과 환경에서 하나님에 대한 깊은 갈증과 갈망을 갖게 되고, 깊은 기도로 나가게 되며, 그때 하나님의 은혜가 부어지게 된다. 이때는 하나님의 강력한 능력들 즉 병 치료 귀신 축출 기적들이 나타나게 된다. 수많은 사람이 하나님 앞으로 나오고 여기저기 교회 수가 급속도로 증가하게 된다.

우리나라의 기독교는 60년대 70년대 80년대를 지나며 큰 부흥을 이루었다. 교회들이 우후죽순처럼 생겨나기 시작했다. 여기저기 부흥회 포스터가 가득했고 사람들이 교회들로 몰려들었다. 대형교회들이 여기저기 하늘로 솟으며 사람들이 기도원들로 몰려들었다. 그들 중 많은 사람이 실제로 하나님을 만나고 영생을 얻게 된다. 그러나, 그렇게 몰려든 많은 사람 중에는 스스로 믿는다고 착각하나 실은 잘못 믿는 사람들, 목적이 다른 사람들도 많이 있게 된다. 즉 예수님 주변에 몰려들었던 많은 무리들이다.

　이러한 모양은 로마의 기독교 공인 이후를 볼 수 있다. 로마의 기독교는 기독교의 공인 이전까지는 엄청난 핍박과 박해의 대상이었다. 그때의 교회와 그리스도인들은 참 순수하고 진실하고 정결했다. 이제 기독교가 공인되고 로마의 국교가 되자 사람들이 교회들로 마구 몰려들게 되었다. 로마의 기독교는 수많은 사람이 북적이고, 돈이 넘쳐나고, 으리으리하고 웅장한 대형교회들로 변하기 시작한다.

　반면에 정결하고 순수했던 복음은 엉뚱한 데로 흘러가기 시작한다. 핍박받던 진실하고 순수하고 진정한 십자가의 기독교요 좁은 문 좁은 길의 기독교가 점점 흐려지는 것이다. 이제는 수많은 사람의 위에 설교하는 자들이 멋있게 보이고 성공으로 보인다. 과거의 고난의 목회자는 사라지고 높은 단상의 목회자요, 거대한 건물 즉 성공의 기독교가 어느새 채워지게 된다. 설교자들도 자신의 밑에 모여드는 수많은 사람을 보며 자신의 신앙의 본질을 잃어가게 된다. 조금씩 사람들에게 다른 기독교가 보이게 된다.

　'와, 하나님을 믿으면 뭐든지 잘 되는 것이구나.'

　'와, 하나님을 믿으면 축복 받는 것이구나. 성공하는 것이구나. 만사형통이구나.'

　'와, 나도 신학교 한번 가 볼까?'

　'저 대형교회 목사를 봐. 성공이야. 멋있어. 가난은 죄야. 목회로 성공해 보자.'

　축복 받았다는 간증들이 난무한다.

　'네 시작은 미약하나 나중은 심히 창대하리라.'

　'머리가 되고 꼬리가 되지 않을 것이다.'

　'믿는 자에게 능치 못한 일이 없다. 믿음대로 돼라.'

온갖 축복의 구절들이 난무하고 그러한 찬양들이 가득해진다. 신학교가 늘어나고 신학생들이 엄청 증가한다. 그리고 그들의 머릿속에는 대형교회의 모양이 가득하다. 축복, 세상 성공, 돈 잘 버는 믿음, 만사형통의 기독교…. 수많은 교인을 거느린 목사들이 모델이 되어 큰 교회를 꿈꾸며 목회 성공을 그리며 너도나도 신학을 해 보려고 한다. 멋지게 보이기 때문이다. 교회가 세상 사업이나 기업의 돈벌이와 명예를 획득하는 것과 같은 대상이 된다.

설교자들은 조금씩 조금씩 십자가나 죄, 성결, 부활과 재림 등의 참 복음으로부터, 사람들을 기쁘게 하고 더 많이 모아 자신을 더 높이려는 성공의 설교들과 세상 복의 가르침들로 변질들을 가져오게 된다. 천국이 아닌 이 세상에서 복 받고 잘 살기를 가르친다. 목회자들의 머릿속에 큰 것 성공이 가득해진다. 이것이 바로 '번영신학'이다. 재정적 축복이나 물질적 풍성함이 하나님의 뜻이며 신앙이 자신들의 물질적 부를 증가시킨다고 믿는 반성경적 신학이다.

'신학교의 학생들이 넘쳐나기 시작할 때, 즉 이때는 기독교의 부흥의 끝의 시기요, 동시에 기독교의 가장 위기의 시작이라고 보면 맞다.' (옥한흠 목사 가르침 중에서)

지금의 타락한 한국 기독교는 이미 신학교에 학생들이 몰리기 시작 전부터 시작된 것이다. 그 시기가 1980년대 후반부터가 아닌가 한다. 신앙관이 타락하고 성경관이 변질되고 한 명 한 명의 소중한 구원은 뒷전으로 번영과 세상 성공의 기독교로 간 것이다. 어느새 교인들과 교회들은 쭉정이요 초보들이요 영적 아이들로 채워지게 된 것이다. 가짜들이요 쭉정이 무리들이 가득해진 것이다. 문제는 목회자들 신학자들도 쭉정이가 넘쳐난다는 것이다. 쭉정이 교회들, 쭉정이 목회자들, 쭉정이 신학자들, 쭉정이 교인들….

이러한 쭉정이나 가짜들은 부흥의 시기에는 숨어 있다가 후에 나타난다. 바로 타락으로…. 변질의 악한 죄들로…. 다원주의 자유주의 악한 신학들로…. 지금의 기독교의 타락이 바로 그것이다. 이제 더욱 나타날 것이다. 로마 기독교의 결국은 가톨릭이 되었다. 우리는 이 기독교 변질, 곧 기독교 위기의 패턴을 볼 줄 알아야 한다.

번영신학은 악이다. 기독교가 아니다. 번영 신학 기복 신앙을 믿음이라 착각하나, 이는 반 복음이고 악한 속임수의 다른 복음이다. 오늘날 우리나라 많은 교회들이요 목회자들은 이미 이 번영신학 즉 반 복음에 이미 심각하게 더럽혀져 버렸다는 것을 알아야 한다.

미국의 부흥들 속에 나타났던 로버트 슐러, 조지 오스틴, 베니 힌 등등 같은 수많은 목회자들…. 그리고 또한 성공과 돈과 세습의 문제들을 일으키는 한국의 대형교회들 곧 많은 교회가 이에 속한다. 잘못된 번영 신학들 성공 목회 틀린 것들을 배운 신학생들과 목회자들이 지금도 주를 이루고 있다. 진정한 십자가를 통과하지 않고도, 진정 구원받지 않고도, 지식적 웅변적 설교들로 큰 교회들을 이룰 수 있음을 알아야 한다. 이단들 교회도 엄청난 사람들이 몰려든다. 다단계를 가도 큰 체육관에 수많은 사람이 모여 광적으로 열광한다.

그러므로 교회가 크거나 교인이 많다고 올바른 복음이 있다, 올바른 교회다라고 착각하는 것은 아주아주 어리석은 생각이다. 복 받는다는 잘 된다는 설교, 병 치료, 기적, 귀신 축출 등 기복 신앙이나 번영 신앙에 오히려 큰 무리들이 몰려들기 때문이다.

이제 한국 교회의 이전 부흥은 지난 기억 속에 있게 될 것이다. 한때 부흥을 이루었던 영국의 교회들처럼 비어갈 것이다. 아직도 번영 신학과 같은 성공 주의에 잡힌 교회와 목회자들은 점점 그 대가를 치르게 될 것이다.

그러나 위기 속에도 진실이 있는 것처럼 참 구원받고 참 신앙을 이룬 사람들과 그러한 참 교회들이 곳곳에 있다는 사실이다. 이들이 여전히 한국 교회 안에 뿌리를 내리고 있다. 하나님이 이 나라를 그래도 지금까지 지켜주시고 지금도 세계 속에 높이 드시는 것은, 이러한 참하나님의 사람들이 있기 때문이다.

기독교의 타락과 변질들 속에서도 복음을 수호하고, 성경과 신앙의 순수함을 지켜내는 사람들이다. 화려하고 큰 곳에서가 아니라, 그들에게서 이 나라의 기독교는 다시 시작될 것이다. 그들 속에서 다시 회복이 일어날 것이며, 그들이 주님의 다시 오심의 때를 위하여 준비될 것이다. 세례요한 같은 사람들이다.

현재의 한국 교회는 아무리 새로운 부흥과 회복을 외쳐도 이 번영 신학과 기복 신앙에서 빠져나오지 않으면 절대 어렵다. 순수 복음으로 돌아가야 한다. 믿음을 자기 욕구 성취에 이용하지 말고 예수님 자신에게로 돌아가야 한다.

지금까지 1장에서는 현재가 절대 무시할 수 없는 종말적 엄중한 때인 것과, 그러한 두려운 때에 죄와 변질로 헐벗은 교회들의 현실을 보았다. 이러한 신앙의 현주소를 알아서 우리는 아주 심각하게, 마음의 두려운 떨림으로, 자신들을 철저히 성찰해 보아야 할 것이다. 그렇지 않으면 버림받는 것은 고사하고 하나님을 대적하는 위치의 존재가 될 수 있음을 알자.

이제 2장에서는 기독교 역사 속 땅끝에 이른 복음, 즉 주님의 재림이 가까움을 보고자 한다. 그리고 주님의 오심을 앞둔 시대에, 하나님이 사랑으로 이끌어 오신 우리나라와 우리나라 교회들의 앞으로의 사명을 보고자 한다.

2

지나온 날들 속 하나님의
놀라웠던 역사를 돌아본다

아득한 호수 가운데 배 한 척이 노를 저어 가고 있다. 떠난 곳은 예루살렘이며, 뒤로 보이는 물 자국은 지나온 긴 '선교 역사'이다. 아주 많은 풍랑의 모진 세월이 있었다. 이제 사공은 머지않아 도착할 곳을 아련히 바라본다. 곧 주님 재림의 항구요, 영원한 안식의 천국 포구이다. 사공은 교회이며 곧 그리스도인 당신이다.

참다운 그리스도인은 창세부터 제자들의 출발, 사도행전, 그리고 복음이 마침내 땅끝에 이르는 광대한 선교 항해의 파노라마가 머릿속에 항상 가득 있어야 한다. 영원한 비전의 그림이다.

"오직 성령이 너희에게 임하시면 너희가 권능을 받고 예루살렘과 온 유대와 사마리아와 땅 끝까지 이르러 내 증인이 되리라" (사도행전 1장 8절)

그런데 하나님의 비전 즉 큰 숲이 아닌 나무만 보는 '자기 믿는 색깔의 좁은 기독교'에 갇힌 이들이 너무 많다. 광장의 과다한 정치 기독교, 과다한 애국 기독교, 과다한 자기 신앙 비전, 자기 사역 성공의 기독교에 갇힌 사람들. 큰 교회를 이끌어도 자기 개념의 아주 낮은 봉우리의 사람이 있고, 작은 교회를 섬겨도 땅끝과 재림까지의 하나님의 높은 봉우리의 사람이 있다.

　무명하고 작은 듯해도 거대한 하나님의 시선을 가져야 한다. 자기 교회나 이 나라만 보지 말고, 창세부터 주님의 재림까지 광대하게 보는 성경의 세계관을 가지라. 주님의 오심의 큰 이상 아래 모든 사역과 비전들이 있어야 한다. 그러한 사람이 올바른 신앙인이요, 하나님 앞에 큰 사람이다. 하나님은 땅끝 복음화의 거대한 역사를 소용돌이같이 이루어 오셨고 이제 모든 성취의 끝을 앞두고 계시다.

　"이 천국 복음이 모든 민족에게 증언되기 위하여 온 세상에 전파되리니 그제야 끝이 오리라" (마태복음 24장 14절)

　"또 복음이 먼저 만국에 전파되어야 할 것이니라" (마가복음 13장 10절)

　"또 그의 이름으로 죄 사함을 받게 하는 회개가 예루살렘에서 시작하여 모든 족속에게 전파될 것이 기록되었으니" (누가복음 24장 47절)

　모든 나라 민족과 땅끝들에 복음이 전파될 것이라 하신 주님의 예언과 약속들은 모두 놀랍게 완성되고 있다. 주님의 오심이 가깝다.
　이제는 꿈들을 세상 복이나 교회 인원수, 주변과 비교하는 키 재기의 낮은 차원에 두지 말고, 복음 전파 완성의 날이요 주님의 오시는 그날의 영광의 벅찬 그림에 두시기 바란다. 해의 떠오름을 보듯 땅의 끝을 바라보며 주님을 맞이한다면, 세상에 이보다 더 큰 감격과 환희가 있을까?

지나온 복음의 여정

2000년 전 주님의 확실한 부활과 승천과 성령의 강림하심을 똑바로 보고 확인한 제자들과 120여 명 곧 하나님의 사람들은, 이제 다른 생각을 가질 이유가 없었다. 현재도 우리의 이 진리의 복음은 누가의 고백과 같이 확실한 사실이고 목격자이고 역사 자체이다.

"우리 중에 이루어진 사실에 대하여 처음부터 목격자와 말씀의 일꾼 된 자들이 전하여 준 그대로 내력을 저술하려고 붓을 든 사람이 많은지라 그 모든 일을 근원부터 자세히 미루어 살핀 나도 데오빌로 각하에게 차례대로 써 보내는 것이 좋은 줄 알았노니 이는 각하가 알고 있는 바를 더 확실하게 하려 함이로라" (누가복음 1장 1절~4절)

"우리가 들은 바요 눈으로 본 바요 자세히 보고 우리의 손으로 만진 바라" (요한1서 1장 1절)

당신의 의지하는 성경과 믿고 있는 바 그 믿음은, 예수님 옆에서 친히 그분을 보고, 듣고, 옆에서 그분을 만진 사도 요한의 증거이기도 하다.

'하나님은 살아 계시다. 예수님은 우리 죄를 위하여 돌아가셨고 살아나셨다. 우리는 그분의 부활과 승천의 목격자요 현장 바로 그 자리에 있었다. 주님은 반드시 다시 오신다. 그러므로 우리는 이제 미련 없이 간다.

땅끝으로….'

그들은 이렇게 떠나기 시작했다. 마태는 북아프리카로, 안드레는 소아시아로, 도마는 인도로, 베드로와 바울은 로마로, 수많은 곳들로….

그리고 주님을 위하여 기꺼이 목숨을 바쳤다.

제자들은 주님의 말씀이 아직 이해가 안 가는 부분이 많았을 것이다.

'주님이 말씀하신 땅끝이란 어디지? 모든 족속은?'

'그날은 이 지구상에 거하는 모든 사람에게라고? 지구가 뭐지?'

예수님은 온 지구 땅끝 나라와 족속들을 다 보고 말씀하셨지만, 제자들의 당시 지식적 능력의 땅끝은 북부 아프리카나 인도나 로마나 서바나 정도였을 것이다. 다만, 주님의 말씀들을 신뢰하며 최선을 다하여 복음을 들고나갔고, 오늘날 당신에게 이르렀고, 이제는 당신이 마지막이 될지도 모르는 복음 전파의 바통을 들고 있다. 참으로 가슴 벅찬 여정이다.

당시 로마 제국의 기독교 박해는 극에 달했다.

"여자들은 자기의 죽은 자들을 부활로 받아들이기도 하며 또 어떤 이들은 더 좋은 부활을 얻고자 하여 심한 고문을 받되 구차히 풀려나기를 원하지 아니하였으며 또 어떤 이들은 조롱과 채찍질뿐 아니라 결박과 옥에 갇히는 시련도 받았으며 돌로 치는 것과 톱으로 켜는 것과 시험과 칼로 죽임을 당하고 양과 염소의 가죽을 입고 유리하여 궁핍과 환난과 학대를 받았으니" (히브리서 11장 35절~37절)

그들은 복음을 위하여 고난받기를 주저하지 않았다. 히브리서의 이 기록들은 구약시대에서 초대교회 신도들로 그대로 이어진다. 그들은 죽임을 당하여 로마 거리를 밝히는 등불로 태워지고 형장에서 동물들의 밥이 되었다. 투옥과 화형, 참형, 교수형 등 그들은 예수 그리스도에 대한 믿음과 천국에 대한 확신으로 죽음도 불사했다.

얼마나 끔찍하던지 그리스도인들의 죽음을 즐기러 온 검투장의 군중들조차 그만하라고 멈추라고 소리를 지를 정도였다. 그러나 죽음의 밀려드는 두려움도 천국과 살아계신 하나님에 대한 그들의 믿음의 확실함을 막지 못하였다. 죽음 앞에도 담대한 그들의 모습을 보며 즐기던 관중들이 오히려 믿음을 갖고 돌아오는 일이 허다했다. 로마 군중들은 그들의 믿음에 큰 충격을 받고, 오히려 복음을 받아들이기 시작한 것이다. 지금 우리의 신앙을 보면 참 부끄럽다.

화형장으로 끌려 들어가며 끌고 가던 병사에게 복음을 전하였고, 빛나는 얼굴로 찬송하며 죽어갔다. 10명이 죽으면 100명이, 100명이 순교당하면 1000명이 하나님께로 돌아왔다. 죽어가며 전하는 복음, 이는 인간의 성향으로는 도저히 이해가 안 되는 하나님의 살아계심의 확실한 증거였다. 핍박을 받을수록 불같이 일어나 로마를 덮어버린 것은 인간들이 볼 때는 아이러니이나, 우리에게는 살아계신 하나님과 천국에 대한 확실한 증거이다. 우리가 흔들리지 않고 믿어야 할 믿음의 본이다.

그런데 그들은 삶도 아름다웠다. 시련과 고난 속에서도 그들은 반국가적이지도, 반사회적이지도 않고 그냥 말씀과 사랑으로 나아가는 순결한 사람들이었다. 그들은 복음만은 타협하지 않았으나 오히려 삶으로는 세상의 칭찬을 받았다.

오늘날 과다한 이념, 과다한 정치 기독교에 속한 자들이 귀담아 보아야 한다. 세상의 변화는 선동이 아닌 철저한 성경과 사랑의 삶으로 오는 것이다. 참 기독교는 정직과 진실의 순결한 삶으로는 세상의 칭찬을 받아야 한다. 이것이 기독교이다. (사도행전 2장 7절)

몇십 년도 아닌 근 300년간, 순교자들의 행렬은 인류의 역사가 생긴 이래 가장 숭고하고 장엄한 행진이었다. 중세 기독교가 로마를 중심으로 가톨릭으로 변질되어 갈 때도 곳곳 모든 곳에서 참복음의 사람들은 여전히 믿음을 지켰고, 복음은 확산하여 갔다.

'주님께서 내 불신앙의 벽을 깨뜨리셨고, 비록 늦었지만, 나는 내 마음의 중심으로부터 하나님께 돌아가 죄를 용서받았습니다. 이 모든 것은 하나님의 은총일 따름입니다.' (5세기 아일랜드의 위대한 선교사 패트릭)

6세기 '그리스도를 향한 뜨거운 사랑의' (콜럼바)

'그토록 소원하던 순교의 면류관을 쓰지 못하고 평화로이 눈을 감았습니다.' (북유럽 빛 안스카)

'하나님의 뜻에 따르는 거룩한 영광으로 고통을 받아들이십시오.' (위대한 독일의 선교사 보니페이스)

로마를 중심으로 이미 변질하여 간 가톨릭이 칼과 창으로 이슬람 교도들을 살육하던 십자군 전쟁의 때에도, 그것은 하나님의 방법이 아니라고 진정한 사랑으로 이슬람에 나아가 한 알의 밀알이 된 (레이먼드 룰 선교사)

누가 중세 시대를 기독교의 암흑기라고 말하는가? 아니다. 하나님은 잠시도 그분의 진행을 쉬신 적이 없다. 로마를 중심으로 가톨릭이 악하게 변질하고 있어도 진실한 그리스도의 수많은 사람은 복음을 지켰고, 온 땅으로 복음을 들고나갔다. 수천만 명의 무수한 참신도들이 순교를 당하였다. 가톨릭이 십자군 전쟁, 면죄부, 성상 숭배 등으로 변질과 타락의 극으로 가던 시대에도, 구석구석의 참 기독교인들은 고고한 복음의 빛들을 세상에 비추었다. 어둠이 짙어질수록 복음의 빛은 더 밝게 빛났다,

후스, 에라스무스, 위클리프, 틴데일, 녹스 등 무수한 하나님의 사

람들…. 가톨릭의 변질이 극에 달하자, 중세를 도도히 이어오던 진정한 복음은 이제 강하게 밖으로 드러나기 시작한다. 이것이 종교개혁이다. 루터, 캘빈, 츠빙글리…. 모르는 자들이 말한다. 가톨릭에서 갈라져 나온 것이 개신교라고…. 아니다. 무지한 소리이다.

참복음은 결코 사라진 적이 없다. 그대로 강한 맥을 이어왔다. 가톨릭이 원류에서 벗어나 변질로 갔다. 그들이 오히려 복음의 맥에서 갈라져 나간 것이다. 새로 고쳤다는 의미의 '개신교'라는 말은 틀렸다. 새로 고친 것이 아닌 그대로 정통을 이은 것이다. 다시 말하건대 가톨릭이 변질 쪽으로 갈라져 나간 것이다. 성경을 복음을 그대로 믿는 것이 정통이다. 그들은 어느 시대나 그대로 있었고, 지금도 성경을 그대로 믿고 따르는 자들이 정통이다. 바로 당신이다.

이제 복음은 본격적으로 온 땅으로 전파되기 시작한다. 위대한 시대에 접어들었다. 1차 대각성 운동, 2차 대각성 운동이 전 유럽을 휩쓸고 아메리카를 덮는다. 헤른 후트의 모라비안 부흥, 잉글랜드의 부흥, 미 동부지역의 부흥, 웨일스의 부흥, 세계 수많은 곳의 부흥들…. 1700년대 1800년대는 바로 복음이 바야흐로 전 세계로 나간, 즉 복음이 폭발적으로 지구 땅끝으로 나가기 시작한 '위대한 세기'라고 선교학은 말한다, 그 시작점 중의 하나가 바로 모라비안의 부흥이다.

1800년대 아프리카 대륙은 아예 '백인 선교사들의 무덤'이라고 할 정도로 수많은 백인 선교사들이 묻히고 또 묻히며 전진한 땅이었다. 오늘날도 중부 아프리카 이남은 거의 60% 이상이 기독교인들이다. 정치 불안, 에이즈, 경제 등 여러 가지 문제점들이 많기는 하지만 이는 실로 놀라운 것이다.

1900년 초 즉 1905년에서 1910년, 전 세계는 곳곳에 동시에 하나님의 부흥이 몰아쳤다. 그중의 하나가 1907년 평양의 대부흥이다. 부흥과 함께 땅끝을 향한 복음의 전진은 말로 다 할 수 없을 정도다,

1949년 중국을 통일한 공산당은 모든 선교사, 목사, 기독교 지도자들을 죽이고 추방하였다. 당시 쫓겨나던 선교사들은 애통해했다. 그들은 중국 선교의 본부들을 동남아로 옮기며 말했다.

'오, 주님! 이제 중국 선교는 끝났습니까?'

그들이 나올 때 중국의 그리스도인들은 70만 명 정도였다. 그러나 그것은 인간적인 생각의 작은 오판일 뿐이었다. 그들은 하나님의 능력을 간과했다. 하나님은 그리 약하신 분이 아니다. 불과 30년 후 중국이 개방되자, 전 세계 기독교와 학자들은 깜짝 놀랐다. 기적이 일어난 것이다. 선교사 없이, 목사 없이, 지도자 없이, 도대체 누가 전했고 어떻게 퍼져나갔는지, 중국의 기독교는 박해와 핍박 속에 1억 명에 가까이 부흥한 것이다. 설명이 도대체 불가능하였다. 이는 현대 기독교 역사 속에 하나님의 놀라운 기적 중의 또 다른 하나이다.

1991년 소련 공산권이 무너진다. 철의 장막 불가능할 것 같던 공산주의 장벽이 무너졌다. 상상도 못 했던 일이다. 이 무너짐의 시작은 니콜라스 교회 등 동독의 교회들에서 시작되었다. 공산당은 기도회가 열리는 어느 작은 교회에 군인들을 보내서 그들은 잡아 오려고 하였다. 그러나 그들은 그냥 돌아올 수밖에 없었다. 거대한 타지 않는 불이 성도들이 모여 기도하던 교회를 둘러 있어 들어갈 수가 없었다는 것이었다.

소련이 붕괴하자 막혔던 동유럽 수많은 공산주의 국가들에 복음이 밀려들어 가기 시작했다. 판자때기로 못 박았던 교회 문들이 열렸다. 소련의 붕괴는 이렇듯 하나님이 하시는 일이었다. 인간의 어떤 장벽도 하나님이 여시면 세상에 막을 자는 없다. 인간들의 힘으

로 불가능한 공산권을 하나님이 단숨에 무너트림은 이 시대 복음이 땅끝까지 가야 하는 하나님의 계획 때문이다. 하나님은 이제 세상의 모든 닫힌 문들을 열고 계신다. 유사 이래 이렇게 모든 나라의 문이 열린 적이 없었다.

그래도 막고 있던 북한은 하나님이 기근을 허락하셔서라도, 수많은 사람이 중국으로 탈출하여 복음을 듣게 하셨고, 또 지금도 북한으로 많은 복음이 들어가게 하고 계시다. 본인도 1997년 두만강을 지나며 먹을 것 좀 달라는 탈북 아이들을 붙잡고 참 많이 울었던 기억이 있다. 당시 북한의 접경 지역을 따라 하나님의 기적들이 넘쳐 났었다. 수많은 탈북민이 그때 조선족 교회들을 통하여 하나님을 만났다.

오늘날 온 땅에 행하시고 계시는 놀라운 하나님의 역사에 뜨거운 마음이 열리시라. 하나님께서는 지금 이 순간도 온 세계 마지막 복음 전파를 이루고 계시다.

브라질과 아르헨티나 등 중남미 많은 나라는 오순절 교회들을 중심으로 아주 강한 마지막 때의 추수와 같은 부흥을 이루어 내고 있다. 복음 전파의 불가능한 장벽과 같던 중동 이슬람권은, 오늘날 하나님이 초자연적으로 살아계신 하나님 자신의 모습을 친히 나타내시고 계시다. 역사적으로 없던 구원의 추수가 이루어지고 있다. 꿈으로, 환상으로, 기적들로, 예수님이 친히 실제로 모습을 나타내시어 영혼들을 만나주시어 복음을 믿게 하고 계시다.

이슬람권은 알카에다, IS, 탈레반 같은 상상을 넘어선 악한 자들을 통하여 무슬림들에게 극심한 염증을 느끼게 하였다. 하나님은 이슬람 전체를 흔들고 계시다. 수많은 난민이 유럽으로 흩어지며 복음을 듣고 있다. 막히면 사람들을 난민 형태로 흩으셔서라도 복음을 듣게 하신다. 어떤 이들은 유럽이 이슬람화된다고 오히려 걱정하는데 그것은 한 면만 보는 것이다. 사람을 막으면 전파로, 통신으로, 경제 노무자들의 이동으로 복음이 들어간다.

지금 이 순간도 전 세계로부터 수많은 아랍어 복음 방송들이 이슬람권을 겹겹이 돌며 복음을 비같이 내리고 있다. 하늘에서 쏟아지는 현대판 구원의 만나이다. 무수히 많은 이슬람 영혼들 속에서 성경을 보내달라는 구원의 아우성들이 넘치고 있으며, 이슬람교도들이 주님께 강물같이 돌아오고 있다.

레바논 45% 요르단 10% 시리아 25% 이집트 15% 등 중동지방 나라들 속의 기독교 비율은 우리가 생각하는 것보다 아주 높다. 우리나라의 기독교가 20%인 것을 보면 그들의 기독교 비율은 결코 적은 것이 아니며, 그들은 극한의 어려움 속에 있는 기독교이다. 하나님이 이슬람에서 강한 영혼의 추수를 하고 계시는 것이다. 죽음과 핍박의 두려움 속에서 믿는 그들의 신앙은 당신과 차원이 다르다.

오늘날 전 세계에서 기독교가 가장 빠르게 부흥하는 나라가 어디라고 알고 있는가? 바로 기독교인들을 가장 박해하고 죽이는 나라 이란이다. 이란의 기독교 비율은 15%에 가까울 정도이며 그곳의 기독교인들은 복음에 목숨을 건다. '가장 박해가 심한 곳에서 일어나는 가장 놀라운 부흥' 놀랍지 않은가?

그러면 편해서 세상 복만 찾는 우리의 신앙은 도대체 무엇일까? 세속에 찌든 우리의 신앙과 참 다르다. 진정한 복음이 무엇인가의 물음표를 당신의 신앙에 던져 주고 있다.

나의 신앙은 진정 성경과 맞나? 살아있는 신앙인가? 죽은 것은 아닌가? 가짜는 아닌가? 너무나 평안함 속에 세상 복으로 흘러가 진짜 기독교를 잃어버렸다.

복음이 예루살렘에서 출발하여 현재에 이르기까지, 거의 7천만 명의 기독교인들이 순교를 당하며 복음을 지켰다. (데이비드 B. 바렛)

우리가 현재 믿는 바 진리요 구원은, 이러한 고난의 역사 속에 당신에게 이른 것이다. 이렇게 긴 세월 엄청난 고난과 순교의 피가 지금 당신의 구원이 되었다. 감사의 감격이다.

당신이 가지게 된 이 유일의 진리 이 구원은 그렇게 무한한 가치의 소중한 것이니, 결코 가벼이 여기지 말자. 현재의 타락을 주님의 피 순교자들의 피 앞에 부끄러워할 줄 알아야 한다.

" 우리가 이같이 큰 구원을 등한히 여기면 어찌 그 보응을 피하리요."(히브리서 2장 3절)

이러한 하나님의 역사를 보며 우리는 다시 마음이 뜨거워져야 한다. 이제는 멀지 않은 사랑하는 주님의 강림을 사모하며, 또 고대하며, 눈물로 바라야 한다. 그리고 외쳐야 한다.

'예수님을 제대로 믿으세요. 주님이 곧 오십니다. 회개하고 돌아오세요.'

주님의 재림은 현재 올바로 믿는 자들에게는 축복의 사건이요, 설마설마하며 비뚤게 믿는 자들이요 쭉정이요 가짜인 자들에게는 영원한 심판의 무서운 사건이 될 수 있다. 이렇게 당신은 지금 막중한 시대의 끝에 서 있는 자이다. 순결하고 깨끗하게 살아야 한다.

돌아보니 주의 은혜가 너무 커서 갚을 방도가 없다. 살아도 주를 위해 살고 죽어도 주를 위해 죽는⋯. 이제는 미련 없이 주를 위해 남은 모든 것을 다 바치고픈 의도밖엔 없다.

"우리가 살아도 주를 위하여 살고 죽어도 주를 위하여 죽나니 그러므로 사나 죽으나 우리가 주의 것이로다" (로마서 14장 8절)

'나 지극히 작은 자 죄인 중에 괴수 무익한 날 부르셔서
간절한 기대와 소망 부끄럽지 않게 십자가 전케 하셨네
어디든지 가리라 주 위해서라면 나는 전하리 그 십자가
내 몸에 밴 십자가 그 보혈의 향기 온 세상 채울 때까지
살아도 주를 위해 죽어도 주를 위해 사나 죽으나 난 주의 것
십자가의 능력 십자가의 소망 내 안에 주만 사시는 것.'

(십자가의 전달자 중에서)

사도 바울의 고백이요, 바로 당신과 나의 고백이기를 바란다.

땅끝까지 이르러

1998년 우리는 한 팀과 같이 소련의 우수리강 옆 작은 종족에게 그들을 탐사할 목적으로 나아갔다. 하나의 소수 민족으로 당시 이 종족의 인구는 전체가 4천 명에 불과한 작은 종족이었다. 영하 40도 가까운 눈과 얼음의 땅. 가는 길에 변방경비대에 잡혀 깊은 곤경에 처하게 되었다. 우리가 할 수 있는 일은 아무것도 없었다. 다만 하나님의 도움을 기대하는 것뿐…. 그런데 놀라운 일이 일어났다. 다음날 살벌하게 보이던 경비대 군인들이 그들의 차로 우리가 가려던 곳까지 데려다준 것이었다. 우리는 기도했다

'주여! 주님은 땅끝 모든 족속에게 복음이 들어갈 것이라 하셨습니

다. 그러나 이 춥고 외진 곳 도저히 복음이 들어갈 수 없을 것 같은 이곳에 언제나 복음이 증거 되고 언제나 교회가 세워질 수 있을까요?'

그런데 우리는 깜짝 놀랐다. 그 척박한 오지의 땅 복음에서 너무나 멀리 있을 것 같던 이 작은 부족 가운데, 이미 교회가 세워져 있던 것이었다. 참 놀라운 일이었다.

'아, 주님의 명령 주님의 약속은 틀린 것이 하나도 없구나! 성경대로 복음은 진정 모든 민족에게 들어가고 있구나. 성경의 말씀은 한 치의 오차도 없이 다 성취되고 있구나. 그것도 지금 우리가 숨 쉬고 있는 바로 이 시대에. 주님의 오심이 결코 머지않은 것이구나.'

우리는 그렇게 마음속으로 주님을 깊이 찬양했다.

우리는 때로 막막한 듯 말한다. 저 지구상 수많은 외진 곳들, 미지의 땅들, 우상들과 종교들에 잠겨 있는 저 영혼들에 복음을 누가 전할까? 언제나 이 복음이 다 전파되어 주님이 오실까? 그러나 바로 이 순간에도 선교사들에 의해, 자국민들에 의해, 이름도 모를 자들에 의하여, 복음은 땅끝들에 이르고 있다. 오지 산골 마을 작은 어촌에서 사막과 같은 땅들에까지, 전파와 통신 영상들에 실린 복음이 가리지 않고 들어가고 있다.

전기도 없는 동떨어진 외딴 마을에 배터리로 가동되는 작은 TV가 켜진다. 예수님의 영화가 상영된다. 그 작은 화면 앞에 때론 수백 명의 아이가 몰려든다. 그리고 울며 예수님을 영접한다. 기적도 그런 기적이 없다. 당신도 모르는 사이 복음은 이렇게 모든 땅끝에 빠르게 이르고 있다. 전혀 생각하지도 못한 곳들에, 전혀 생각하지도 못한 놀라운 방법들로…. 주님의 모든 예언이 이제 완벽하게 성취되고 있음에 두려움과 큰 기쁨의 확신을 느낀다. 성경 말씀을 굳게 신뢰하시라. 성경은 모든 것이 진실이요, 모든 것이 사실이다.

전 세계는 약 24,000개 정도의 종족이 있는 것으로 파악되었다. 아프리카에, 인도에, 남미에, 아마존에, 중국에, 시베리아에, 중남미 밀림 지대에, 모든 곳들에….

1989년도 스위스 로잔대회에서 랄프 윈터 박사는 지구촌에 24,000개 종족이 있으며 그중 12,000개가 미전도 종족임을 소개했다. 이후 전 세계 교회들은 열심히 미전도 종족을 향해 달려갔다. 그 결과 15년 만인 2004년 6월 필리핀 마닐라 대회에서 6,000개 미전도 종족이 복음화되었다고 보고되었다. 불과 15년 만에 6,000의 종족이 또 복음화된 것이다.

그러한 속도라면 그 후로도 18년이 더 지난 2022년 현재는 복음이 얼마나 더 전파되었을까? 감히 말해 본다면 복음은 이미 땅끝들에 다 이르고 있는 것이 사실이다. 모든 사람에게 증거 되고 있다. 이 천국 복음이 모든 민족에게 증언되기 위하여 온 세상에 전파되리라는, 그때가 되면 끝이 오겠다는, 주님의 예언 말씀들이 얼마나 신뢰할 만한가?

"이 천국 복음이 '모든 민족에게 증언'되기 위하여 '온 세상에 전파'되리니 '그제야 끝이' 오리라" (마태복음 24장 14절)

그런데 2020년 코로나바이러스가 나타났다. 이 전염병은 온 세상에 그것도 순식간에 전파되었다. 지구상의 모든 사람 모든 종족 언어들 땅끝이라고 생각되는 모든 곳에 전해진 것이다. 이전에도 많은 전염병이 있었지만 그렇지는 않았다. 이는 놀라운 것이다.

복음이 거의 땅끝들에 도착하고 있는 이 시대에 나타난 재앙들의 2020년…. 그렇다면 이번의 코로나바이러스와 같이 나타난 재난들은 하나님의 계획하심은 아닐까? 복음이 땅끝들에 모두 들어가고 있는 것을 코로나바이러스를 통하여 보여주시는 사인은 아닐까?

2020년은 이 무서운 전염병에 더하여 전 지구에 세계에 산불과 지진 태풍과 메뚜기에 이르기까지 모든 재난이 한꺼번에 들이닥쳤던 해이다. 단순히 우연으로 돌릴 것인가? 우리는 주님의 재림을 지금 당장이라고 말하면 아주 조심스러우나 절대로 멀지 않음은 명심해야 할 사실이다.

그런데 교회나 목회자들도 이러한 나타남을 하나님의 징조로, 더 나아가서는 주님의 재림과 연관 짓기를 싫어한다. 아니다. 이제는 진정 정신 차려야 할 때가 된 것이다. 주님의 오심이다. 믿어야 한다. 준비해야 한다.

"이와 같이 너희도 이 모든 일을 보거든 인자가 가까이 곧 문 앞에 이른 줄 알라" (마태복음 24장 33절)

물론 복음화라는 의미와 미전도 종족의 개념은 여러 가지 다른 견해가 있을 수 있다. 아직도 이슬람교를 믿는 사람들이 얼마나 많은가? 힌두교도들은 얼마나 많은가? 하며 복음 전파가 멀었다고 하는 사람들도 있다.

복음화란 모든 사람이 다 믿고 다 구원받은 것이 아니다. 지구상의 모든 사람이 누구나 최소 한 번은 복음을 듣게 되는 것을 의미한다. 종족들도 보는 관점에 따라 다를 수 있다. 그러나 선교사들에 의하여든, 문명의 이기들에 의하여든, 지금 복음이 실제로 땅끝들에 도착하고 있는 것과 모든 사람들에게 증거 되고 있는 것은 자명한 사실이다. 믿든 안 믿든 증거 되는 것이다.

두렵고 떨림으로 그런가 하여 살펴보아야 할 때이다. 때와 시에 집착하는 것은 안 되지만, 정신을 차리고 깨어 있어야 할 때인 것은 확실하다. 주님 재림의 실체를 자꾸 부정적으로 희석하면 안 되며, 이제는 정말로 가슴 떨리도록 예의 주시하여야 하는 시대이다. 당장 오늘도 주님이 오실 수 있는 것이 전혀 이상하지 않은 시대 위에 있는 것이다. 과한 말같이 들리는가? 너무 나간 종말론적인 모습이라 할 것인가?

2023년도 지나가면서 이 코로나바이러스도 사그라져 갔지만 이 코로나바이러스와 재앙 같던 몇 년을 통한 복음의 땅끝 전파의 의미는 결코 잊으면 안 된다. 지금 순간도 모든 나라와 족속, 땅끝들에, 마지막으로 들어가고 있는 복음이 보이고 그 소리가 들려오지 않는가?

'영광일세 할렐루야 기쁘다'

"이 일 후에 내가 보니 각 나라와 족속과 백성과 방언에서 아무도 능히 셀 수 없는 큰 무리가 나와 흰 옷을 입고 손에 종려 가지를 들고 보좌 앞과 어린 양 앞에 서서" (요한계시록 7장 9절)

그날의 영광을 바라보고 깨어 있는 자가 되시기 바란다. 지금까지는 세계 역사 속 하나님의 진행하심 곧 복음의 땅끝에 이르고 있는 복음을 보았다. 이제는 우리나라의 지난 믿음의 역사를 돌아본다. 그럴 때 한국의 기독교는 정신 차려야 할 것과 이 시대 세계 속에서 할 일들을 알게 될 것이다.

우리나라와 함께하신 하나님

지금으로부터 130여 년 전, 1866년 9월 2일 대동강변 불타는 셔먼호로부터 성경을 안고 내려온 토마스 선교사는 칼을 들이댄 조선 병사에게 그 성경을 전달하고 순교를 당한다. 그렇게 시작된 조선의 기독교…. 언더우드, 아펜젤러, 헐버트, 하디, 루비 켄드릭 등 하나님은 수많은 선교사를 보내셔서 이 나라를 세우시고자 하셨다. 바람 앞의 등불 같은 불쌍한 나라 조선. 사나운 짐승 같은 나라들 앞의 양 같이 순한 민족. 그런데 빠르게 하나님의 복음이 퍼져나간다.

1902년 인천의 제물포항, 121명의 조선인을 태운 배가 하와이 사탕수수 농장을 향하여 출항하였다. 하와이가 세상에 어디 있는지도 모르는 채 떠나야 했던, 착해서 무지했던 백성들. 이제 가면 언제 올지 모르는 기약도 없이 이별해야 했던 애달프고 슬픈 사람들…. 뒤로 멀어지는 조국의 산하는 바람 앞의 촛불 같은데…. 작별의 아픈 울음만이 초라한 제물포 부두에 굴러다녔다. 그런데 떠나는 그들은 거의 기독교인들이었다. 복음이 처음 들어온 지 20년 겨우 넘는 나라에서 그리스도인들이 떠나가고 있다. 참 신기한 일이다. 하나님을 믿는 것은 떠나는 것인가?

당시 조선은 1901년 큰 흉년, 1902년 콜레라와 장티푸스로, 하루에 삼사백 명씩 무참히 죽어가고 있었다. (1902년 8월 16일 자 제국신문) 그러나 이 아픈 떠남은 이 민족을 향하신 하나님의 장엄한 행진의 시작에 불과했다. 1905년까지 총 6747명이 하와이 군도 70개 섬으로 가게 된다. 그들은 채찍에 맞으며 새벽부터 밤까지 허리 한번 못 펴며 죽도록 일해야 했다. 우리 민족들이다. 그들은 부르짖었다.

'하나님 우리가 노예입니까?'

그런데 이상하게 이들은 하와이에 교회를 먼저 세웠다. 그때 놀라운 일이 일어난다. 이들 속에서 성령의 부흥이 시작된 것이다. 그 뜨거운 부흥은 하와이 70개 섬으로 번져 갔다. 그들 자체에서 선교사들이 파송되기 시작했다. 또 그들의 피땀 어린 돈이 독립자금으로 흘러갔다. 고국이 일제에 점령당하자 압록강과 두만강을 건넌 조선인들은 중국인들과 마적들에게 죽음보다 더한 고통을 당하며 만주와 러시아 연해주에 뿌리를 내린다. 그들의 주축 역시 기독교인들이었다.

일본인들의 조롱과 업신여김 속에 한국인들이 동경에 교회들을 처음 세운 것은 1908년이었다. 캐나다는 1896년에 조선인들이 밟았다. 멕시코는 1905년에 1033명이 도착했다. (지금까지 정석기 지음 한민족 기독교 이민사)

믿은 지 얼마 되지도 않았는데 이국땅으로 쫓기듯 가야 했고, 또 가면 교회부터 세우는 이상한 민족…. 1907년에 평양을 중심으로 하나님 성령의 대부흥이 일어난다. 놀라운 일이었다. 기적이었다. 세계 기독교 역사 속에 빛나는 특별한 기독교 부흥의 사건이다. 그것도 기독교가 들어온 지 불과 30여 년 만에 일어난 큰 부흥…. 이는 세계 기독교 역사 속에 유례가 없는 일이었다.

하나님은 이 나라를 참 사랑하시는 것 같다. 모진 역사 속에서 그래도 악하지 않은, 해를 받되 해를 끼치지 않아 침략만 당해온 나라 그리고 하얀 백성들…. 그러나 온 우주 만물을 주시하시는 하나님께는 그 모습들이 오히려 애처로우셨나 보다. 이 민족들이 오히려 하나님께는 사랑스러우셨는가 보다. 하나님의 크신 축복의 손길이 이 나라에 시작된 것이다. 우리 역사의 자랑스러운 1919년 독립선언 3.1운동. 민족지도자들이 거의 기독교인들이 주축임을 모르는 자 있는가?

1937년 연해주의 한인들에게 소련군들이 들이닥쳤다. 스탈린의 강제 이주 정책이 시작된 것이다. 17만여 명의 한인들이 한밤중에 컴컴한 화물칸에 마구 내던져졌다. 공포와 비명 속에 영문도 모른 채 질질 끌려갔다. 서쪽으로 서쪽으로 6,000킬로…. '덜거덕덜거덕…' 대소변과 토해낸 오물들 공포의 울음소리들. 얼마나 춥고 무섭고 배가 고팠을까? 얼마나 두려웠을까? 바로 우리 민족들이다. 간간이 기차가 멈출 때는 시체들을 기차 밖으로 마구 던졌다. 묻을 새도 없었다. 거의 3만 명 가까이가 이 과정들 속에서 죽어갔다. 바로 우리의 할머니 할아버지들이다.

이들은 중앙아시아의 다섯 군데, 낯선 나라 낯선 곳들에, 버려지듯 던져졌다. 말이 이주이지 죽으라고 한 것이었다. 비도 잘 오지 않는 사막 같은 황무지 갈대밭, 그러나 그들은 그곳에서도 제일 먼저 천막으로 교회를 세운다.

하나님을 안 지 얼마 되지도 않았는데 교회부터 세우는 민족. 참 신기하지 않은가? 토굴 속에서 그들은 떨리는 절망의 기도를 했다.

'하나님 어디 계십니까?'

'당신은 분명 살아 계십니까?'

'도대체 우리가 무슨 잘못을 하여 이러한 고통을 주십니까?'

그때 이상한 일이 일어나기 시작했다. 비가 잘 안 오는 황무지 땅에 장대비가 일주일 동안 쏟아졌다. 기적이 일어났다. 곳곳에 물길이 생기고 어디서 왔는지도 모를 팔뚝만 한 물고기들이 다니기 시작했다. 그들은 물고기를 잡아먹으며 가져온 곡식 씨앗들을 심었다. 신기하게도 그때부터 그 땅에 비가 정기적으로 내리기 시작했다. 그들은 그 황무지를 옥토로 바꾸기 시작했다. 이들이 바로 우리 민족 고려인들이다. 이 이야기는 본인이 1993년 추운 나라 선교지에 있을 때 고려인 레나(가명) 아주머니에게서 들은 그분의 할아버지와 아버지의 실화 이야기이다. 레나 아주머니는 이 하나님의 이야기를 하면서 눈물을 하염없이 흘렸다. 우리도 같이 울었다.

독일에 한국인이 처음 건너간 것은 1919년이었다. 브라질에 아르헨티나에 세계 곳곳으로 흩어져 간 한인들…. 그들은 이상하게도 교회를 먼저 세우고 하나님을 불렀다. 참 신기한 민족이다. 복음을 받아들인 지 몇십 년도 안 된 나라에 이루어진 일들. 세계 어느 민족 역사 속에 이러한 일이 있었던가? 하나님의 기적이 아니면 해석이 어려운 일들이다. 우리 민족의 근대 역사에는 이렇게 하나님의 특별한 세우심이 있었다.

남의 나라에 유린당하고, 우리네 누이 언니들이 일본 군대에 끌려가 노리개가 되고, 6.25 전쟁으로 폐허요 만신창이가 된 착하기만 하여 바보스러운 나라. 해만 받았지 남을 아프게 못 하는 나라. 그래서 오히려 하나님은 사랑하셨는가 보다.

그 재기 불능 같은 속에서 기독교의 부흥은 60, 70, 80년대 온 나라를 덮었다. 세계 기독교 역사 속에서 1907년에 이어 더욱 특별한 부흥이었다. 불가능하다던 누더기 폐허의 땅에 하나님은 경제 발전을 허락하셨다. 숱한 풍전등화같이 위태위태한 숱한 순간들을 이겨내어 오늘에 이르고 있다. 망하지 않은 것이 오히려 신기할 뿐인 과정이었다. 이제는 경제 또한 세계 강대국이 되었다. 전쟁과 식민지를 겪은 최빈국에서 이룬 세계 역사 속 유일한 나라. 세계 나라들 속에 이러한 예는 우리나라 외에는 단 하나도 없다. 이 어찌 하나님의 기적이 아니고서야 가능한 일인가?

기독교 부흥과 함께 온 경제 부흥은 이어 온 세계에 선교사들을 보내게 하였다. 그런데! 바로 수십 년 앞, 구한말 일본 강점기 연해

주에서 하염없이 떠나야 했고 세계 곳곳으로 끌려가듯 나가야 했던, 그들이 훗날 이 '한국 세계선교의 발판'들이 된다. 하나님은 이 민족을 이 시대 땅끝 선교에 쓰시려고, 세계 곳곳에 미리 보내셨던 것이다. 어렵게 떠나야 했던 사람들은 몰랐겠지만 돌아보면 참하나님의 섭리는 오묘하고 놀랍다.

당신이 하나님을 사랑하는가? 그러면 지금의 뜻 모를 고통도 훗날 영광의 화관으로 돌려주실 것을 알고, 믿음으로 이기시라. 다 하나님의 섭리가 있다.

이슬람권 국가들, 아프리카 국가들, 중남미 국가들은 백인 선교사들을 그리 좋아하지 않는다. 과거의 식민지와 제국주의로 백인들에게 깊은 고통을 겪었었기 때문이다. 그러나 우리나라 사람들은 다 좋아한다. 왜냐하면, 깊은 동질감을 느끼기 때문이다. 우리는 그들과 같이 식민지와 전쟁의 아픔들을 당해 보았고, 그들과 같이 깊은 가난과 절망 속에 있어 보았기에, 그들의 아픔을 이해해 주고 보듬어 줄 따뜻한 마음을 가졌기 때문이다. 그래서 그들은 우리 한국 사람들, 곧 한국 선교사들에게는 쉽게 마음을 연다. 이는 바로 복음을 들고나갈 때 가장 큰 장점이 된다.

한국은 이제 선교사 파송 세계 2위국이 되었다. 인구 비율로 본다면 세계 1위이다. 이 작은 나라에서 일어난 믿을 수 없는 기적이다. 이 모든 영광은 하나님께 있다. 믿음의 선진들의 눈물과 애통의 기도로 세워진 소중한 현재인 것이다.

이러한 반짝이는 보석 같은 한국의 기독교가 오늘날 바닥을 헤매고 있는 형국이다. 망신스러운 대상이 되고 있다. 믿음의 선조들의 피와 눈물을 헛되이 하면 안 된다. 하나님의 은혜와 사랑을 배신의 조롱으로 돌려 드리면 안 된다. 이제 다시 일어나 회복해야 한다.

우리나라 신앙의 위대한 영웅들

세계 기독교 역사를 보면 하나님은 기독교의 부흥이 있던 나라는 반드시 경제도 부흥하게 하셨다. 영국이 그랬고 미국이 그랬다. 이는 그 경제력으로 세계 복음화에 힘쓰도록 하시는 하나님의 방법이다.

1800년대 영국은 여러 차례 기독교의 부흥이 일어났다. 그러자 하나님은 그리 크지도 않은 섬나라 영국을 세계 속에 해가 지지 않는 가장 강대한 나라로 세워주신다. 그때 영국은 온 땅으로 선교사들을 보내어 세계선교를 주도했었다. 영국에서 넘어간 믿음의 사람들로 세워진 미국은 그 바통을 이어 기독교 국가의 기치를 든다. 하나님은 또 미국을 세우신다. 미국은 세계를 제패하는 강대국이 되었다. 그리하여 미국은 현재 선교사를 가장 많이 파송하는 국가가 되었다.

하나님은 역사적으로 기독교의 부흥을 이룬 나라들을 강대국으로 세우셨고, 곧바로 세계선교를 담당하게 하신 것이다. 그다음이 우리나라이다. 우리나라는 자원도 없고 나라도 작다. 그런데 그러한 불가능의 조건들만 있는 나라가 세계 강대국이 되었다. 북한의 위협, 10.26, IMF…. 수많은 대통령이 죽거나 감옥에 가는 등 풍전등화같이 고꾸라질 것 같던 순간들이 가득했다. 그러한 모든 절망을 이겨내고 현재의 부강한 나라를 이루었다. 기적이다. 불가사의할 정도다. 세계사에 유일하다. 하나님이 기독교 부흥과 경제 부흥을 함께 이루어주시고, 모든 위험의 순간들로부터 다 지켜주신 것이다.

불신자들이야 각기 다르게 말할 수 있겠지만, 우리 하나님을 믿는 자들은 너무나 확실히 안다. 아니 알아야 한다. 한국의 오늘은 완전한 기독교의 기적이다.

지금 우리나라는 세계 180여 개 국가에 27000의 선교사들을 파송하였다. (2017년 기준) 세계 2위 선교사 파송국이요, 인구 대비로는 세계 1위이다. 그러던 중에 나타난 코로나19 바이러스는 전 세계를 뒤흔들어 버렸다. 그러나 모든 나라가 곤두박질치던 중에도, 하나님은 이 나라의 위상을 세계 위에 자꾸 높이 들고 계시다. 이제는 교회들이 문제들로 손가락질을 당하는 데도 하나님은 왜 이 나라를 자꾸 높이 드시는가? 왜일까? 바로 믿음의 영웅들이 있기 때문이라고 감히 말해 본다.

열왕기상 18장에 엘리야는 갈멜산 상에서 바알 아세라 선지자 850인들 멸하고도 이세벨의 위협에 도망가 호렙산 동굴에서 절망의 기도를 한다.

"주여, 나만 남았거늘 그들이 내 생명을 찾아 빼앗으려 하나이다" (열왕기상 19장 14절)

그는 그 큰 영적 전쟁 속에 이스라엘의 신앙의 무게를 혼자 담당한다고 여긴 듯하다. 그러나 하나님이 말씀하신다.

"내가 이스라엘 가운데에 칠천 명을 남기리니 다 바알에게 무릎을 꿇지 아니하고 다 바알에게 입맞추지 아니한 자니라" (열왕기상 19장 18절)

그렇다. 엘리야는 하나님의 사람들이 다 없어지고 배반하고 자신만 남은 줄 알았다. 그러나 그 나라에는 일반 사람들은 모르는 진정한 하나님의 사람들이 있었던 것이다. 알려지지도 않은, 드러나지도 않은, 그러나 하나님은 다 아시는 곳곳의 참하나님의 사람들 칠천….

하나님의 마음을 기쁘게 해 드린 빛없는 진정한 영웅들이다. 이들은 세상은 몰라도 하나님은 다 아시며, 하나님의 마음에 새겨진 아주 큰 인물들이다.

이렇듯 하나님이 우리나라를 위기 때마다 지켜주시고 이기게 하시고 높이신 것은, 밤마다 어두운 교회에서 골목골목 구석진 기도실에서 곳곳에서 밤낮 이 나라를 위하여 눈물과 애통으로 기도한 사람들이 있었기 때문이다. 나라의 위기 때마다 지켜 달라고 눈물로 외친 믿음의 사람들이 있었기 때문이다. 이러한 믿음의 사람들이 보이지 않는 곳곳에서 이 나라를 떠받치고 있었다.

바로 우리들의 진실한 장로님들, 권사님들, 집사님들이다. 그리고 곳곳의 참 목사님들이다. 그들은 배가 고팠던 시절 돈이 좀 없어도, 남들은 몰라주어도, 교회를 지키며 오직 하나님을 사랑하고, 이 나라를 위하여 애통해했던 분들이다. 이들의 작은 헌금들을 들고 선교사들이 땅끝으로 떠나갔다. 세상은 많이 몰라주고 알지 못해도, 유명하지 않고 거들먹거리지 않았어도, 하나님은 너무나 다 아시며 하나님의 마음 깊숙한 곳에 새기신 7000명과 같은 사람들이다.

시끌벅적한 이름 내는 교회들, 유명하다는 목회자들, 겉으로는 큰일 하는 것 같은 국가 조찬 기도회의 기도를 하나님이 들으시는 것이 아니다. 구석구석의 가려진 참 의인들의 기도를 하나님은 들으신다. 이들이 이 나라의 '위대한 믿음의 영웅들'이다.

"바알에게 무릎 꿇지 아니하고 다 바알에게 입맞추지 아니한 자니라"
(열왕기상 19장 18절)

한국의 기독교가 배불러 돈이라는 탐욕의 바알 우상, 자기 영광이라는 바알 우상, 음란의 바알 우상들에 무릎 꿇고 입맞추는…. 가짜들이 넘쳐나는 이때 7000과 같은 진정한 성도들! 이 순간도 묵묵히, 이름도 없이 빛도 없이, 정결하게 이 나라를 걱정하며, 선교사들을 섬기고 기도하는 믿음의 용사들….

 이들이 진짜이다. 이들이 알곡이다. 이들이 한국이란 나라의 보이지 않는 진정한 뿌리요 영웅들이다. 이들이 다가오는 주님의 재림을 위하여 준비되고 있는 사람들이다. 하나님의 눈은 이들에게 가 있으시며, 아파하시듯 사랑하시며, 하나님께는 이들이 세상 누구보다 귀한 사람들이다.

 이들 때문에 이 나라의 현재가 있고, 또 미래가 있을 것이다. 이들이 천국에서는 그 누구보다 큰 사람들이 될 것이다. 세상의 박수는 못 받아도, 천국 입성 때에 또 주님의 재림 때에 하늘 천사들의 합창과 하늘의 영광을 받게 될 것이다. 이들이 하나님의 큰 상급이라 본다. 감사하다.

 이제 세상은 더욱 어려워 갈 것이나, 하나님은 우리나라를 모든 분야에서 세계 속에 높게 하실 것이다. 이는 주님의 오시기 전 온 땅에서 사용하시기 위함이다. 이제 한국 선교사들과 한국 그리스도인들은 더욱 나라들과 땅들에 흩어져 갈 것이며, 마지막 세계 부흥의 불씨들이 될 것이다.

 동방의 예루살렘이니 제사장 나라니 하는 비성경적 말이나 교만할 이유도 없다. 한국이라는 나라의 이름을 과다하게 높일 이유도 없다. 오직 하나님의 이름만을 높이면 된다.

 그냥 겸손과 감사로, 주님의 오시기 전 혼돈의 세상 온 땅들에 들어가 섬기는 나라가 되기를 바란다. 어느 나라에 가서도 겸손히 사람들을 사랑하며, 존중하며, 높여주며, 주님 재림의 때에 땅끝들에서 주님을 맞이하는 믿음의 영광이 되었으면 한다. 그러므로 더욱 정결한 기독교, 참 기독교로 나아가자. 그것이 오늘날 우리나라를 이토록 세워주신 하나님의 사랑에 대한 작은 보답이라도 드리는 길이다.

그러나 한 가지 마음의 애통은, 그렇게 이 나라의 바탕을 이룬 믿음의 사람들이 주의 재림에 대하여는 너무 깨어 있지 못하다는 것이다. 이 나라 속에서만 서로 다투고 있다.

이제 참 기독교의 사람들은 더 높이 주님 재림의 바탕이 되는 분들이 되기를 바란다. 이 나라만 걱정하는 수준을 넘어, 오실 주님에 대하여 외칠 수 있는 세례요한의 수준이 되기를 바란다. 노후라도 멈추지 말고, 남은 땅끝들로 가고 보내며, 기도로 돕는 더욱 높은 비전으로 옮겨지기를 바란다. 땅끝에서 주님의 재림을 맞는다면 이보다 큰 영광 감격이 있을까? 사모해 본다. 믿음의 진정한 영웅들이여! 더욱 힘내시기를 바란다.

이번 2장에서는 예수님의 예언대로 복음을 땅끝에 이르게 하고 계시는 놀라운 하나님의 역사를 보았다. 기독교의 역사적 성찰이었다. 과거와 현재 그리고 미래의 모든 역사를 주관하고 계시는 하나님에 대한 강한 믿음을 갖자.

또한, 이 마지막 때 우리나라를 향하신 주님의 중대한 사명이 있음도 보았다. 그런데 그러한 주님의 재림을 앞둔 막중한 시대에 한국 기독교는 변질과 타락의 극치를 달리고 있다. 정신 차려 각성하여야 한다.

이제 3장에서는 그 문제가 무엇이며 원인이 무엇인지를 살펴보고자 한다. 곧 진정한 복음에 대한 성찰이다.

3

다른 복음

찬송가 하나가 생각난다.

'눈을 들어 하늘을 보라 어지러운 세상 중에
곳곳마다 상한 영의 탄식 소리 들려온다.
빛을 잃은 많은 사람 길을 잃고 헤매이며
탕자처럼 기진하니 믿는 자여 어찌할꼬.
외치는 자 많건마는 생명수는 말랐어라.'

이 찬송가는 올바른 기독교가 안타까운 세상과 영혼들을 향하여 탄식하는 것이다. 그러나 이제는 세상이 아니라 기독교가 이 모양이 되었다. 눈을 들어 교회를 보니 '어지러운 세상이 되어버렸도다.' 세속주의 기복주의 자유주의 다원주의 등 온갖 잡동사니들이 가득 찬 어지러운 곳…. 그래서 싸움과 다툼과 타락이 넘치는 어지러운 곳….
이제는 믿는다는 영혼들이 상한 영들이 되어 '탄식 소리 쏟아 내고,' 빛을 잃은 기독교는 '길을 잃고 헤매며' 교인들은 온갖 '탕자들이 되어가고' 신앙은 하루하루 유지에도 기진맥진하니 '믿는 자여 어찌할꼬' 외치는 목자들은 많건마는 참 복음은 없어 '생명수는 말랐어라.'
이 무슨 아이러니인가? 이 찬송가는 이제 세상이 아니라 한국 교회에 가져다 붙이면 딱 맞다. 요즘은 세상이 오히려 교회를 구한다고 난리다. 예수님 당시의 예루살렘 성전은 온갖 잘 믿는 듯한 모양들은 다 가지고 있었지만, 그들은 이미 참 신앙인들이 아니었다. 거짓 신앙인들 거짓 종교가들이었다.

그러므로 오늘날 교회들에 변질과 타락이 가득한 것을 보면, 예배와 기도와 설교들에 가짜가 넘치는 것을 의미한다. 웅장한 건물에 통성기도가 진동하고 유식하게 보이는 열정적 설교가 있을지라도… 많이 모이고 신앙의 소리 높아도, 당신의 교회는 이미 내면적으로 추한 곳일 수도 있다.

지금 우리 교회는 진정 하나님이 계실까? 지금 우리 교회 예배를 하나님이 받고 계실까? 우리 교회는 참 교회가 맞나? 우리 교회는 진정한 복음이 있나? 하나님은 이미 안 계시는데, 해오던 모양만 가지고 녹음기처럼 반복하고 있을 수도 있다. 잠시 짜내는 짜릿함을 믿음으로 착각하면서….

사무엘상의 엘리 제사장은 전에는 좋은 신앙의 모양을 가지고 있었는지 몰라도, 후에는 하나님 앞에 신앙이 변질된다. 여전히 제사장이요, 여전히 거룩한 듯한 제사를 인도하고 있었는데, 여호와의 말씀은 희귀해져 버렸다고 성경은 말한다. 여전히 여호와의 말씀으로 제사하고 있는데 여호와의 말씀이 희귀하여졌다는 것이다.

"여호와의 말씀이 희귀하여" (사무엘상 3장 1절)

하나님은 참으시며 날카로운 눈으로 계속 보고 계셨다. 또 지적하시고 경고하셨다. 그러나 엘리 제사장은 자신이 이미 여러모로 변질되었는데도 자신을 깊이 알지도 돌이킬 줄도 몰랐다. 얼마 후 이스라엘은 블레셋과 전쟁을 하게 된다. 그 결과는 비참했다. 전쟁에서

두 아들은 죽고, 법궤는 빼앗겼으며, 그 보고를 들은 엘리 제사장은 의자에서 넘어져 목이 부러졌다. 거기다 더하여 엘리의 며느리마저 아기를 낳다 죽는다. 온갖 재앙들이 들이닥쳤다. 며느리는 죽어가면서 외친다.

'영광이 이스라엘을 떠났다!'

위협하려는 이야기가 아니다. 하나님 앞에 옳지 않은 신앙의 비참한 결과를 말하려는 것이다. 당신의 교회, 당신의 목회자가 바로 엘리 제사장일 수 있다.

오늘날의 교회들을 보면 두려움을 느낄 때가 너무 많다. 이미 복음이 희귀하기 때문이다. 죄들에 대하여 죄책감이 없으며, 하나님에 대한 두려움은 상실했다. 말씀이 여전히 넘치는데 말씀이 없다. 복음이라는 것이 넘치는데 진정한 복음이 희귀해져 버렸다. 엘리 제사장의 결과가 일어날 수 있다. 무서운 일이다.

진정 나는 또 우리 교회는 문제가 없다는, 잘하고 있다는, 자기 확신을 버리고, 두려움으로 자신들을 성찰해 보시기 바란다. 복음이 있다고 생각하나, 복음이 이미 없을 수 있기 때문이다.

저주받을 다른 복음

사도 바울은 갈라디아서 1장에 다른 서신서들에는 없는 아주 두려우리만치 강한 표현을 쓴다. '저주'라는 말을 그것도 짧은 글 속에 여러 차례 반복하여 쓴 것이다.

"그리스도의 은혜로 너희를 부르신 이를 이같이 속히 떠나 '다른 복음'을 따르는 것을 내가 이상하게 여기노라 '다른 복음'은 없나니 다만 어떤 사람들이 너희를 교란하여 그리스도의 복음을 '변하게 하려' 함이라 그러나 우리나 혹은 하늘로부터 온 천사라도 우리가 너희에게 전한 복음 외에 '다른 복음을 전하면 저주'를 받을지어다 우리가 전에 말하였거니와 내가 지금 다시 말하노니 만일 누구든지 너희가 받은 것 외에 '다른 복음을 전하면 저주'를 받을지어다" (갈라디아서 1장 6절~9절)

'저주를 받을지어다.' '저주를 받을지어다.'

갈라디아 교회는 어떤 부분에서는 이미 '그리스도를 속히 떠났고' '저주받을 다른 복음'을 따르고 있던 것이다. 저주받을 다른 복음이 무엇일까? 저주란 말이 그리 큰 느낌이 없는가? 사랑이 핵심인 성경에 '저주를 받을 것'이라는 말은 결코 단순한 표현이 아니다. 그만큼 바울 사도는 너무나 심각하게 쓰고 있다. 가슴 떨리게 생각해 보아야 한다. 저주란 무슨 의미일까? 지옥이요, 하나님께서 가증하게 여기시는 것은 아닐까? 다르다는 말은, 같은 듯하나 같지 않은 것을 의미한다. 진짜같이 보이나 가짜임을 의미한다. 그만큼 위장된 거짓이라는 것이다. 그것들이 교묘하게 들어와 진짜 복음을 교란하고 있다고 바울은 말한다. '너희를 교란하여 그리스도의 복음을 변하게 하려 함이라' 즉 다른 복음은 가짜 복음인 것이다.

오늘 바울 사도가 말한 다른 복음은 유대주의요 율법주의를 지적하는 것일 수도 있다. 그러나 현대 교회에 교묘히 들어와 있는 다른 복음을 지칭하는 것도 된다. 실제로도 오늘날 이 가짜 복음, 거짓 복음들이 교회들에 가득한 것이 사실이다. 우리의 절대적이고 유일한 복음은 예수 그리스도와 그분의 십자가와 부활이다. 그리고 주님의 재림이다. 바울 사도는 고린도전서에 자신의 결심을 이야기한다.

"예수 그리스도와 그가 십자가에 못 박히신 것 외에는 아무것도 알지 아니하기로 작정하였노라." (고린도전서 2장 2절)

성경을 전체적으로 보라. 성경은 우리가 죄인임과 그로 인한 사망, 예수 그리스도의 이 땅에 오심, 그분의 십자가 대속하심과 부활, 심판과 천국과 지옥, 우리의 마지막 남은 유일한 소망 즉 예수 그리스도의 재림이다.

그런데 우리들의 복음은 어느새 세상 축복, 세상 번영으로 교묘히 옮겨 간 지 오래되었다. 이 땅에서 성공하고 크게 잘 되자는, 이 땅에서 길이길이 누리고 복 받자는, 더 유명해지고 높게 되어 자기를 이루자는….

십자가의 설교는 안 보인다. 부활은 단 하루 부활주일만 하는 설교가 되었다. 그리고 일 년 후에나 다시 한번 등장한다. 재림이나 심판 등의 설교는 아예 없다시피 하다. 천국은 어느새 거북스럽고 재미없는 제목이 되었고 죄나 지옥은 사라져 버린 지 오래다.

어느 유명하다는 목회자의 설교 제목들을 한눈에 살펴보았다, '불필요한 고난' '인생을 낭비하지 말라' '축복 받으라' '두려움 극복' '미워하는 마음' '큰 인생을 살라' '굳어 있는 마음 풀기' '긍정의 삶' '승리하라' '적극적 사고방식' 세상의 제목들로 가득하다.

제자들은 모두 다 두 눈으로 보았던 주님의 십자가와 부활, 심판의 경고, 죄의 무서움. 주님의 다시 오심의 약속 등 모두 이것을 전하다 죽었다. '항상 기뻐하라 쉬지 말고 기도하라 범사에 감사하라'라고 우리는 데살로니가 전서 5장의 이 구절은 자주 가르친다. 그러나 그 구절들 '바로 앞'에는 주의 재림의 영광과 소망을 말하고 있다.

"주께서 하나님의 나팔로 친히 강림하시리니…." (데살로니가 전서 4장 16절)

"평안하다 안전하다 할 그때 멸망의 그 날이 이르리니… 오직 깨어 정신 차릴지라." (데살로니가 전서 5장 1절~6절)

주의 재림의 경고는 밀어 두고 맨날 기뻐하자 감사하자 세상에서 잘 살자는 설교만 주로 하는 것이다.

우리는 보통 고린도전서에서 고린도 교회의 문제점들과 12장의 은사들을 주로 말한다. 그러나 고린도전서의 가장 중요한 장은 바로 15장 부활장이다. 바울 사도는 이 편지를 마무리하는 15장 전체에 제자들이 본 주님의 부활과 마지막 날 주님의 재림, 그리고 성도들의 부활을 아름답고 상세하게 묘사하며 격려를 하고 있다. 고린도후서 역시 고린도 교인들의 회개를 칭찬하며 12장에 자신이 가 본 천국 간증으로 고린도 교인들에게 소망을 주며 13장을 마친다.

신약성경을 잘 보자. 모두 다 이렇듯 주님의 십자가와 부활, 그리고 재림이다. 그런데 우리들의 교회 안에 또 설교들에 이미 세상 축복들도 가득해 버린 것이다. 건강, 축복, 웰빙, 부부, 자녀, 성공, 자기계발, 긍정, 치유, 세상의 복 받는 삶 등 철저히 세상이다.

임종이나 죽음 앞의 기독교인들을 많이 보았다. 그들은 세상 사람들과 별다름이 없었다. 천국의 소망도 믿음도 담대함도 전혀 없다. 큰 교회 중직이라는 사람도 물어보면 구원의 기본 원리조차 모른다. 평생 믿어온 믿음이 죽음 앞에서 이처럼 형편없단 말인가? 도대체 긴 세월 무엇을 배우고 무엇을 믿었다는 것일까? 이렇게 다른 복음들에 점령되어 있으니, 교회가 부패의 온상이 된 것이다.

마틴 로이드 존스의 '거짓 선지자의 메세지 특징들'에서는 이렇게 말한다.

'하나님의 공의와 진로에 대하여 침묵한다, (사랑과 축복은 항상 강조하면서) 심판과 지옥에 대하여 침묵한다, 죄의 사악성을 강조하지 않는다. 회개의 필요성을 침묵한다, 성결한 삶을 침묵한다.

그렇다면 맨날 축복만 외치는 요즈음의 목회자들이 바로 악한 거짓 선지자는 아닌가?'

예레미야 28장에는 선지자 하나냐가 나타난다. 그는 실제 하나님의 경고와 다르게 사람들이 듣기 좋아하는 것만 예언한다. ㄹ백성들의 귀에 달콤한 것들만 말한 것이다. 그것도 하나님께 받은 예언이라고 하면서…. 그런가 하면 당시 같이 활동하던 예레미야는 듣기 싫어해도 오직 하나님의 말씀과 경고를 예언한다. 결국, 하나냐는 하나님에 의하여 죽임을 당한다. 그는 거짓 선지자였다.

오늘날 우리들의 목회자들은 축복 받으라는 좋은 이야기만 한다. 교인들의 귀에 달콤한 말만 주로 한다. 듣기 싫어하는 지옥이니 죄니 심판이니 재림이니 하는 설교들은 하지 않는다. 거짓 선지자 하나냐이다. 결국, 저주받을 다른 복음들로 수많은 영혼을 지옥 가게 하는 것이다. 바울 사도는 이어서 말한다.

"이제 내가 사람들에게 좋게 하랴. 하나님께 좋게 하랴 사람들에게 기쁨을 구하랴. 내가 지금까지 사람들의 기쁨을 구하였다면 그리스도의 종이 아니니라" (갈라디아서 1장 10절)

바울은 사람들의 기쁨을 위하여 일하지 않겠다고 단언한다. 이는 듣기 싫어해도 바른 복음을 전하겠다는 강한 의지이다. 올바른 복음을 전하지 않으면 하나님의 종이 아니요, 양의 탈을 쓴 이리이다.

"화 있을진저 외식하는 서기관들과 바리새인들이여 너희는 교인 하나를 얻기 위하여 바다와 육지를 두루 다니다가 생기면 너희보다 배나 더 지옥 자식이 되게 하는 도다" (마태복음 23장 15절)

오늘날의 목회자들은 잘못된 서기관과 바리새인들처럼 교인들을 모이게 해 놓고 몇 배나 더 지옥 자식이 되게 하는 것은 아닌가? 오늘날 하나냐 같은 귀에 달콤한 말만 주로 하는 목자들이 가득하다. 그래서 외치는 자는 많은데 기독교가 이 모양이 된 것이다.
목회자들이여! 속고 있다면! 잊고 있다면! 어느새 변질하였다면! 다른 복음에서 진정한 복음으로 돌이키라! 예수 그리스도와 그분의 십자가이다!
교회 크니, 사람 많으니, 올바른 복음에 있겠지라는 착각은 성경을 너무나도 모르는 것이다. 더 위험할 수 있다. 귀에 달콤한 세상 복을 외칠수록 사람들이 모이는 것을 모르는가?

"예수 그리스도와 그가 십자가에 못 박히신 것 외에는 아무것도 알지 아니하기로 작정하였노라." (고린도전서 2장 2절)

사도 바울은 그 어떤 것보다 오직 참 복음인 예수 그리스도와 그분의 십자가만 알기로 아예 마음에 작정하였다. 다른 복음은 없다.

"다른 복음은 없나니...다른 복음을 전하면 저주를 받을지어다." (갈라디아서 1장 7절~8절)

다시 한번 바울 사도가 왜 저주라는 말까지 사용하며 경고하였는지 꼭 명심하여야 한다.

현재 한국의 기독교는 이미 다른 복음들에 너무 젖어 버렸다. 강단에는 다른 복음들이 넘쳐난다. 그런데 잘못된 복음인지도 모른다. 한국 교회, 한국 목회자들의 두려운 현실이다. 다른 복음들에 푹 젖어 있으면서도, 그 닥칠 두려움을 모르는 목회자는 그만두는 것이 옳다.

예수님을 믿는다고 하나 예수님을 이용하는 자들
(당신은 가룟 유다는 아닌가?)

요한복음 6장에 예수께서 가버나움에서 말씀을 전하시자 이상한 일이 벌어졌다. 디베랴 바다 건너편으로부터 수많은 사람이 예수님을 따라왔는데, 주님이 가버나움에서 그들에게 말씀을 전하시자 사람들이 우르르 가버린 것이다,

"그때부터 많은 사람이 떠나가고 다시 그와 함께 다니지 아니하더라" (요한복음 6장 66절)

참 이상하다. 도대체 예수께서 무슨 말씀을 하셨기에 다 떠나는 현상이 일어난 것일까? 그런데 또 이상한 것은 그래도 남아 있는 제자들의 대답이다.

"너희도 가려느냐" (요한복음 6장 67절)

예수께서 물으셨고 베드로가 대표로 대답하였다,

"영생의 말씀이 주께 있사온데 우리가 누구에게 가오리까" (요한복음 6장 68절)

제자들의 대답은 주님이 분명히 영생의 말씀을 전하셨다고 한다. 그러면 가버린 사람들은 도대체 무엇을 바라고 따랐던 것일까? 주님이 가버나움에서 사람들에게 가르치신 말씀은 다름 아닌 성경에서도 가장 중요한 영생이요 생명이요 부활이었다. 즉 기독교의 핵심이었다.

"나는 생명의 떡이니 내게 오는 자는 결코 주리지 아니할 터이요. 나를 믿는 자는 영원히 목마르지 아니하리라. 진실로 진실로 너희에게 이르노니 믿는 자는 영생을 가졌나니, 내가 곧 생명이니 떡이니라. 나는 하늘에서 내려온 살아있는 떡이니 이 떡을 먹으면 영생하리라. 내가 줄 떡은 곧 세상의 생명을 위한 내 살이니라, 내 살을 먹고 내 피를 마시는 자는 영생을 가졌고 마지막 날에 내가 그를 살리리라" (요한복음 6장, 요약)

참으로 기독교의 근간인 말씀 아닌가? 그런데 한두 명도 아니고 사람들은 거의 다 가버렸다는 사실이다. 이상하다? 도대체 왜일까? 그들은 죽을 병자들이 일어나고 작은 떡과 물고기로 오천에 가까운 사람들이 먹는, 놀라운 기적들을 두 눈으로 똑똑히 보았었다. 예수님이 사람들에게 기적을 행하시고 그 큰 능력을 나타내신 것은, 그것들을 통하여 '예수님 자신이 누구신가'를 알기를 원하셨다. 그러나 사람들은 엉뚱한 것을 보기 시작하였다.

'예수님의 능력을 이용하면 로마에 능히 대적할 수 있을 것 같아….'

'예수님을 좇으면 병도, 먹을 것도, 걱정이 없으며 이 세상 참 살기에 좋을 것 같아….'

"예수께서 그들이 와서 자기를 억지로 붙들어 임금으로 삼으려는 줄 아시고 다시 혼자 산으로 떠나가시니라" (요한복음 6장 15절)

"너희가 나를 찾는 것은 표적을 본 까닭이 아니요. 떡을 먹고 배부른 까닭이로다." (요한복음 6장 26절)

그렇다. 그들은 예수님을 열정적으로 따랐지만, 내면에는 전혀 다른 목적들을 품고 있었다. 정작 그들이 추구하던 것은 예수님 자신이나 영생이 아니라, 예수님을 이용하여 정치와, 세상 복과, 자기 욕구를 이루고자 함이었다. 그들은 예수 예수하였지만 내면은 그들의 욕망이 본질이고, 그것을 이루는데 예수가 '도구'로 필요했던 것이었다. 오늘날의 교회들이, 목회자들이, 또 교인들이, 아주 정신 차리고 보아야 할 내용이다. 아니, 아주 흡사하다.

광장으로 나가서 세를 불리고 선동한다. 나라를 위한다며 예수님과 신앙을 앞세운다. 그들도 처음에는 신앙도 나라를 위하는 마음도 있었으리라. 그러나 어느새 자기 욕구 자기 목적을 위하여 예수는 그들의 입에만 있고, 실제적으로는 없다. 예수는 도구로 전락된다. 예수님을 이용하여 로마에 대적하려던 목적의 사람들과 똑같다.

병 치료에 빠져 외치고 치료 치료하며 큰 교회를 이루고, 오늘날도 그에 빠져 쫓아다니는 사람들이 얼마나 많은가? 예수 예수 하나 정작 예수는 뒷전이다. 치료나 해주는 예수, 유명하기를 원하는 자기 욕구 성취에 예수님의 치료를 이용하는 것이다. 귀신 축출이라며 이런 귀신 저런 귀신 한다. 예수님 자신보다 귀신 축출을 통하여 자기 유명 욕구를 이루는 교회들이다. 예수 예수 하나 실제는 자기 사역에 이용하는 것 아닌가?

  예수로 인하여 복 받고, 예수로 건강하고, 예수로 자녀 잘되고, 예수로 정치도 이루고, 예수로 사업도, 자신의 사상이나 신학에까지…. 예수를 이용할 뿐이다. 자신들의 크고자 하는 욕구는 감추고, 아니 가려진 욕구에 자신도 속으며 예수님의 이름을 내세운다, 아예 목회자들은 한술 더 뜬다. 전도 전도, 축복 축복, 헌금 헌금, 커지는 교회, 많은 교인이 그들의 욕구요, 그들의 목회 성공의 도구로 예수가 있다.

  그러나 예수님은 사람들이 자신을 왕으로 삼아 이용하려는 목적을 아시고 그들을 떠나가셨다, 그러나 오늘날의 목회자들은 예수님을 이용하여 왕이 되었다. 또 왕이 되고자 한다. 으리으리한 큰 교회 어마어마한 교인들 위에 서 있는 그림들이 머릿속에 가득하다. 간교한 이용이다. 두려운 일이다, 이제는 교인들도 예수님을 다 이용하려고 한다. 사업 번창에 자식 성공에 복 받는 것에 이것저것에 …. 어느 날 사람들을 좋게 하려는 것이 아닌 예수님처럼 영생, 천국, 죄, 회개, 십자가, 심판들을 외친다면 교인들이 난리가 날 것이다. 수군수군 댈 것이다. 걸림이 될 것이다. 자신들의 목적과 다른 것이다.

"예수께서 이 말씀에 대하여 수군거리는 줄 아시고 이르시되 이 말이 너희에게 걸림이 되느냐?" (요한복음 6장 61절)

영생인 예수님의 말씀은 목적이 다른 그들에게는 걸림인 것이다. 그들은 반발하고 우르르 떠나간 것이다. 오늘날 참 복음이 선포되면 떠나갈 교인, 떠나갈 목회자들이 적지 않을 것이다. 그리스도인이라 하는 당신은 남을 사람인가? 떠날 사람인가?

예수님 자신이 필요한가? 자신의 욕구를 위하여 예수가 필요한 것인가?

오늘날 목회자들은 예수님처럼 참 복음은 외치지도 못한다. 교인들이 우르르 떠날 것이 싫기 때문일 것이다. 자꾸 모여드는가? 자꾸 커지는가? 참 복음이 없다는 증거일 수 있다.

"그날에 많은 사람이 이르되 주여 주여 우리가 주의 이름으로 선지자 노릇 하고 주의 이름으로 귀신을 쫓아내고 주의 이름으로 많은 권능을 행하지 아니하였나이까? 그때 내가 그들에게 밝히 말하되 내가 너희를 도무지 알지 못하니 불법을 행하는 자들아 나를 떠나가라" (마태복음 7장 22절~23절)

귀신도 쫓아내고 권능도 행하였으면 지금 시대에 보면 대단한 교회요 대단한 목회자들인데…. 그런데 예수님은 그들에게 다른 말도 아닌 '너희들을 도무지 모른다,' '불법을 행했다,' '내게서 떠나라'고 하셨다. 악하다고 하신 것이다. 주님의 일을 하는 척하였지만 실은 자기 영광을 위하여 주님을 이용만 한 것이다.

지금 주변에는 예수님을 이용하는 불법의 교회, 불법의 교인들이 가득하다. 정말로 두려워해야 한다. 가슴이 서늘하다. 서늘할 수 있는 신앙은 오히려 작은 믿음이라도 있는 것이다. 오늘날 예수님을 이용만 하고 있으면서 잘 믿고 있다고 착각하고 있는, 아예 하나님 앞에 두려움을 넘어서 섬뜩한 사람들이 너무 많다. 내면의 목적이 다른 교묘히 이용하는 그들은 결국 사회 문제, 돈 문제, 싸움, 성적 추함 문제 등으로 나타난다. 또 그들은 세습으로, 이단으로 넘어가 온 국민에게 또 옳게 살려는 그리스도인들에게 숱한 고통의 열매들을 안겨준다. 근본이 다른 것은 이렇게 악한 결과를 만들어 낸다.

지금도 터지기 일보 직전의 이용만 하는 자들이 가득하다, 이들에게 진정 구원이 영생이 있을까? 나는 없다고 본다. 이용만 하는 자들이여, 하나님의 두려움을 잊은 착각의 자들이여, 심판의 무게를 두려워하라.

"바깥 어두운 데로 내쫓으라 거기서 슬피 울며 이를 갈리라" (마태복음 25장 30절)

오늘 말씀의 마지막에 예수님은 한술 더 떠서 말씀하신다. 겨우 남은 제자 중에까지도 가짜가 있다는 것이었다.

"너희 중에 한 사람은 '마귀'니라" (요한복음 6장 70절, 71절)

많은 무리가 떠나간 것은 이해가 간다. 그러나 주님과 삼 년을 함께 한 열두 제자 중에까지도, 예수님을 이용만 하려는 자가 있던 것이다. 그리고 그는 결국 예수님을 팔았다. 정말로 놀랍지 않은가? 이렇게 교묘한 진짜 같은 가짜가 바로 당신의 교회, 당신의 목회자, 바로 당신은 아닌가? 진짜 같은 가짜…. 무서운 일이다.

"그러나 너희 중에 믿지 아니하는 자들이 있느니라 하시니 이는 예수께서 믿지 아니하는 자들이 누구며 자기를 팔 자가 누구인지 처음부터 아심이러라, 너희 중의 한 사람은 마귀니라" (요한복음 6장 64절, 70절)

몇만 교인의 교회를 이끈다고? 당신은 혹 가룟 유다는 아닌가? 신학박사라고? 당신은 가룟 유다는 아닌가? 30년 믿었다고? 당신은 혹 가룟 유다는 아닌가? 당신도 자신에게 속고 있는 가룟 유다일 수도 있다. 당신도 가짜일 수 있다. 예수님을 이용만 하는….

다른 복음으로 가는 이유

그러면 왜 교묘하게 다른 복음으로 가는 것일까? 자신들도 모르는 사이에…. 처음에는 그렇지 않았을 것이다. 목회자들은 매주 설교하고 가르친다. 그럴 때마다 보는 것은 교인들이 세파 속에서 어려워하고 신앙의 싸움들에 힘겨워하는 것이다. 아프고 삶에 쫓기며, 가족이나 사회 속에서 교인들은 힘들어한다. 목회자들은 그들을 보면 안타깝다. 그러면 목회자는 어떻게 하면 주일 설교만이라도 그들을 위로하고 격려하여 힘을 얻어 갈 수 있게 할까 고심하며, 가르침을 준비하게 된다.

'열심히 신앙생활하세요.' '주님을 꼭 붙드세요.' '열심히 기도하세요.' '주일 예배를 꼭 지키세요. 그러면 잘될 것입니다.' '사업도 건강도 좋아질 것입니다. 자녀들도 잘될 것이고요.'

물론 맞는 말이다. 그렇게 위로와 격려의 설교들을 들으면 마음이 좋아진다. 힘과 용기가 생긴다. 그래서 교인들은 그러한 설교 듣기를 아주 좋아하게 된다. 또 그래야 교인들도 더 늘어나고 헌금도 많아진다. 그래서 자꾸 위로와 격려의 설교들과 가르침이 많아지게 된다. 그러나 그러함과 동시에 자세히 보면 어느새 조금씩 회개, 십자가, 죄, 심판, 지옥, 악, 때로는 부활과 재림 등의 설교 들은 자연히 줄어 들어가게 된다.

알지 못하는 사이 어느새 이 세상에서 복 받고, 건강하고, 잘 살게 되는 설교로 가게 되며, 어느새 세상 축복 기복 신앙으로 흘러간다. 교인들은 어느새 귀에 달콤한 소리만 듣기 좋아하고, 목회자들은 그들의 욕구와 박수와 커지는 아멘 소리에 속게 된다. 그렇게 조금씩 조금씩 성경의 가르침이 아닌 다른 복음, 가짜 복음으로 옮겨 간다. 그러면서 커지는 교회를 보며 자신의 능력에 취하고, 교인들의 아멘 소리에 취하고, 가득한 교인들의 수에 취하여, 스스로 좋은 복음 좋은 신앙이라는 착각에 빠져 간다.

당신이 목회자라면 일 년 중 하는 자신의 설교 비중을 살펴보라. 깜짝 놀랄 것이다. 올바른 교인이라면 당신 교회의 일 년 설교 제목들과 내용을 살펴보라. 깜짝 놀랄 것이다. 하나씩 들으면 문제없는 듯하였는데, 어느새 완전한 '다른 복음'이 되어있음을 알게 될 것이다. 어느새 십자가와 복음보다 얼마나 많이 세상 복을 외치고 있는지를, 어느 사이에 기복 신앙 세상 축복에 푹 빠져 있는지를 발견하게 될 것이다. 알지도 못하는 사이에 이미 성경에서, 이미 하나님에서, 이미 본질에서, 한참 멀어져 있는 것을 발견하게 될 것이다. 어느새 머릿속의 생각 구조가 세상 복의 달콤한 소리 듣기로 완전히 바뀌어 버린 것을 알게 될 것이다. 그런데 여전히 옳다고 열변을 토하고, 여전히 옳다고 아멘하고 있다는 사실을 알게 될 것이다. 이미 저 주받을 다른 복음에 서 있는 것이다.

십자가나 부활 재림 심판 등의 설교들은 안 하면 안 될 것 같아 가끔 채워 넣는데, 이미 어색한 구색 갖추기로 전락하게 된다. 그것도 교인들 눈치 보면서 한다. 그리고 매년 4월이나 되면 잠시 나타나게 된다. 게다가 세상 복의 분위기에서 십자가 고난의 분위기로 가려니 잘 안돼서, 한 달 전부터 감정을 짜내려고 아주 무진 애를 쓴다. 기독교 방송들도 분위기를 띄워주려고 3월부터 아주 기를 쓴다. 해마다 3, 4월이 되면 나타나는 웃기는 희극이다.

　주님의 십자가와 고난과 부활의 복음이 항상 가르침과 설교의 중심에 있으면 매년 3, 4월에 고난의 분위기를 올리려 쇼 아닌 쇼를 하게 될까? 일 년 내내 십자가요, 부활이요, 주님의 재림이 핵심이어야 하는데 이 모양이 되었다. 이것이 그리 심각한 듯 안 보이나 아니다. 이것은 아주 두려울 정도로 무서운 변질이요, 다른 복음이요, 결국 기독교도 아니요, 결국 성경도 아니게 된다. 교묘한 가짜요 저주까지 된다.

　이렇게 다른 복음으로 간 결과는 심각해진다. 사랑만 외치니 심판이나 지옥을 전혀 두려워하지 않게 된다. 하나님을 우습게 보고, 두려운 존재로 여기지 않게 된다. 죄를 짓는 것에 거리낌이 없고, 또한 죄책감을 전혀 느끼지 않게 된다. 현재 한국의 기독교(개신교)의 청렴도가 가장 낮음을 모르는가? 온갖 더러움들이 기독교 안에 가득한 것을 모르는가? 진정한 복음을 떠난 결과이다.

　멋진 설교를 들은 것 같고 잠시는 좋은 듯한데, 내면은 갈수록 공허하고 메마르고 신앙생활이 힘들게 느껴지게 된다. 다른 복음이기 때문이다.

　지금 우리의 기독교는 허하고, 무기력하여, 확신도 없는 교인들이 넘쳐난다. 매일 힘들다 어렵다 아프다를 입에 달고 살게 되었다. 다른 복음의 본질이다. 다른 복음은 들을 때만 짜릿할 뿐이다.

더더욱 큰 두려움은, 다른 복음을 전하게 되는 목회자들이요 지도자들의 영혼들이 먼저 죽어가게 되는 것이다. 성경의 깊은 전진이 막혀버린다. 죄의 두려움도 잊어가게 된다. 삶의 능력이 없어져 성적 유혹에, 돈에, 권력욕에 넘어가게 되는 것이다. 결국 하나님께 버림받게 되는 것이다. 주변에는 어느새 세상 축복의 다른 복음으로 가버린 목회자들이 가득하다.

위로와 격려의 설교를 전해도 그 속에 반드시 예수 그리스도와 그분의 십자가 복음이 단단한 바탕으로 있어야 하고, 축복을 전해도 반드시 그 안에 부활이 있어야 하고, 소망을 전해도 이 땅의 소망은 잠시이며 영원한 천국과 주님 재림의 소망으로 가르쳐야 한다. 죄와 회개와 심판이 있어야 한다.

목회자로서 성경의 참 신앙, 고난과 가난과 낮아짐과 천국과 재림에 아주 단단히 뿌리를 내리고 있지 않다면 목회자들 그만두어야 한다. 수많은 영혼을 지옥으로 보내는 자들이 될 수 있다. 큰 교회요 많은 교인이 목표가 아니다.

'교회는 영혼을 구원하는 곳이지, 세상 복 받게 하는 곳이 아니다.'

왜 다른 복음을 전하는가? 왜 궁극적으로 구원해 주지 못하는, 궁극적으로 갈증을 없애주지 못하는 엉뚱한 웅덩이만 파게 하는가? 왜 오염된 물만 주어 내면이 목말라 울부짖는 영혼들로 만드는가?

"내 백성이 두 가지 악을 행하였나니 곧 그들이 생수의 근원 되는 나를 버린 것과 스스로 웅덩이를 판 것인데 그것은 그 물을 가두지 못할 터진 웅덩이들이니라" (예레미야 2장 13절)

WCC 다원주의에 대하여 (참복음 그리고 자유주의 다원주의 가톨릭)

기독교의 가장 큰 악은 바로 복음, 즉 성경을 변질시키는 것이다. 마귀는 어떻게 해서든지 이 성경을 변질시키려 무진 애를 쓴다. 그것도 교묘하게…. 주님의 오시는 때가 가까울수록 복음의 변질은 더욱 기승을 부리게 될 것이다.

앞에서는 이미 기독교를 잠식하고 있는 '다른 복음'을 이야기해 보았다. 그러나 자유주의, 다원주의, 또 가톨릭 등 성경을 왜곡시키는 것들도 많다. 이들은 아예 성경을 대 놓고 다르게 만들어 버린다. 이번 글에서는 이들을 '틀린 복음'이라는 말로 표현해 본다. 그리고 이들 역시 한국의 교회와 목회자들에게 이미 심각하게 들어와 있다. 그리고 이들 역시 교회들과 영혼들을 지옥으로 보내는 주체가 되는 것이다.

하지만 반드시 알아야 할 것은 그러한 틀린 복음들에 속한 영혼들도 우리는 '불쌍히 여기고', '끝까지 구원으로 인도하여야 할 대상'임을 잊지 말아야 한다. 논쟁으로 이기려 하는 것이 아니며 사랑으로 인도해 주어야 한다. 그러나 그 잘못된 원리들에 대하여는 우리가 철저히 알고 그들을 대하여야 한다.

또한 우리는 틀린 것들과 맞섬에 앞서, 먼저 우리가 가진 이 '절대 유일의 진리'의 가치에 대하여 '흔들리지 않는 확고한 확신'의 자세를 잃지 말아야 한다. 세상과 모든 사람에 대하여 천하에 가장 소중한 것을 가진 자들로서의 믿음의 여유와 당당한 자신감이 항상 뜨겁게 가지고 잘못된 복음들을 대할 수 있어야 한다. 진정한 복음을 가졌다면 당신은 세상의 모든 것을 가진 사람이기 때문이다.

자유주의 다원주의는 이미 교회들에 심각하게 들어와 있다. 가톨릭에 대하여도 우리가 그 본질을 알아야 올바로 판단하고 대처할 수 있다. 그러나 일반 그리스도인들이 알기가 쉽지 않다. 그래서 보통 사람도 쉽게 알 수 있도록 복음을 먼저 이야기하고 자유주의와 다원주의와 가톨릭에 대하여 대화 형태로 다가가 본다. 참복음을 알고 지키기 위하여 이러한 것들도 꼭 알아야 하는 시대이기 때문이다.

- 유일한 신 하나님, 유일한 진리 성경, 유일한 구원의 길 예수 -

한 믿음의 순례자가 좁은 길을 계속 걸어가고 있었습니다. 그 길은 때로 협착하여 가기가 힘들어 보입니다. 그의 손에는 오래된 듯한 두꺼운 책이 들려 있습니다,

그는 걸을 때도, 잠시 앉아 쉴 때도, 항상 그 책을 소중한 듯 손에서 놓지 않습니다. 꼭 그 책을 깊이 사랑하고, 그 책과 깊이 동행하는 듯합니다. 그는 특히 갈림길에서는 더욱더 그 책을 펼쳐 읽으며 또 멈추어 서서 깊이 머리를 숙여 기도합니다.

그 책은 바로 '성경'입니다. 그는 순례의 길에서 넓고 평탄한 길보다는, 좁고 쉽지 않은 길을 주로 택하게 되었습니다. 그 책이 그렇게 말하고 있나 봅니다.

순례자는 산 위로 나 있는 길옆 작은 바위에 앉아 쉬면서 지나온 신앙의 여정 속으로 아득한 생각의 여행을 떠나 봅니다.

그래 맞아! 저 아래 세속의 도시에 있을 때 많은 길을 가 보았었지…. '즐거움의 길' '성공 추구의 길' '꿈들을 위한 길'…. 그 길들은 화려해 보이고 누구나 가는 널찍한 길이었지. 그런데 그 길들은 갈수록 '의문의 안개'들이 더욱 자욱해지고 '허무와 공허의 골짜기'가 더욱 깊어만 갔었어. 인생이 갈수록 회의만 쌓여갔지. 나는 인생을 가던 중에 속에서 누르면 또 나오고 누르면 또 나오는 답답한 회의의

질문들을 들어야 했었어. 그래 맞아. 그 길들에는 궁극적인 답이 없었어.'

'나는 누구지?' '어디서 왔지?' '왜 살지?' '죽는 것은 무엇이며 이후는 어떻게 되는 거지?'

그래서 그 답을 찾으려고 좀 더 고상한 탐구의 길도 걸어 보았지. '문학 학문의 길', '과학의 길', '철학의 길', 더 높게는 '종교의 길'도…. 그러나 이런 거야, 저런 거야, 논하기는 수없이 하는데, 역시 나란 존재가 존재하는 근본 이유와 답들은 없었어.

인간은 특별함이 있는 존재잖아. 생각하는 또 스스로 선택하는…. 무언가 참 길이 있을 거야. 그러나 어디 가서 어떻게 그 길을 찾는단 말인가? 그렇게 '절망의 벤치'에 앉아 '공허와 의문의 울음'을 울다가 결론을 내렸지. '인간 자체에는 답이 없다는 결론'을. '신이 없다는 결정은 답이 아니라는 것'을…. 그러면 신이 있다는 것인가? 신이 있다고 인정해야 하나?

그래, 가만 보면 나는 지금까지 신이 없는 것은 '없다는 것을 알아서가 아니라' 나의 교만스러움으로 '신이 없다고 내 지식을 선택'하였다는 것이었지. 이는 스스로 잘난 듯 높아져 있음이었어. 악함이기도 하였지.

하나님이란 존재 앞에 나의 굽히기 싫은 그것, 나를 대단한 존재로 보는 것. 실은 아무것도 아닌데…. 실은 너무 모르는데…. 나는 너무나 약하고 작은데…. 나는 내면의 누더기의 나를 인정하고, '절망의 벤치'에 앉아 무너져 갔지. 결국, 나는 나의 절망을 인정하고 진실로 요청했지. '신' 즉 '하나님'을 불렀어. '나의 작은 본질을 인정할 줄 아는 것' 이는 귀한 것이었어. 기도였지.

'인간 자체로는 안 되는 것이군요. 하나님이라 하는 당신이 살아 있다면, 당신이 참 신이요 실제로 존재하는 분이라면, 지금의 나 이 절망의 의문과, 죽음과 끝이란 한계로부터 나타내 보여주실 수 있나요? 당신이 정말로 정말로 있다면….'

  그래! 인간이란 존재라면 일생 중 반드시 꼭 한 번은, 참 신 즉 하나님이란 분을 진정으로 인정해 보려는 겸손의 순간이 필요해. 내게 평생 없었던 것은 바로 그 겸손이었어. 그 자세는 기도의 모양으로 나타났고, 신의 존재를 확인하고픈 마음속 내면적 두서없는 외침이었지. 바로 그때였어.

  '모든 것으로부터의 '진정한 자유', '진정한 구원'을 원하시나요. 그러면 이 책을 읽어 보세요'

  한 '기쁨의 어떤 자'가 '절망의 벤치' 앞을 지나며 읽어 보라고 이 책을 놓고 간 거야. 그 책을 나는 받아들이기로 했었지. 지금 생각하면 그 사람은 '크리스쳔'이란 사람이었던 거야. 살아있는 진짜 존재라면 내게 나타내 달라는 기도에 신은 그 사람과 이 책을 보내 줌으로 응답한 것 같아. 그래, 듣고 반응하실 수 있는 존재. 응답할 수 있는 신…. 왜냐하면, 이 책에는 내가 보여 달라던 그 하나님의 실제가 있었거든. 그 책에는 그분을 볼 수 있도록, 알 수 있도록, 자신을 충분히 나타내고 있었거든. 성경은 나의 의문과 기도에 가장 합당한 응답이었어.

  '성경은, 아들 하나님 예수 그리스도를 통하여, 우리가 모든 것을 충분히 볼 수 있고, 알 수 있도록 나타내신, 전능하신 하나님의 책인 거야.'

  한 인간이 존재한다면, 그의 인생 중 가장 가치의 때는, 자신이 모르는 존재라는 것을 인정하는 때일 거야. 무엇을 안다고 생각하는 것은 자신이 '모르는 자라는 것도 모르는 자'인 거지. 즉 자기 교만 때문에 가려져 버린 '어리석음'이야. 그러므로 항상 자신이 모르는 자임을 알고 겸손을 취하면 이제야 '참 앎의 시작'인 것이지. 세상은, '자신이 모르는 자임도 모르는', '안다는 자들의 떠듦'으로 가득하거든. 모르는 자임을 인정하고, 신에 대한 갈망을 회복하여, 실존하시는 하나님을 향할 때…. 비로소 '참된 인생' '참된 앎' '참된 인간'의 시작이지. '성경은 하나님을 하나님으로 인정함과 겸손으로 나갈 때 비로소 보이기 시작하는 무한한 하나님의 책'인 거야.

나는 진정 실존의 하나님, 즉 웃으시고 말씀하시고 지적하시고 가르치시고 나를 사랑하시는 실제적 존재, 맞아 그분을 진실로 만난 거야.

신학은 신을 만난 것과 다른 것이었어. 잘못된 신학은 만남의 실제에서가 아닌, 신적인 가상에 대한 진실이나 겸손이 없는, 인간 차원의 학문적 탐구일 뿐이야. 거기에 살아계신 하나님은 없어. 참 신학은 신학에 앞서, '겸허히 실존과 전능의 하나님을 지식이 아닌 실제로 만남과 그분과의 교제로서 그분을 아는 것'에서 시작되는 거야.

'그리고 그 신은 '유일하신 하나님'이요 '유일한 길' '아들 하나님 예수'이셨어.'

인간이 되시고 자기 몸을 드려 피 흘려 대신 속죄를 이루신 하나님. 예수님과 십자가 안에 하나님은 모든 것을 나타내고 있으셨어,

'아! 이 영광! 이 기쁨! 이 의문들로부터의 자유! 이 감격과 소망! 오직 유일한 길! 예수 하나님'

거듭난 것입니다. 새로운 피조물입니다. 그렇게 이 순례자는 믿음의 순례를 시작한 것이었습니다. 이 크리스쳔은 지나온 생각을 하며, 포근하게 쏟아지는 생명의 봄볕을 쪼입니다.

- 구원의 길 -

그는 다시 길을 걷기 시작했습니다. 좁고 협착한 듯하였지만, 그는 그 길에서 이 책이 증명해 주는 '확신의 표식'들을 곳곳에서 발견하며 갑니다. 그것은 '진리의 빛나는 보석 조각'들이었습니다. 때때로 목마르고 힘은 들었지만 곳곳에는 '기쁨의 샘물'이 있어 세상으로 마른 목을 축일 수 있었고, '소망의 시원한 바람'들이 불어 약해진 마음을 소생케 해 주었습니다. 그리고 멀리 도착할 봉우리가 언듯언듯 보이기 시작합니다.

한 이정표가 위쪽에 세워져 있었습니다.

' 참 구원의 길 '

그때, 옆에 한 동행이 다가왔습니다.

'안녕하세요. 저는 자유주의 교인입니다. 저도 믿음의 길을 가고 있습니다.'

'그러세요? 안녕하세요. 저는 크리스천입니다.'

'그런데 그 낡은 책을 들고 계시는군요, 나처럼 새롭게 해석한 책을 드릴까요.'

'아니요! 겉은 많이 읽어서 낡은 것이고요, 내용은 영원히 불변의 글들이지요. 아니 변할 수 없으며 변해서도 안 돼요. 항상 새롭게 솟는 샘물 같아요. 무엇보다 저는 이 성경을 통하여 살아계신 하나님을 진정으로 만났지요. 즉 구원입니다.'

'에이, 좀 고리타분하시군요. 이 과학적이고 이성적인 시대에는 그 책도 다시 볼 부분들이 많아요. 연구를 좀 더 하셔야겠어.'

그 자유주의 교인은 좀 수준이 얕은 사람을 보는 듯 크리스천을 바라보며 자신의 앎을 자랑했습니다.

'성경도 일종의 사람이 쓴 거잖아요. 가령 모세 시대에 출애굽에 홍해가 갈라졌다? 아니에요. 얕은 갈대 바다를 건넌 거고요. 예수님이 물 위를 걸었다는 것도 그렇고, 오병이어도 다들 은혜받아 감추어 두었던 떡과 물고기들을 꺼내 놓으니, 많아져서 수많은 사람이 먹게 된 거고요. 저는 하나님을 믿지만 으흠! 그러한 기적들은 믿지 않아요. 신화적인 부분들이 많아요. 이게 합리적인 신앙이지요. 하하하'

'그래요? 그러면 예수님의 동정녀 탄생이나 십자가나 부활, 더더욱 예수님의 재림은 인정 안 하시겠군요.'

'그렇다고 생각하지요.'

'그러면 당신은 결국 하나님을 안 믿는 거네요. 성경도.'

'아아, 그렇게 말하지는 마시고요. 신이 인간에게 이성을 주었잖아요. 요즈음 시대는 과학이 확실히 증명하잖아요. 나도 하나님을 믿는다고요.'

'아니 기적 하나 못 일으키는 신이 신인가요? 왜 기적 하나 못 일으키는 하나님을 믿는다며 기독교 안에 있나요? 그러면 당신은 진화론도 인정하시겠네요.'

'에…. 인정한다 안 한다, 뭐 그렇게 논쟁적으로 말고요. 하나님이 진화를 통하여 오늘이 있게 할 수 있잖아요. 인간도 유인원을 즉 원숭이에서 진화하여 지금의 우리가 되도록 하나님이 그렇게 하실 수 있잖아요. 그래야 과학적으로 이해가 가잖아요.'

'과학으로 이성으로 다 이해되는 범위의 작은 하나님은 이미 하나님이 아니지 않나요? 인간이지. 신으로 믿을 대상은 이미 아니지요. 자, 같이 이쪽 참 구원의 길을 갑시다.'

'그만, 그만하세요! 나는 그렇게 고리타분하게 믿는 당신과 같은 길을 안 갈 거요. 연구를 많이 해야지, 이성으로 연구를…. 리츨, 하르낙, 슐라이 이 이…. 으흠 그다음은 뭐더라? 하여간 등등 이러한 학자들도 좀 알아야지. 마침 두 갈래 길이 보이는군요. 고집불통 씨 잘 가세요.'

그 자유주의자는 외국의 학자들을 들먹이다가 '구원의 길'인 위쪽이 아닌 살짝 옆으로 난 다른 넓은 아래쪽 길로 달려가 버렸습니다.

크리스천은 이러한 경우를 이미 여러 번 보았습니다. 이들은 수많은 학자들을 나열하며 자신의 지식을 대단한 듯 말합니다. 크리스천은 이러한 사람을 만날 때마다 마음이 아픕니다. 그들은 가만히 보니 하나님을 믿는다고 하나, 실은 자신과 자신의 지식을 믿는 것 같았습니다.

'왜 진리인데 사람들은 많이 가려 하지 않을까? 진리의 길인데 때론 힘들구나.'

크리스천은 이 진정한 길로는 소수의 사람이 가는 것 같아 때로는 외로움을 느끼기도 합니다. 크리스천이 고심하며 길을 가는데 뒤에서 어떤 사람이 다가왔습니다.

'같이 갑시다. 저는 다원주의 교인이요.'

'예, 저는 크리스천입니다.'

'아이고, 좁은 길 가시느라 고생이 많으시네. 저기 꼭대기 가는 길은 많이 있는데, 왜 이 좁고 협착한 길만 옳다며 이 길 하나밖엔 없다며 주장하고 가고 있는 거요. 모양은 다르나 다 꼭대기로 가는 거요. 그러므로 종교마다 또 세상의 원리들 속에도 나름대로 다 구원이 있는 거요'

'글쎄요, 이 책에는 아무리 찾고 연구해 보아도 길은 오직 하나라고 쓰여 있는데요. 세상과 인간의 본질을 보아도 길은 하나밖에 없는 것이 맞아요. 즉 예수 그리스도시지요. 그리고 나란 한 인생을 깊이 돌아보아도 인생들에 구원은 오직 예수 그리스도요.'

'마음을 좀 넓히시오. 기독교도 옳지만 다른 종교들도 옳아요. 서로 인정해야 평화가 오고 공존할 수 있어요. 당신은 은근히 일치와 평화를 깨뜨리는 자군요. 자기만 옳다는 근본주의요. 다 나름대로 정신적인 만족이 있고 영적인 깨달음이 있는 거요. 즉 구원이라고 해야 하나? 그러니 종교끼리 싸우지 말고 세상의 모든 종교를 인정하고 하나로 통합을 만들어 갑시다. 평화를 만듭시다. 기독교는 예수님을 통하여, 불교는 석가모니를, 유교는 공자를, 더 나아가 요가도 또는 무속신앙까지도 함께….'

'그렇다면 예수님도 다른 종교 창시자들과 똑같단 말입니까?'

'좀 차원이 높다고 하겠지만 결국 같지 않겠소.'

'다원주의자님 당신은 죄를 아시나요?'

'네 인간은 죄를 짓고 살지요.'

'당신은 안 죽나요?'

'아이, 왜 그러세요.'

'네, 인간이 죄인이라는 존재임과, 죽는다는 것을 모르는 인간은 없을 거요. 하나님을 거역한 결과지요. 결국, 저주를 받아 모두 죄와 사망에 종노릇 하며 살지요. 안 그렇소? "모든 사람이 죄를 범하였으매 하나님의 영광에 이르지 못하더니"라고 이 성경에 쓰여 있더군요'

'뭐, 그렇지요.'

'그래요. 인간은 본래 하나님과 함께하였는데 죄로 인하여 영원히 하나님께 나갈 수 없게 된 거요. 이 죄가 해결되어야 하나님께, 즉 산꼭대기에 도달할 수 있는 것이요. 즉 죄가 해결되어야 사망의 종노

릇에서 해방 즉, 구원을 받는 것이요.'

'……'

'이 죄를 누가 어떤 인간이 해결해 줄 수 있다는 말이요. 모든 인간이 죄인인데. 당신이 말하는 불교의 창시자도 유교의 창시자도 어떤 종교의 사람도 모두 죄 가운데 난 죄인이요. 우리와 같은 인간일 뿐이요. 결코! 우리의 죄를 대신할 수 없소.'

'……'

'우리를 하나님께로 갈 수 있게 하려면 하나님의 본분으로 또한 죄 없는 인간만이 우리 죄를 대신할 수 있는 것이요. 그러니 죄의 혈통이 아닌 동정녀를 통하여 태어나야 하지 않소. 즉 예수님이지요.'

'또 우리 죄를 지고서 죽고 나서 부활하지 못하면 또한 죄의 대속이 아니요. 그러므로 예수님은 참하나님에서 참 인간으로 오신 것이요.'

'폄하의 의도는 없지만, 석가모니가 동정녀 탄생을 했소? 십자가를 져서 우리 죄를 사하기를 했소? 공자가 부활하기를 했소? 그들도 본질은 한낱 당신과 나와 같은 인간들인데 어찌 예수 그리스도에게 비교한단 말이오. 어찌 그들에게도 구원이 있다는 것이요. 어찌 길이 여럿이라는 것이요. 종교들을 폄하하려는 의미가 아니요.'

'다원주의자님 당신은 전능하신 하나님을 믿소?'

'믿지요. 뭐 믿는다고 해야 하나…. 그러나 성경도 사람이 쓴 거거든요.'

'아마도 당신 깊은 곳은 하나님을 믿지는 않을 거요. 자기 지식과 신념 속의 하나님을 믿음으로 착각하시는 것 같소이다.'

'아 아, 그건 그렇고 아까 말한 것처럼 평화가 중요하잖소. 예수님도 인간과 하나님을 화목제가 되셨다고 하지 않소. 종교들이 서로 싸우는 것은 자신에게만 구원 있다고 하니 그런 거요. 사랑이 없는 거지요. 서로 인정해 주는 게 높은 차원이요. 아니면 배타적이지. 또 다툼과 싸움의 근원이 되잖소.'

'네, 의도는 알지요. 그러나 하나님은 평화를 이루기를 원하시나 평화를 앞세워 혼합으로 가는 것은, 하나님의 원하심도 또 근본적 방법도 아니요. 궤변일 뿐이요. 그러한 인간들의 타협은 모래의 뭉침일 뿐이요. 결국 평화도 근본인 하나님도 다 잃게 될 거요. 인간의 역사를 보세요. 인간들이 아무리 좋은 목적을 위해 모인다 해도 결국 한순간에 깨져요. 배반해요. 종교들이 합치면 영원히 하나로 평화를 가져온다고요? 아주 어리석은 순진한 생각이요. 아직도 인간의 본질을 모르오? 모두 하나님을 진정으로 믿어, 예수 그리스도의 피로 거듭나 하나가 되고 평화를 만들어 가는 것이 아닌, 타협하여 가는 평화 모임은 사상누각이요. 예수 없는 사랑의 외침들도 다 허상이요, 이루어질 수 없는 것이요.'

'그럼, 당신은 영원히 오직 구원은 예수밖에는 없다는 거요?'

'그렇소! 맞소!'

'옹졸한 양반 그 좁고 험한 길 잘 가시오. 많은 사람을 가게 해 주고, 다른 것들도 인정해 주어 함께 가도록 해야지.'

그 다원주의 교인은 마침 갈림길이 나타나자 옆길로 달려가 버렸다, 그 옆길은 '멸망의 길'이었다.

'아니 왜 그리 앉아 있습니까.'

크리스천은 길을 재촉하다가 경사가 있는 곳 바위 위에 앉아 있는 사람을 보고 말을 걸었다.

'네, 저는 가톨릭 교인이요.'

'아, 그러시군요. 그런데 왜 그렇게 안 가시고 앉아 계시나요?'

'네, 오늘도 우리 가톨릭 순례자들과 같이 왔는데 그들은 저기 아래로 살짝 나 있는 다른 길을 향하여 위로 가겠다고 가 버렸소. 그 길은 '전통'으로 포장되어 있었지요. 그러나 나는 생각이 좀 달라서 그 길을 가다가 다시 돌아와 앉아 있는 거요. 나는 이 길이 옳은 것 같은 생각이 자꾸 들어서요.'

'왜, 이 길이 옳은 것 같으신가요?'

'네, 우리 가톨릭은 날이 갈수록 성모마리아를 더욱더 받들어 가고 있소이다. 이제는 미사의 중심도, 찬양도, 기도도, 아예 마리아가 주이지요. 신부님들은 성모님은 신이 아니라고 그냥 예수님을 낳은 분이니 그분께 기도하면 어머니니까 예수님께 잘 말해줄 거 아니냐고 하지만 나는 이해가 잘 안돼요. 실제로는 마리아가 신 이상이거든요.'

'아 그렇군요. 저도 전에 의문이 들어 연구를 좀 해 봤지요. 하나님이 전능하신 신이라면, 전능하다면 자신을 인간들에게 나타낼 책 하나 완전하게 쓸 수 없을까? 해서요. 가톨릭은 이 성경을 굳게 믿지 않고 전통들, 외경들을 자꾸 믿는 것 같아요. 또 시대가 흘러가며 자꾸 변하고, 빼고, 더하고, 바꾸고 하는 것 같아요. 역사를 보니 성상 숭배도 마리아 숭배도 성인 숭배도 자꾸 변해와서 오늘날 이르렀더라고요. 이제는 마리아가 무죄 잉태나, 마리아 부활이나, 마리아도 예수님처럼 승천하였다고 하더군요. 전능하다고 말만 그렇지 실제로는 하나님도 기억력이 없나 봐요. 빠트렸다가 또 바꾸었다가 새로 만들고 또 넣고 빼고. 허허….'

'그래서 저도 지금 고민에 빠진 것이지요.'

'성경에 말씀이 있더군요.'

"너희는 어찌하여 너희의 전통으로 하나님의 계명을 범하느냐, 너희

의 전통으로 하나님의 말씀을 폐하는도다" (마태복음 15장 3절, 6절)

'그런 말씀이 있어요?'
'네, 시대에 따라 자꾸 변해 가는 전통으로 성경을 바꾸면, 그것이 어찌 하나님이요 참 진리라고 할 수 있겠소.'
'그렇기도 하지요.'
'네. 마리아는 예수님을 잉태하고 낳으신 분으로 귀한 분이지만 그도 역시 사용 받은 인간일 뿐이에요. 인간은 낮아져 가는 것입니다. 예수님만 높아져 가는 것이고요. 마리아는 얼마 후 자녀들을 데리고 예수님을 귀신 들렸다고 데려가려고 오기도 하였고, 예수님이 십자가를 질 때는 십자가 아래에, 그리고 사도행전에는 120명 중의 하나가 되었을 뿐입니다. 어찌 오늘날 마리아가 하나님처럼 신이 된단 말입니까? 오랜 세월 자꾸 마리아의 이론이 높아지고 변하다가 전통이 되고, 결국 무서운 우상으로 변해버린 것입니다. 그리고 그 전통에 맞추려고 성경을 자꾸 고치지요.'
'좀 무섭군요!'
'예수님은 하나님과 본체로 하나님 자신입니다! 예수님은 그분 자체로 완전하시고, 충분하신 전능하신 하나님이에요! 마리아 같은 인간이나 그 어떤 존재의 도움도 필요로 하지 않는 완전하신 하나님이에요!'
'그런데, 개신교는 옳은가요? 우리 가톨릭에서 갈라져 나간 건데…. 우리가 큰 집이고 개신교는 작은 집이라고 신부님이 가르치던데….'
'하하, 아주 큰 잘못된 지식이지요. 새롭게 고쳤다는 의미의 개신교라는 말 자체가 원래 맞는 말이 아닙니다. 예루살렘을 떠난 복음은 로마 공인까지 참 진정한 기독교였지요. 그러나 로마 공인 이후 번창하면서, 가톨릭은 중심부터 자꾸 참 성경의 진리에서 벗어나기 시작했지요. 로마 공인 시까지는 숱하게 순교 당하였지만, 정치와 권력이 된 가톨릭은 어느새 참 신앙을 조금씩 자꾸 벗어났고, 중세에는 십자군 전쟁을 일으켜 참으로 많은 사람을 죽였지요. 아예 가톨릭의 중심은 변해 가서 곳곳의 성경을 믿는 사람들 참 기독교인들을 오히려 많이 죽였어요.'

'아니 우리 가톨릭이 말입니까? 사실입니까?'

'네, 그리고 진정한 믿음은 초대교회에도, 중세 시대에도, 퍼져가는 곳곳에서 여전히 존재하였고요. 이 믿음의 거대한 줄기에서 가톨릭은 자꾸 변질하여 원줄기에서 갈라져 나갔지요.'

'그러면, 크리스천 씨. 당신의 말대로라면 지금의 '개신교'라고 불리는 기독교가 초대교회 중세 시대 항상 이어 왔던 '정통'이라는 것인가요? 그러면 '가톨릭'이 오히려 변질로 갈라져 나간 이단스러운 것이라는 말이네요.'

'맞습니다. 기독교는 변함없는 성경과 오직 예수님만이 중심이고 진리예요. 종교개혁은 중세 동안 사라졌던 참 기독교가 다시 나타난 것이 아닙니다. 없던 것이나 사라졌던 것을 다시 만든 것이 아닙니다. 참복음은 사라졌던 적도 멈춘 적도 없었어요. 정통 기독교의 원줄기가 그대로 내려왔고, 루터나 갈빈 같은 이들이 드러낸 것이지, 새롭게 고쳤다는 듯한 개신교는 틀린 말입니다. 개신교가 즉 초대교회부터 내려온 원류요, 정통 기독교지요.'

'그러면 지금의 개신교만이 정통이고? 아니, 개신교라는 말이 아니고 '기독교'? 그래요. 오직 성경과 하나님 그리고 예수님을 그대로 믿는 당신들만이 정통이요 참 기독교라는 것이군요.'

'네, 오직 성경 중심의 기독교 교회는 하나님의 역사 속에서 항상 있었고, 지켜져 왔고, 항상 원줄기였고, 그리고 천국에까지 영원할 거요.'

'아이고! 오늘 큰 말을 들었네요. 나는 가톨릭이 정통이고 개신교는 변질되어 잘못 믿는 자들인 줄 알았었는데…. 그럼 앞으로 가톨릭은 어떻게 될까요?'

'예, 조심스러운 말이지만, 점점 마리아 종교로 갈 것입니다. 예수님과 하나님은 그냥 들러리가 될 거고요. 또 성경을 더 변개시킬 거고요. 즉 결국에는 기독교와 전혀 다른 종교가 되어 갈 겁니다.'

'완전히 다른 종교가 된다고요!? 우리 가톨릭도 예수님을 믿는데 마리아는 단지….'

'마리아를 신으로 믿는 것이 아니다!라고 그들은 그렇게 옹색한 변명을 하지만 말과 실제가 다른, 좀 기만적인 주장이지요. 스스로 안팎이 틀린 자기모순의 변명일 뿐이요. 마리아가 전부지요.'

'으흠, 흠…. 엄밀히 보면 사실 그렇기는 하지만….'

'그러면, 가톨릭에도 구, 구원이 이, 있나요? 아이고! 내가 이런 질문을 다 하고.'

'항상 조심스러워요. 그러나 가톨릭 안에도 아직은 선생님과 같은 참 신앙의 길을 가려는, 오직 예수님만을 구주로 믿는 거듭난 사람들이 있을 거요. 그래서 당신도 저기 가톨릭의 길을 가다가 이 길로 다시 돌아온 것이잖소?'

'그렇기는 하지만….'

'그러나, 앞으로는 점점 마리아 숭배로 가면서, 참 구원받은 사람 참 구원의 길을 가는 사람은 점점 더 적어질 것이라고 봐요. 참 구원이 있는 사람은 문제성을 알고 당신과 같이 올바른 기독교로 돌아올

것이라고 보는 것이지요. 하나님이 하시겠지요.'
'좀 머리가 어지럽군요.'
'저는 이 좁은 길, 참 구원의 길을 다시 출발해야 하는데 어떡하시렵니까? 아까 저 옆의 다른 길로 간 가톨릭 인들처럼 그 길을 갈 겁니까?'
'글쎄요…. 생각을 좀 해 보아야 할 것 같아요. 아 고통스러워.'
그는 그 자리에 근심 어린 얼굴로 앉아 있었습니다. 크리스천은 안쓰러운 마음으로 그 가톨릭 인을 위하여 기도하며 위로 난 구원의 길로 다시 걸음을 시작하였습니다. 그 길의 앞쪽에 팻말이 보이기 시작하였습니다.

"나는 길이요, 진리요, 생명이니, 나로 말미암지 않고는 아버지께로 올 자가 없느니라" (요한복음 14장 6절)

지금까지 3장에서는 다른 복음과 틀린 복음들에 대하여 말해 보았다. 그러면서 진정한 복음이 무엇인가를 조금씩 도출해 보고자 했다. 현재의 한국 기독교는 누구나 각자 복음을 안다고 한다. 또 복음을 설교하고 있다고 한다. 그러나 너무나 오염되고 변질하였음을 알아야 한다. 넘쳐나는 복음이란 말들 속에 복음의 실체가 사라진 것과 같다. 현재 한국 교회의 모든 타락과 악은 이렇게 참복음이 사라진 결과물이다. 아주 교묘한 마귀의 속임이다.
못 보는 시각 장애인들의 코끼리 만지기 우화를 우리는 잘 안다. 코끼리 다리를 코끼리다, 코끼리 귀를 코끼리다, 꼬리를 코끼리다라고 주장들 하는 것과 같다. 코끼리 다리는 코끼리의 일부분이나 그 다리가 코끼리는 아니다. 코끼리 귀는 코끼리의 부분이나 그 귀가 코끼리는 아닌 것이다. 그런데 다리를 꼬리를 붙잡고 코끼리라고 우기는 것이다. 현재 많은 한국 교회들, 목회자들, 신학자들이 이러한 모양새다.

병 치료, 귀신 축출, 내적 치유, 정신건강, 은사들, 축복, 성공, 전도, 부흥, 선교, 신학, 웰빙, 아버지 학교, 기적, 재정, 프로그램. 비전, 목표들, 사역, 은사, 전도나 선교…. 수많은 것들이 가득하여 오히려 참 복음의 실체가 흐려져 버렸다. 하나하나를 보면 문제없는 것 같으나, 결과는 이상한 기독교 전혀 다른 기독교 다른 복음이 되었다. 코끼리가 아니라 괴물이 된 것과 같다. 한국 교회의 실상이다.

이제 진정한 복음을 성찰해 본다. 우리가 여전히 말하고 있고, 우리가 다 안다는 내용들이다. 그러면서도 우리는 이 복음을 찾아야 한다. 한국 교회들이 한국 기독교가 이 진정한 복음을 회복하지 않는다면 영원한 저주와 후회의 자들이 될 수밖에 없음을 알아야 한다.

4

진정한 복음

한 사람이 달려간다. 햇볕이 뜨거워 선글라스를 하나 꼈다. 땀이 나서 수건도 챙겼다. 달리는데 눈이 부셔 모자도 하나 쓰고 멀리 보려고 망원경도 목에 걸었다. 물통도 들었다.

'잘 달리기 위함인데 뭘….'

밤이 서늘하여 여유 옷도 몇 벌, 발이 아파 신발도 하나 더, 출출하니 몇 가지 간식도, 여행에 필요한 안내책도 챙겼다. 무릎이 아파 파스도 약도 갖추었다. 또 잘 달리기 위하여 영양제도 몇 가지 갖추었다. 배낭 위에 '오직 하나님을 위하여'라는 깃발도 하나 꽂았다. 수많은 것들을 달고, 걸고, 붙였다. 배낭이 아주 크고 무거워졌다.

처음에는 믿음도 확신도 있어 몸이 무겁지 않았었다. 그러나 길은 갈수록 험하고 좁아져 간다. 게다가 역풍마저 강하게 불어온다.

'아, 이제는 몸이 너무 무겁다. 땀이 쏟아진다. 힘들다.'

무언가 잘못되었어. 본질이 사라졌어. 꼭 필요하지 않은 것들은 줄이자. 그는 멈추어 서서 줄일 것을 생각해 본다. 눈이 부시니 선글라스는 필요하고, 깃발은 당연히 있어야 하고, 땀이 나니 수건도, 배고프니 먹을 것도, 물병도, 안내서도, 여벌 옷도…. 막상 생각해 보니 또다 필요한 것 같아 그냥 달리기로 했다.

몸이 너무 무겁다. 더욱 곤하고 힘들다. 왜 달리지? 질문들이 머리에 채워졌다. 잘 달리기 위한다는 수많은 일들로, 흐려지고 사라져 버린 달리기의 이유, 본질, 목적들…. 목표를 잘 이루기 위한다고 만드는 과정들에 없어져 버린 진정한 목표…. 지금 하는 일들이 '하나님을 위하여?' 정말로 하나님을 위해서인가? 자신을 위한 일들이 아닌가? 오늘날 수많은 사역들 일들 비전들 즉 너무 덕지덕지 붙은 것들로 인하여 사라져 버린 진짜 기독교, 진짜 복음, 진짜 믿음….

"내가 너희 중에서 '예수 그리스도'와 '그가 십자가에 못 박히신 것' 외에는 '아무것도 알지 아니하기'로 '작정'하였노라" (고린도전서 2장 2절)

바울 사도는 결심하고 작정한다. 말과 지혜롭다는 수많은 것들이 아닌 오직 '예수 그리스도'와 '예수 그리스도의 십자가'만 알기로. 그러나 이것이 복음이다. 이 두 가지에 기독교의 모든 근간, 깊이, 골격, 목적 등 모든 것이 들어 있다. 그리고 시작이고 끝이요 전부이다.
  그런데 오늘날 우리는 그것만으로는 부족하다고 생각한다. 그래서 이것저것 좋다는 것들은 다 가져다 붙이고 달리는 복잡한 기독교가 되었다. 진정한 복음이 사라지고 흐려진 상태의 기독교는 이미 기독교가 아니다. 예수님 자신을 회복해야 한다. 위대한 하나님의 사람 바울 사도는 아예 '이것만 알기로 작정'하였음에 우리는 주목하여 보아야 한다.
'예수 그리스도와 그의 십자가에 못 박힌 것'
  바울 사도는 예수 그리스도와 예수님의 십자가로 분리하여 말하였다. '예수 그리스도'는 살아계신 전능의 하나님이요, 삼위로 계시는 하나님이시다. 그분은 영존하시는 아버지의 본체시오, 창조자시오, 삼위 하나님의 모든 것의 수행자이시다. 즉 예수님 자신이요 예수님의 본질을 더 깊이 아는 것이다. 우리는 예수님이 하나님이라고 말은 하나 그분의 전능, 그분의 하나님 자신이심, 그분의 크심, 깊이, 광대하심, 삼위일체 중 2위격인 하나님에 대한 감동과 감격과 인정이 너무 부족하다. 그리고 '예수 그리스도의 십자가'는 동정녀 탄생 즉 완전한 인간이 되신 하나님, 십자가의 대속, 부활, 승천, 재림, 거듭남, 천국, 지옥과 심판 등이다. 예수 그리스도와 예수 그리스도의 십자가 이것이 복음이다. 즉 예수님 자신이다. 예수님으로 인하여 파생된 사역, 일, 비전, 교회 등이 아니다.

초대교회는 복음으로만 단순했다. 기독교 역사 중 위대한 부흥의 때는 복음만이 가득했다. 그런데 현재의 기독교는 복잡하기 한이 없다. 필요하다고 잔뜩 달고 달리는 수많은 것들 안에 정작 복음 자체가 흐려지고 없어졌다. 복음의 본질이 없는 수많은 것들은 결국 우상이 된다.

'예수 그리스도 자신'에게로 돌아가는 것, '그분의 십자가'를 회복하는 것이 현재 절망의 한국 기독교의 유일한 살길이다. 어찌 감히 진정한 복음의 큰 깊이를 잘 말할 수 있을까마는 본인의 작은 한계 내에서 말하는 것이며, 신학적 미흡함이 있을 수 있음을 말한다.

하나님은 진정 살아 계시다. 그리고 전능하시다

하나님은 진정 살아 계시다. 지금도 당신 옆에서 불꽃같은 눈으로 보시고, 다 아시고, 주관하고 계시다.

1987년 어느 봄날 시골에 머물던 시기 하나님의 은혜를 경험하게 되었다. 이전에 믿어 왔던 신앙의 과정들이 있었지만, 진정으로 하나님을 깊게 만나는 것과는 다른 것임을 알았다. 이후에 나는 그분이 정말로 살아 계신다면 이제는 평생 그분을 위해 살아야 한다고 생각했고, 그래서 깊이 하나님께 나가는 기도의 시간을 가지게 되었다.

'하나님 당신이 진정 존재하시면 앞으로는 당신을 위한 삶을 살겠습니다. 그러므로 더욱 확실히 하나님의 살아계심을 알게 하여 주소서.'

아주 맑은 정신으로 기도하던 순간이었다. 그때 아주 놀라운 일이 일어났다. (개인적인 경험이므로 아주 깊이 고심하며 쓰게 되었음을 알려드린다.)

어두컴컴하던 곳이었는데 갑자기 태양과 같이 밝은 빛이 환하게 사방에 가득해졌다. 실제 상황이었다. 대낮같이 밝고 평안한 광채 가운데 너무나 빛나는 흰빛의 옷을 입은 두 분이 광채 가운데 서 계셨다. 먼저 바로 앞에 있는 분을 먼저 보게 되었다. 그분의 옷은 하얀 빛나는 가운 같은 옷이었다. 발이 보일 듯 말 듯 찰랑대는 모습이었다. 나는 저절로 아래부터 위로 올려다보게 되었다.

그분은 나의 머리에 손을 얹고 계셨다. 그런데 그분의 얼굴을 보고서 깜짝 놀랐다. 그분은 어깨 위부터는 그냥 뿜어져 나오는 태양과 같은 광채 자체였다. 얼굴을 전혀 볼 수 없는 눈부신 빛이셨다. 그 다음, 그분의 우측 곧 나의 보기에는 좌측에 계신 분을 보게 되었다. 그분은 가운데 분과 같이 역시 광채 나는 가운을 입고 있으셨으나 얼굴은 뚜렷이 볼 수 있는 분이셨다. 예수님이셨다. 그분 역시 허리에는 띠를 띠고 계셨고, 그분의 발 역시 찰랑거리는 옷에 보일 듯 말 듯 하였다. 그분의 어깨에는 은빛 같은 머릿결이 아름답게 드리워 있었다.

나는 그제야 예수님의 얼굴을 쳐다보게 되었다. 윤곽이 뚜렷한 너무나 아름다운 분…. 그리고 예수님의 눈을 쳐다보게 되었는데 또 순간 놀랐다. 그분의 눈은 우리와 같은 눈이었지만, 바다같이 한없이 넓은 사랑으로 가득 찬, 너무 깊어 빨려 들어갈 것 같은 자애로우심의 바다와 같은 눈이었다. 그분은 그렇게 내려다보시며 미소를 짓고 계셨다. 그때의 기쁨과 환희는 결코 세상에서는 느껴본 적도 느껴볼 수도 없는 것이었다. 30여 년이 지나 이 글을 쓰는 순간도 예수님의 얼굴의 실재와 아름다우신 영광을 너무나 정확히 기억한다.

우리 인간들의 죄를 없이 하시려 이 땅에 오셨고, 갈릴리와 유대 땅들을 걸으셨던 예수님. 제자들을 부르시고 사랑하셨던 분. 그리고 인류를 위하여 십자가에 돌아가셨고 다시 살아나신 바로 그분. 지금도 성령으로 항상 나와 함께 하고 계시는 분…. 훗날 이 땅의 작은 사역을 마치는 날, 그때 뵈었던 그분 지금도 오매불망 사모하는 그 예수님을 감격의 눈물로 뵙게 될 것이다.

다메섹 도상에서 부활의 예수님을 만나 바울의 인생이 완전히 바뀌어 버린 것처럼, 이 작고 작은 자의 인생도 살아계신 예수님을 만남으로 완전히 변해버렸다. 하나님은 살아 계시다! 하나님은 진실로 살아 계시다! 그분은 진실로 전능하신 분이시다! 실재이다.

우리는 하나님이 전지전능하시다고 말한다. 그리고 그분이 살아 계신 분이라고 말한다. 그러나 그 전능하심의 크기와 실재와 능력의 광대함을 얼마나 믿으며 살까?

우리가 정말로 그분의 실재하심을 믿는다면 우리는 지금처럼 대충 믿을 수 없고, 교만할 수 없고, 결코 죄짓고 살 수 없다. 또 이 땅에서 복을 받고 사는 것이 신앙의 중심이 결코 될 수 없다. 예수님의 나타내심을 뵌 후 이 작은 자의 믿음의 삶이 시작되었다. 그러나 다 듬어지지 않은 미성숙한 낮은 신앙은 숱한 고난과 역경들을 거쳐야 했다.

1993년경 훈련 때었다. 강의 시간에 나의 안에서 아주 선명하고 뚜렷한 성령님의 음성이 들렸다. 나의 속 내면에서 나는 소리였지만 너무나 정확한 음성이었다.

'너의 가진 돈의 얼마를 A 간사에게 헌금하도록 해라. 그가 재정이 필요하단다.' 나는 바로 기도하게 되었다.

'주님! 지금 이 음성이 주님의 말씀이 맞으면 B 간사를 제게 보내 주십시오. 그러면 주님의 지시인 줄 알고 돈을 전달하겠습니다.'

바로 휴식 시간이 되었고, 나는 걸어가 산기슭 외진 바위 위에 앉아 쉬고 있었다. 그때였다. 보내달라고 기도했던 정확히 바로 그 B 간사가 저 멀리서 걸어오고 있었다. 그는 다가와 말했다.

'혹시 제게 할 말 없으신가요? 하나님이 당신에게 가 보라는 마음을 주셔서요.'

'그럼요. 제가 주님께 간사님을 제게 보내달라고 기도드렸었거든요.'

그분을 통하여 헌금을 전달하게 되었다. 나중에 전해 듣기로 A 간사는 재정이 필요하여 하나님께 기도하고 있었다. 주님은 바로 나의 옆에 살아 계시고, 말씀하시고, 지시하시는, 놀라운 실재였다. 전에는 믿고 기도하면서도 주님은 항상 멀리 계시는 것 같이 실감이 나지 않았었으나 그렇지 않았다. 예수님은 그렇게 바로 지금 이 순간도 당신의 옆에 계신다. 믿고, 인정하고, 기도하고, 그분의 음성을 듣고 그분을 만나시라. 실재이다.

전도 여행 중 아침에 김치를 보내 주시겠다고 말씀하시면, 돌아오면 오후에 알지도 못하는 사람이 김치통을 가져다 놓았다. 어디로 가라고 하셔서 가면 하나님이 뜻하신 사람을 만나게 되어 하나님의 일을 하게 하셨다. 그러한 구체적인 하나님의 음성과 인도하심이 계속 일어났다.

사도행전의 성령께서 가사로 내려가는 길까지 가라고 하신 빌립의 사건같이, 베드로를 고넬료에게 가게 하신 사건같이, 사도행전의 일들은 지금도 정확하게 일어나며, 지금 순간도 주님의 성령은 우리와 세밀하게 함께하고 계신다. 이렇듯 성경의 모든 일은 하나의 빠짐도 없이 지금 시대에도 모두 똑같이 일어난다.

선교지에서 선교 목적으로 유치원을 열게 되었다. 그 과정이 쉽지 않았다. 유치원 이름을 '무지개'로 지었다. 그 유치원을 시작하는 가장 중요한 날이었다. 개원식 바로 한 시간 전이었다. 해가 들어오지 않는 깊숙한 공간에 갑자기 너무나 아름다운 무지개가 방 아래로부터 천정까지의 벽에 크게 나타났다. 우리는 너무 놀라고 또 신기해 감탄의 환호성들을 질러 대었다. 기적이었다. 우리의 하는 일에 대한 하나님의 사인이셨다. 지금 읽으시는 분 중에도 어떤 사람은 정말일까? 상상이 잘 안 갈 수 있다.

1997년경 북한이 고난의 행군으로 많은 사람이 죽어 갈 때, 그 해 가을, 우리는 팀과 같이 백두산에 올라 북한을 위하여 애통함으로 기도하던 시간이 있었다. 그때 백두산 천지에 바람이 불며 수면에 물결이 선명한 하트를 만들기 시작하였다. 너무나 크고 정확하고 아름다운 하트. 북한을 사랑하시는 하나님의 마음을 보여주신 것이었다.

이렇게 개인적으로 있었던 일 중 몇 개를 씀은 작은 자랑의 의도가 전혀 아니다. 오직 하나님은 진정 살아 계시다고, 이 순간도 지구와 온 우주 만물들을 운행하시고 계신다고, 그분을 믿고 사랑하되 두려워도 하라고, 더 제대로 믿고 더 올바로 믿으시자고, 잘못 믿으면 절대 안 된다고…. 소리쳐 호소하고 싶음밖엔 아무것도 없기 때문이다. 당신은 하나님의 '전능하심의 그 큰 능력'을 어디까지 믿는가?

성경 기록대로 육 일간에 온 천지 우주 만물을 조성하시고 또 인간을 다 만드실 수 없으실까? 그분이 노아의 홍수가 있게 하시고 온갖 동물들을 방주로 인도하실 수 없는가? 소돔과 고모라를 유황불로 멸하시며 애굽의 열 재앙과 홍해를 가르실 수 없으실까? 물로 포도주를, 물고기 두 마리와 보리떡 다섯 개로 일만 오천 명을 먹이실 수 없을까? 갈릴리 바다의 폭풍을 명하심으로 순종하게 하실 수 없는가?

"그들이 심히 두려워하여 서로 말하되 '그가 누구이기에' 바람과 바다도 순종하는가" (마가복음 4장 41절)

'그가 누구시기에' 즉 그분은 하나님이시다. '전능하신 분'이 자신을 나타내시는 성경 하나 완전하게 쓰게 하시지 못할까?! 성경 하나 완전하지 못하면 하나님은 전능이 아니다. 그래서 성경은 완전하다. 왜 그리 성경에 대하여 믿음보다 교만으로 파헤치고 논하며, 빼고, 더하며, 맘대로 해석하며 말들이 많을까?

밤하늘을 바라본다. 우리가 사는 지구는 8개의 행성과 함께 태양에 속하여 있다. 이것이 태양계이다. 우리가 속하여 있는 은하계에는 이 태양계와 같은 거대한 것이 1,000억 개 이상 들어 있다. 더 나아가 저 우주에는 우리의 은하계와 같은 것이 또 1,000억 개가 있다고 한다. 상상을 초월한다. 밤하늘 우주의 무한한 은하들과 별들, 해와 달 또 지구의 모든 만물과 인간까지 예수께서 친히 창조하셨다. 그 모든 것을 만드시던 주님을 상상해 보라.

사단의 존재를 왜 있게 하셨나? 인간이 죄를 짓도록 왜 모르셨나? 왜 선악과를 먹도록 그냥 놔두셨는가? 우리는 때로 의문들을 듣는다. 그러나 성경은 모든 것을 말해주신다. 때로 해석이 어려운 것은 하나님이 알게 하여 주시지 못함이 아니요, 우리의 작음과 인식의 한계 때문이다. 작은 물컵에 거대한 댐의 물을 다 담을 수는 없기 때문이다.

"내가 땅의 일을 말하여도 너희가 믿지 않는데, 하물며 하늘 일을 말하면 어찌 믿겠느냐?" (요한복음 3장 12절)

그러므로 성경을 대할 때도 의문의 곳들을 과다하게 억지로 풀려하지 말고, 천국 가면 다 알게 되겠지라고 믿어야 옳다. 신학은 중요하나 때론 고등 비평처럼 신학이란 이름으로 외국의 학자들을 들먹이며, 무언가 아는 듯 성경을 억지로 풀려 하지 말아야 한다. 어리석은 것이다. 안다는 명목으로 스스로 멸망에 빠지는 자들이 많다.

"그중에 어려운 것이 더러 있으니 무식한 자들과 굳세지 못한 자들이 다른 성경과 같이 그것도 억지로 풀다가 스스로 멸망에 이르느니라" (베드로후서 3장 16절)

상상하건대 하나님의 세계는 우리가 가서 '영생하면서 보아도 다 볼 수 없을 정도로 광대할 것이다.' 그래서 의문을 위한 의문, 의심을 위한 의심이 아닌, 순전히 믿으려는 겸손이 먼저이다. 성경과 신앙에서 증거 되는 만 가지 진실보다, 몇 개의 의문에 잡혀 자기 지식대로 불신 쪽으로 집요하게 몰고 가려는 교만보다, 겸손히 하나님을 사랑하고 의문들마저 신뢰하는 쪽으로 결정하는 겸손의 믿음이 옳다. 그래도 있는 의문들은 우리가 이 땅의 육신을 벗어 주님을 대면할 때 순식간에 온전히 모두 알게 될 것이다.

"우리가 지금은 거울로 보는 것같이 희미하나 그때에는 얼굴과 얼굴에 대하여 볼 것이요 지금은 내가 부분적으로 아나 그때에는 주께서 나를 아신 것 같이 내가 온전히 알리라" (고린도전서 13장 12절)

겸손하라. 무익한 종일뿐이다. 오직 하나님의 영광 그분의 이름만이 드러나도록 하고, 자신은 가리고 가리며 낮추고 낮추라. 이 크신 하나님을 믿으십시오. 하나님은 진실로 살아 계십니다. 성경을 그대로 믿고 성경의 삶을 사십시오. 그분을 깊이 사랑하고 깊이 함께하십시오. 살아계신 그분 하나님을 두려워하실 줄 알고, 매사에 말과 행함의 정결한 자신으로 다스려가고 겸손하여지기를 바랍니다. 천국을 믿고 매일 사모하며 사십시오. 주님 재림의 날을 기다리고 소망하십시오라고 외치고 싶음 밖에는…, 그분을 제대로, 그리고 더욱 잘 믿자는 그것밖에는…, 다른 이유가 하나도 없다. 그분을 위하여 이름도 빛도 없이 전부를 드리고 싶음 밖에는…. 현재에도 장래에도 사는 이유가 없다.

당신은, 그리고 우리는, 곧 그분 앞에 벌거벗은 것 같이 서야 한다. 당신의 모든 교만과, 말했던 것과, 행했던 것들이 다 드러날 것이다. 그러므로 정신 차리고 성경 말씀대로 성결하게 잘 살아야 한다.

예수 그리스도는 누구신가?

그분은 하나님 자신이시요. 기독교 신앙의 전부이시다. 신은 존재한다. 그리고 그 절대 유일의 신은 오직 한 분 바로 여호와 하나님이시다. 그런데 하나님은 영이시다. 그분은 만물을 주재하시고, 살아계시고 존재하시나, 가시적으로는 볼 수 없는 분이다. 그러므로 하나님은 우리가 볼 수 있는 형상의 분으로 자신을 '나타내셨다.' 즉 삼위일체의 2위격이신 아들 하나님이시다.

"본래 하나님을 본 사람이 없으되 아버지 품속에 있는 독생하신 하나님이 '나타내셨느니라'" (요한복음 1장 18절)

"이는 하나님의 영광의 광채시오, 그 '본체의 형상'이시라" (히브리서 1장 3절)

"그는 '근본 하나님의 본체'시나 하나님과 동등됨을 취할 것으로 여기지 아니하시고" (빌립보서 2장 6절)

그러므로 예수님은 하나님의 본체이시며, 우리가 볼 수 없는 하나님이 비로소 우리가 볼 수 있는 하나님으로 '스스로 나타내신 하나님 자신'이시다. 사도 요한은 이 땅에 오신 하나님을 삼 년간 바로 옆에서 보고 듣고 만진 일을 말한다. 즉 예수님이다.

"우리가 들은 바요 눈으로 본 바요 자세히 보고 우리의 손으로 만진 바라" (요한1서 1장 1절)

예수님은 베들레헴에 인간의 몸으로 태어나셨으나, 본질은 전능하신 하나님이시오 영존하시는 아버지이시다.

"이는 한 아기가 우리에게 났고 한 아들을 우리에게 주신 바 되었는데 그분의 어깨에는 통치권이 있으며 그분의 이름은 기묘자라, 모사라, '전

능하신 하나님이라', '영존하시는 아버지라', 평강의 왕이라 할 것임이라" (이사야 9장 6절)

 곧 예수님은 바로 여호와 하나님이시다. 또한, 예수님의 모든 것을 나타내시고 그분을 증거하시는 분은 성령 하나님이시다.
 성부, 성자, 성령, 삼위일체 하나님. 삼위일체는 우리 인간의 수준으로는 이해가 쉽지 않으나, 크시고 광대하시고 전능하신 하나님, 상상을 초월하신 하나님이 인간들에게 자신을 가장 잘 나타내 주심이요, 가장 잘 표현해 주심이다. 우리는 성부 하나님은 더 높으시고 성자 하나님은 조금 아래 높으시고 성령 하나님은 또 그 아래인 것처럼 은연중에 생각이 들기도 한다. 아니다. 이는 절대 틀리다.
 '성부 하나님 예수님 성령님은, 세 인격 세 위격을 가지셨지만, 본질상 완전한 하나이시다. 삼위 하나님은 서로 같은 높이, 같은 능력, 같은 권위를 가지신 100% 같은 하나님이시다. 그러면서 세 하나님은 서로 사랑, 서로 격려, 서로 섬기심, 서로 협동, 서로 존경하신다.
(황용현 목사)
 하나님, 예수님, 성령님, 즉 삼위일체 하나님은 가장 완전하게 자신을 나타내신 하나님의 지혜이시오 하나님의 존재 방식이시다. 하나님은 예수님 안에서 자신의 모든 것을 보이셨고, 성령 하나님은 하나님의 모든 나타내심을 도우신다. 예수 하나님은 삼위일체 하나님의 우주 만물에 대한 모든 것의 수행자이시다. 우리는 예수님을 통하지 않고는, 결코 하나님을 볼 수도 알 수도 하나님을 만날 수도 없게 된다. 그리하여 우리는 예수님을 보므로 하나님을 보고, 예수님을 알므로 하나님을 알게 되고, 예수님을 만짐으로 하나님을 만지게 된다.

오직 예수님을 통해서만 우리는 하나님의 무한하고 광대한 세계를 받을 수 있고, 알 수 있고, 갈 수 있게 된다. 그러므로 다원주의가 얼마나 한심한 어리석음 인지를 알게 된다. 또한, 예수님을 사랑하므로만 비로소 하나님을 사랑할 수 있게 된다. 예수님을 통하지 않고는 절대로 하나님과 연결될 수 없다.

"나를 본 자는 아버지를 보았거늘 어찌 아버지를 보이라 하느냐"(요한복음 14장 9절)

예수님과의 교제는 바로 하나님과의 교제함이다. 예수 하나님을 인정함은 바로 하나님 자신을 인정함이다. 예수님께 경배하고 영광 돌릴 때 하나님께 경배함이요, 비로소 하나님께서 받으시는 것이다. 하나님은 예수님 안에서 우주 만물, 모든 피조물, 인간들이 모두 통일되게 하셨다.

우리는 '예수님은 하나님 자신이십니다.'라고 말하면서도 그분의 전능, 크심, 그 깊이의 광대함에 대한 인식이 감동과 인정이 너무 부족하다. 거기서 잘못된 구원관, 변질, 이단 등의 모든 문제가 발생한다. 신천지 같은 이단에 쉬 넘어가는 사람들이 바로 이 삼위일체에 대한 앎 즉 예수님의 본질의 앎이 부족하기 때문이다. 우리나라의 모든 잘못된 신앙들이 이 삼위일체 하나님 특히 예수 하나님에 대해 잘못 이해되었거나 부족한 지식 때문이다. 제대로 가르쳐지지 않아서라 볼 수 있는 것이다.

"금 촛대 사이에 인자 같은 이가 발에 끌리는 옷을 입고 그 머리와 털은 희기가 흰 양털 같고 눈은 불꽃같고... 나는 처음이요 마지막이니 곧 살아있는 자라 내가 전에 죽었었노라 볼지어다 이제 세세토록 살아있어 사망과 음부의 열쇠를 가졌노니…." (요한계시록 1장 13절~18절)

　예수님 한 분으로 모든 것에 완전하고 충분하다. 가톨릭처럼 손톱만큼도 마리아의 도움이 전혀 필요한 존재가 아니시다. 여호와 하나님 앞에서 어떤 인간 이름도 작게라도 영광을 취할 수 없듯이, 예수님의 이름 앞에 누구도, 조금도, 작게라도, 인간의 이름이 앞서거나 드러나지 말아야 한다. 이는 두려운 일이다.
　예수님의 본질에 대한 지식과 인정이 부족하여 모든 잘못된 신학, 변질, 가톨릭, 다원주의, 이단들이 나오는 것이다. 우리는 예수님을 수없이 말하고 경배하고 드러내면서 하나님을 적게 거론하면 하나님이 섭섭해하시지 않을까 생각하기도 한다. 아니다. 하나님은 더욱 기뻐하신다. 그것을 하나님이 원하시기 때문이다. 그러므로 현재의 우리의 신앙이 오직 예수님께로 돌아가야 한다. 그분 자신을 깊이 알고 깊이 사랑해야 한다.
　예수님은 전능하신 하나님, 여호와 하나님, 영존하시는 아버지이시다. 그리고 우리를 구하시려 완전한 인간이 되어 이 땅 베들레헴에 오신 하나님이시다. 우리는 예수님을 안다고 하나 그분의 본질 그분의 크기 그분의 깊이 그분의 광대하심과 전능 그분 예수 하나님 자신에 대하여 너무 앎이 지식이 감동이 인식이 인정이 부족함을 알아야 한다. 이것이 바로 바울 사도의 말씀 중 '예수 그리스도와'에 속한 내용인 것이다,

예수 그리스도의 십자가

세상 만물 중 하나님의 형상을 입고 하나님과 교제하도록 창조된 피조물은 오직 인간이었다. 인간은 하나님의 형상을 닮았기에 타락하고 많은 것을 잃어버렸어도 오늘날과 같은 문명을 이룰 수 있게 되었다. 그러나 인간은 오히려 하나님을 거역한다. 즉 죄의 존재가 된 것이다. 인간은 결국 영원히 죽을 수밖에 없게 되었다.

하지만 사랑의 하나님은 자신을 닮도록 창조하신 인간을 여전히 사랑하셨다. 그래서 죄로 인하여 영원한 저주에 속한 인간을 구하시려 스스로 인간이 되시기로 하신 것이다. 인간은 모두 죄인이므로 죄 없는 자만이 그 죄를 대신할 수 있다. 그래서 예수님이 이 땅에 인간으로 오신 이유가 되었다. 죄의 혈통이 아닌 처녀의 몸을 통하여 오신 것이다. 예수님은 그래서 완전한 하나님이며 완전한 인간이시다. 신비이다.

그 만물의 주관자가 베들레헴에 탄생하실 때, 온 우주와 온 하늘의 천군 천사들 곧 모든 창조물은 그 순간을 숨죽이며 보고 있었다. 시간의 흐름 밖에 계신 영존하시는 하나님이, 세상이란 막을 찢고 시간 속으로 인간의 속으로 들어오신 순간이다. 그것도 아기로, 그것도 세상 어떤 인간보다 낮은 누추하기 그지없는 마구간으로…. 가장 높은 곳에서 가장 낮아 어떤 낮은 인간도 누이지 않을 구유에 오신 것이다.

성부 하나님 성령 하나님 그리고 존재케 하신 모든 만유가 베들레헴을 주목하고 계셨다. 하늘의 별들로 친히 인도하셨고, 동방으로부터 박사들이 하늘의 징조들을 따라와 경배하였다. 천군과 천사들이 하늘에서 주의 나심을 찬송하였다. 그러나 하나님이 자기 땅에 오셨는데 자기 백성들이 영접하지 않았다. 들판의 천한 목동들이 베들레헴 구유에 누이신 주님을 뵈었다. 우리를 사랑하시어 오신 하늘의 분이 태어나실 곳 없어 마구간에 태어나셨고 동물들의 구유에 누이셨다. 이 당신을 위하여 모든 것을 비우심을 아는가? 예수님을 사랑해야 한다.

이스라엘의 왕인 인간 헤롯은 군사들을 풀어 베들레헴의 아기들을 다 죽였다. 어둠의 세력들은 그들대로 몰려다니고 있었다. 주님의 오실 때 세상의 모든 것들이 요동치고 있던 것이다.

예수님은 이스라엘 곧 자기의 땅에서 삼 년을 거니시며, 갈릴리 바다를 잔잔하게 하시고, 오병이어를 베푸셨다. 제자들을 사랑하시며 이끄시며 불쌍한 목자 잃은 자기 백성들을 살피셨다. 그러나 속이라도 다 내줄 듯 따르던 사람들이 주를 팔고 다 도망하고 그 주님을 죽음으로 몰고 갔다. 예수님은 자신이 그렇게 사랑하시는 자기 백성들에 의하여 결박당하시고 십자가에 못 박히셨다. 예수님은 인간이 받을 모든 저주를 친히 몸으로 담당하셔야 했다.

온 이스라엘과 예루살렘이 소용돌이쳤다. 온 우주가 숨을 죽였다. 6시부터 9시까지 온 세상에 어둠이 내렸다. 그러나 인류의 구원을 위하여 이 모든 일은 반드시 있어야 할 일들이었다. 주님은 애초에 죽으시러 오신 것이기 때문이다.

"피 흘림이 없은즉 죄 사함이 없느니라" (히브리서 9장 22절)

인간의 부모도 자식을 살릴 수 있다면, 부끄러움과 멸시와 조롱을 아픔을 또 죽음을 대신 당할 수 있을 것이다. 깊은 사랑 때문이다. 하나님은 자신이 지으시고 사랑하시는 인간들이 자신을 배신하였지만, 그들의 사망과 고통을 위하여 '내가 대신 담당하지!' 하셨다.

"그는 실로 우리의 질고를 지고 우리의 슬픔을 당하였거늘 우리는 생각하기를 그는 징벌을 받아서 하나님에게 맞으며 고난을 당한다 하였노라 그가 찔림은 우리의 허물을 인함이요 그가 상함은 우리의 죄악을 인함이라 그가 징계를 받음으로 우리가 평화를 누리고 그가 채찍에 맞음으로 우리가 나음을 입었도다 우리는 다 양 같아서 그릇 행하여 각기 제 길로 갔거늘 여호와께서는 우리 무리의 죄악을 그에게 담당시키셨도다" (이사야 53장 4절~6절)

하나님이 십자가에 달려서 고통스럽게 죽으셨다. 당신과 나를 위하여, 우리의 죄 때문에, 참 기가 막힐 일이다. 그래서 우리가 살게 되었다. 구원이요 영생이다.

"그가 찔림은 우리의 허물 때문이요 그가 상함은 우리의 죄악 때문이라 그가 징계를 받으므로 우리는 평화를 누리고 그가 채찍에 맞으므로 우리는 나음을 받았도다" (이사야 53장 5절)

그분이 찔리시고 채찍에 살이 떨어져 나감은 나 때문이다. 나의 죄 때문이다. 그분은 우리 머리 저주의 관을 벗기시고 영광의 관을 쓰게 하시려고 대신 가시관을 쓰셨다.

"주께서 나의 슬픔이 변하여 내게 춤이 되게 하시며 나의 베옷을 벗기고 기쁨으로 띠 띠우셨나이다" (시편 30편 11절)

누가 예수님과 다른 종교들을 비교선상에 두는가? 누가 감히 다른 길도 있다고 하는가? 누가 감히 다른 곳에도 구원이 있다고 하는가? 스스로 안다고 하는 인간의 참 어리석음이다. 당신도 은연중에 예수님을 그 수준으로 인식하고 있지는 않은가? 이는 타 종교에 배타적인 행동으로 하라는 이야기가 아니다.

예수님은 전능하신 하나님이요 영존하시는 아버지시요 여호와 하나님으로서 완전한 인간이 되신 분이다. 복음의 절대 유일성과 그 구원 큼을 의미한다. 그러므로 믿는 당신의 천하에 대한 당당함과 자세와 확고한 붙듬을 위함이다.

우리는 세상과 세상의 어떤 종교 사상 철학들에 대하여도, 이 유일하며 큰 구원을 전해주어야 한다. 한없는 긍휼과 사랑으로 그들을 불쌍히 품어 인도해야 한다. 주님의 십자가에는 이렇듯 하나님의 크신 사랑과 죄의 크기가 들어 있다. 내가, 나란 존재가, 하나님께도 또 세상에도 그렇게도 고귀하고 소중한 존재인가? 어째서 전능하신 신이 나를 위하여 죽으며 구원하려 하셨는가? 내가 그렇게도 무한하고 큰 가치의 존재인가?

또 죄라는 것이 얼마나 심각하고 악한 존재이기에 신이 이 땅에 와야 했고, 또 신이 대신 죽어야 비로소 없앨 수 있는 것인가?이다. 이렇듯 죄란 무서운 것이다. 이제는 죄를 짓지 말라. 죄의 심각성과 두려움을 알아야 한다. 피 흘리기까지 싸워야 한다. 죄는 모양이라도 버려야 한다. 그런데 그 죄들을 너무나 가벼이 여기는 시대가 되었다. 그것도 기독교가….

작고 큰 무수한 거짓말들, 부정직들, 돈의 종들, 성적인 추함, 다툼들과 싸움들, 높아져 하나님의 영광을 가로채는 무수한 이름들…. 죄를 위하여 하나님이 죽으셨는데, 죄를 죄로 여기지 않는 악한 기독교…. 이것은 이미 기독교가 아니다.

아직 신앙의 어린 과정에 있다면 작은 죄들의 지음을 이해하나, 당신의 신앙이 오래되었고 높은 직위를 가지고도 여전히 죄를 짓고 가벼이 여긴다면, 당신은 자신의 신앙의 진위를 반드시 의심해 보아야 한다. 가짜요 거짓일 수 있다. 그러므로 이 십자가에 모든 답이 있다. 십자가에 모든 깊이가 있다.

당신은 무슨 복음을 작정하였고 무엇을 설교하고 가르치는가? 다른 복음을 전하지 말아야 한다. 세상 축복의 복음을 전하지 말아야 한다. 예수님 자신을 전해야 한다, 예수님의 십자가와 구원, 부활과 재림을 설교하고 전하여야 한다, 예수님의 본질, 그분의 십자가, 그분의 구원이 가르침과 설교와 모든 기독교의 중심에 항상 가득 있어야 한다. 바울은 예수 그리스도와 그분의 십자가만 알기로 작정했다. 그래서 바울은 진정 위대한 하나님의 사도가 된 것이다. 단순해지려 한 바울, 그러나 한없이 복잡해진 우리. 예수 그리스도의 십자가로 돌아가라.

예수님의 부활과 재림 그리고 우리 부활의 소망

예수님은 부활하셨다. 우리는 항상 눈에 보이는 이 세상에서 더 복받으려는 경향이 있다. 그러므로 영적이고 실제적인 참 세상이 있음을 배우고 들으면서도 깊이 믿음으로 나가지 못한다. 그래서 항상 얕은 믿음에 거한다. 특히 천국과 주님의 재림에 대하여….

부활하신 주님은 제자들이 숨어 있던 집에 문들이 다 닫혀 있는 그 가운데 오셨다. 십자가에서 완전히 죽으셨던 그분, 그런데 오셔서 지금 못 자국과 창 자국을 내보이신다. 제자들은 이제야 조금씩 그 두껍던 의심의 눈꺼풀 불신의 비늘들이 떨어진다.

"예수를 뵈옵고 경배하나 아직도 의심하는 사람들이 있더라" (마태복음 28장 17절)

혹시 안 죽고 기절하였다가 깨어나 나타나신 것은 아닐까?라며, 부활의 주님을 눈앞에 바로 보면서도 아직도 의심하던 사람들이 있었다. 그러므로 근본적으로 잘 안 믿으려는 현재의 우리도 스스로 위로를 삼는다. 주님의 부활을 끝까지 의심하던 도마는 의심했던 만큼 더 큰 믿음의 고백을 한다.

"도마가 대답하여 이르되 나의 주님이시오. 나의 하나님이시니이다" (요한복음 20장 28절)

도마는 그렇게 강하게 주님의 부활을 의심했던 자신에 대하여 인도까지 그 먼 길을 걸으며 주님은 부활하셨다는 외침으로 그 죄송한 마음을 갚고 싶었나 보다.

주님의 부활을 두 눈으로 본 만큼, 제자들은 죽음의 두려움보다 천국의 확신으로 더욱 강해져 갔을 것이다. 이제는 주님과 영원히 살 천국이 있음이 믿어지는데, 제자들에게 이 땅의 죽음이 그리 싫은 존재일까? 이들에게 죽음은 이제 보고 싶은 주님을 만나는 소망이 되었다. 현재 우리의 부활과 천국의 믿음은 너무나 작고 부끄럽다. 더 간절히 더 잘 믿어 가야 한다. 죽음의 부담을 넘어 사모하고 소망하여야 한다.

감람산에서 제자들은 멍하니 주님의 승천하시는 모습에 정신을 놓고 있었다. 그때 흰옷 입은 두 천사가 옆에 서서 하늘을 쳐다보고 있는 제자들에게 말하였다.

"어찌하여 서서 하늘을 쳐다보느냐 이 예수는 하늘로 가심을 본 그대로 오시리라" (사도행전 1장 11절)

그렇다! 천사는 존재한다! '젊은 청년'의 모습인 듯하다. 형상이 번개 같고, 그 옷은 눈같이 흰 모습으로(마태복음 28장 3절), 밝은 옷 청년의 모습으로, 광채 나는 여러 모습과 모양으로….

"무덤에 들어가서 흰옷 입은 한 '청년'이 우편에 앉은 것을 보고 놀라매 '청년'이 이르되" (마가복음 16장 5절)

우리는 성경에 천사들을 많이 읽으면서도 천사에 대한 현실감 있는 믿음을 갖지 않는다. 우리의 신앙의 모습들이 보통 이렇다. 천국이나 주님의 재림에 대하여도 믿는다고 말은 하지만 현실감의 믿음은 찾기가 어렵다, 천사들은 실재이며 하나님의 일을 담당한다. 천사들은 영혼 구원을 위하여 일하며 또한 구원받은 사람들을 섬기는 존재이다. 당신이 믿었고 구원받은 존재라면 당신의 곁에도 지키고 섬기는 천사가 항상 함께하고 있음을 확실히 믿으시라.

"모든 천사는 섬기는 영으로서 '구원받을 상속자들을 위하여 섬기라고 보내심'이 아니냐" (히브리서 1장 14절)

"그러면 '그의 천사'라 하더라" (사도행전 12장 15절)

당신이 인생의 어두운 밤길을 걸을 때나 아픔과 깊은 고통의 길 위에 있을 때, 홀로 애통의 기도를 하고 있을 때라도 결코 혼자가 아니다. 당신의 하늘 아버지께서 불꽃같은 사랑의 눈으로 당신을 지키시고 당신의 작은 신음에도 응답하신다. 성령 하나님이 당신 안에서 또 옆에서 동행하시며, 당신의 천사까지도 옆에서 지키고 보호하고 있음을 알자.

"이와 같이 성령도 우리의 연약함을 도우시나니 우리는 마땅히 기도할 바를 알지 못하나 오직 성령이 말할 수 없는 탄식으로 우리를 위하여 친히 간구하시느니라" (로마서 8장 26절)

신비주의는 안되지만, 당신의 곁에 하나님이 계시고 또 천사가 함께함을 믿는 실제적인 산 신앙이 되기를 바란다. 사단 마귀 어떤 악한 것들이 옆에서 위협할지라도, 사면팔방에서 당신은 전능하신 하나님의 크신 보호를 받고 사랑받고 있는 고귀한 존재이다.

"우리가 이같이 큰 구원을 등한히 여기면 어찌 그 보응을 피하리오" (히브리서 2장 3절)

그러므로 당신에게 이른 이 구원은 고귀하고 큰 것이다. 구원이 확실해야 하고 또 두렵고 떨림으로 이 구원을 이루어 가야 한다. 결코 등한히 여기면 안 된다. 보응을 생각해야 한다.
제자들은 마가의 다락방으로 돌아와 열흘 동안 기도하기에 힘썼고 마침내 주님의 약속하심대로 성령님이 오셨다. 제자들은 이제 땅 끝들로 나가기 시작한다. 부활의 증인들이 된 것이다. 천국에서 받을 영광과 마지막 날 부활을 사모하며 이들은 이 땅에서의 순교를 기꺼이 담당한다.

주님의 재림과 우리들의 부할 고린도전서 15장은 너무나 아름답고 감격스러운 부활의 장이다.

"게바에게 보이시고 열두 제자에게 와 그 후에 500여 형제에게 일시에 보이셨나니…." (고린도전서 15장 5절~6절)

우리는 보통 고린도전서를 고린도 교회의 문제들과 은사들만 부각한다. 아니다. 바울은 고린도전서 15장에 예수님 부활의 목격자들을 나열하며 부활의 의미를 기록한다. 너무 상세하고 아름다운, 훗날 성도의 영광의 부활을 거론하며 고린도 교인들을 깊이 위로하고 있다. 그리고 16장에 안부를 전하며 마친다.

즉 고린도전서의 가장 중요한 장이 15장 부활장인 것이다. 그러므로 고린도전서에서 방언이나 치유나 능력 행함 같은 은사들에 심취함보다 부활의 깊이와 큰 소망에 잠겨 보시기 바란다. 이것이 더 귀한 신앙이다. 부활은 기독교의 핵심 중 핵심이기 때문이다. 포장지에 마음을 뺏김보다 알맹이에 마음을 더 두는 것과 같다. 부활을 알고 소망하며 부활을 전하는 것이 기독교이다. 제자들은 모두 이 부활의 증인들이었다.

"이제 그리스도께서 죽은 자 가운데서 다시 살아나사 잠자는 자들의 첫 열매가 되셨도다" (고린도전서 15장 20절)

보통 우리들의 교회는 부활절에 그것도 주님의 부활만 주로 이야기한다. 아니다. 성경은 마지막 날 믿는 우리들의 부활을 깊이 소망하라고 가르친다. 예수님은 부활의 처음 익은 열매이시다. 과수원에서 처음 익은 열매가 나타나면 곧이어 수많은 열매가 익어 수확하게 된다. 이제 주님이 재림하실 때 그리스도 안에서 죽은 숱한 영혼들이 예수님처럼 영광의 몸으로 부활할 것이다. 믿는 자들의 부활은 주님 재림의 때에 동시에 일어날 일이다.

주님의 재림? 이 멀건 하늘에? 나팔 소리? 우리는 주님의 재림을 믿는다고 하면서도 실제로 깊이 받아들이지 않는다. 잘 안 믿는 것이다. 진정 주의 재림을 믿는다면 재림을 기뻐하고 항상 소망하며 또 주의 재림을 말하고 설교하고 가르치고 주변에 확신으로 알릴 것이다. 그리고 오늘 오실까? 내일 오실까? 주님의 오심을 준비하고 기다리며 사모할 것이다. 제자들과 모든 순교의 길을 갔던 분들은 그랬다. 이는 항상 주의 재림을 준비하고 있음을 의미한다.

코로나바이러스가 올 줄은 세상에 아무도 몰랐다. 동남아의 무섭던 쓰나미나 일본의 쓰나미가 올 줄은 아무도 몰랐었다. 그러나 그러한 무서운 일은 일어났고 순식간에 수십만 명이 죽었다. 우리는 믿어지지 않는 일들이 실제로 일어나 있는 것을 발견하곤 한다. 주님의 재림에 대하여도 자꾸 다르게 해석하여 가벼이 여기게 하거나, 설마 하는 믿음이 아니다. 소망하고 대비하는 진짜로 믿는 믿음이 되어야 한다. 주의 재림! 그날은 실제가 될 것이며 반드시 올 것이기 때문이다. 그리고 머지않을 때가 될 수 있다.

바로 '그날'도 사람들은 여전히 시집가고 장가갈 것이다. 그날도 여전히 밭을 갈고 여전히 맷돌질도 할 것이다. 여전히 전철 타고 차를 타고 도로를 달리고 있을 것이며, 여전히 시장 보고 저녁 준비하며 남편과 아이들을 기다리고 있을 수 있다.

거실 TV에는 더욱 무서운 산불들의, 거대한 지진들과 전쟁들의 소식들이 나오고 있을 것이다. 사람들은 염려 가득한 눈으로 두려워하면서도 설마 더 큰일이 있겠어? 설마 종말이야 오겠어? 뭐 잘 되겠지!라고 할 것이다. 불안감이 점점 세상을 덮을 것이나 많은 믿는다는 자들까지도 설마 주님의 재림이 진짜 일어나기야 하겠어?라며 성경을 외면하며 애써 무시할 것이다. 그러나 반드시 올 것이다. 그때 그 시간 그 순간이….

무언가 지축을 흔드는 거대한, 세상의 소리가 아닌 소리가 들려온다. 무슨 큰 호령과 같은 영혼의 심연을 흔드는 소리, 세상에서는 처음 듣는 영혼의 깊은 곳을 뒤흔드는 섬뜩한 소리가 울릴 것이다. 온 우주와 이 지구는 하나님의 호령과 천사장의 소리들을 듣게 될 것이다. 이 지구는 사람들이 지금까지 단 한 번도 들어보지도 못한 엄위한 나팔 소리로 휘감길 것이다. 세상의 모든 땅들이 진동하며 떨 것이다.

"주께서 '호령'과 '천사장의 소리'와 '하나님의 나팔'로 친히 강림하시리니"(데살로니가전서 4장 16절)

예수를 믿어 구원받은 자들에게는 이 소리가 어둠 속에 비쳐 드는 햇살 같을 것이나, 불신자들에게는 두렵고 무서운 공포의 소리가 될 것이다. 소리를 듣는 순간 구원받은 사람들은 구원의 자신을, 믿지 않는 사람들은 저주의 자신을 스스로 순간 알게 될 것이다. 잘 믿을걸, 좀 더 옳게 믿을걸, 하는 후회의 생각이 한줄기 내면을 스쳐 가도, 이제는 영원히 기회가 없다는 것도 스스로 알게 될 것이다. 심판이다.

'저 공중에 구름이 일어나며 큰 나팔이 울려 날 때….'

'부 우우! 부 우우!'

하나님의 나팔 소리가 날 때 온 땅은 사시나무같이 떨며 무덤들이 열릴 것이다. 산과 바다와 들에서 이전에 먼저 죽은 성도들의 몸이 영광의 모습들로 일어나 공중으로 솟구쳐 올려질 것이다. 그리고 그 영광스러운 부활의 몸들은 주님의 뒤를 따라오는 영혼들과 하나가 되어 주님과 같은 완전한 영화로운 부활체가 될 것이다.

곧이어 이 땅에서 주의 재림의 때에 현재를 살고 있던 성도들이 있던 곳들에서 홀연히 '변화'되어 데려감을 당할 것이다. 씨 뿌리던 두 사람 중 한 사람이 순식간에 사라질 것이다. 같이 걷던 중 한 사람이…. 밥 먹던 둘 중의 한 사람이…. 운전하던 옆 사람이…. 부부로 잠자던 중 한 사람이 순식간에 사라져 갈 것이다. 교인 가득 찬 교회 안에서도 여기저기서 홀연히 사라질 것이다. 그리고 믿는 모양은 있었으나 구원받지 못한 숱한 사람이 버려질 것이다.

순식간에 데려감을 당한 자들은 끌어올려져 공중에서 영광의 주를 맞이하게 될 것이다. 이는 종말의 영화 이야기도 아니며 과한 성경 해석도 아니다.

"보라 내가 너희에게 비밀을 말하노니…. 마지막 나팔에 '순식간에 홀연히 다 변화'되리니 나팔 소리가 나매 죽은 자들이 썩지 아니할 것으로 다시 살아나고 '우리도 변화'되리라." (고린도전서 15장 51절~52절)

"주께서 호령과 천사장의 소리와 하나님의 나팔 소리로 친히 하늘로부터 강림하시리니 '그리스도 안에서 죽은 자들이 먼저 일어나고' 그 후에 우리 '살아남은 자들도 그들과 함께 구름 속으로 끌어 올려' 공중에서 주를 영접하게 하시리니 그리하여 우리가 항상 주와 함께 있으리라. 그러므로 이러한 말로 서로 위로하라."(데살로니가전서 4장 16절~18절)

"그때 두 사람이 밭에 있으매 한 사람은 데려가고 한 사람은 버려둠을 당할 것이요 두 여자가 맷돌질하고 있으매 한 사람은 데려가고 한 사람은 버려둠을 당할 것이니라"(마태복음 24장 40절~41절)

 홀연히 변화되리니…. 죽은 자들이 썩지 아니할 것으로 살아나고…. 주께서 친히 강림하시리니…. 구름 속으로 끌어올려…. 한 사람은 데려감을 당하고…. 주님의 재림과 성도들의 부활과 데려감은 순차적으로 일어나나, 우리가 느끼기에는 번개가 동에서 서로 번쩍하듯 온 지구상에 순식간에 동시에 일어날 것이다. 이날은 온 우주 만물의 가장 극적인 날이 될 것이다. 과수원에는 추수의 날 무수한 열매들이 수확되어 수레에 실리고 또 바구니에 담겨서 창고로 이동되는 것이다. 이날은 과수원의 축제요 기쁨이요 영광의 날이다.
 눈을 감고 하늘을 보아 한번 이 광경을 상상해 보라. 곧 실제가 될 수 있다. 성경 말씀이다. 믿는 자들에게는 이보다 큰 영광의 감격이 있을 수 없다. 사모하고 또 사모하며 기다리고 소망하여야 한다.
 정신 차리고 깨어나라. 전혀 안 믿어진다는 사람이나, 안 믿으려는 믿는다는 사람은, '당신의 믿음의 실제'를 반드시 살피라.
 우리는 보통 매년 4월에야 그것도 예수님의 부활을 주로 이야기한다. 아니다. 주님의 부활은 주님 재림의 때에 모든 믿는 자들의 부활에서 마무리된다. 일 년 내내 항상, 우리들의 머리에, 가르침에, 설교에, 주님의 부활과 함께 연결된 마지막 날 우리의 부활이 바탕에 있어야 한다. 주님 재림의 그날까지 매일 부활이 주제인 것이다. 일 년 중 4월 중의 그것도 그날 하루만이 아니다.

천국의 사람이여! 당신의 귀에는 바로 마지막 그날, 천사장의 소리 하나님의 나팔 소리가 들려질 것이며, 순간 빛나는 부활의 몸을 입게 될 것이다. 바로 그날이 멀지 않다고 본다. 바울은 고린도 교인들에게 이 부활의 소망을 말해주며, 이어서 현재의 신앙을 잘 참고 이겨내라고 격려한다.

"그러므로 내 사랑하는 형제들아 견실하며 흔들리지 말고 항상 주의 일에 더욱 힘쓰는 자들이 되라 이는 너희 수고가 주 안에서 헛되지 않은 줄 앎이라" (고린도전서 15장 58절)

하루하루 사는 중에 힘들고 어려운 순간들이 있더라도 절대로 흔들리지 마시고, 주님을 깊이 사랑하고, 또 주의 재림을 사모하며 더욱더 주님의 일에 힘쓰는 사람이 되시라. 당신의 주를 향한 모든 고생과 수고와 애씀이 하나도 헛되지 않다. 이러한 주님의 재림의 그날이 곁에 아주 가까이 왔음을 깊이 알자.

천국

선교지에서 돌아와 목회를 하게 되었다. 그러나 교회를 하게 된 곳이 마침 그 지역사회에서도 알려진 낙후된 곳이었다. 골목에는 항상 노숙자 알코올 중독자들의 술판이 벌어지곤 했다. 무료 급식을 하고 연탄과 쌀을 도왔다. 아침에 교회를 가면 대·소변을 치워야 했고,

인생의 끝을 지나는 사람들의 마지막과 장례를 도와야 했다. 많은 사람이 죽어갔다.

그러나 그러한 한 사람 한 사람도 보통의 우리와 다름이 없었다. 한때는 젊었고 돈도 있었다. 그러나 늙어 무기력하게 죽음으로 끌려갔다. 아무리 돈이 있고 권력이 있었어도 늙음과 죽음 앞에서는 똑같다. 또 사는 것은 너무나 순식간에 간다. 재벌이라도 권력자라도 더 오래 사는 것도 아니다.

사람이 대단한 존재라 생각하는가? 아니다. 이 땅에서 인간의 삶은 아무것도 아니다. 헛된 것이다. 죄송한 말씀이나 당신도 곧 끝난다. 그러니 금방 늙고 곧 가버리는 세상에서 조금 더 잘 살기를 추구하도록 가르치는 기독교는 허망한 인간 삶의 기본도 모르는 것이다. 하나님을 믿지 않는 사람에게는 그러한 허망한 세상 속 짧은 복의 추구가 맞지만, 버젓이 천국이 있다고 믿는 기독교가 이 세상 영화에 목메도록 가르치는 것은 모순이요 자가당착이다. 기독교 신앙에서 천국이 주가 되지 않는 기독교는 이미 기독교가 아니다.

우리가 하나님을 믿는 궁극적인 이유는 천국 가는 것이다. 그곳은 우리가 사모하는 주님과 함께 영원히 기쁨을 누리는 곳이다. 천국을 사모하는 것은 신비주의 신앙도 아니요, 현실도피 심리의 피난처도 아니다. 몽상가적 자기도취 신앙도 아니며 얕은 신학 학문의 못 배운 신앙도 아니다. '지극히 바르고' '정상적'이고 '올바른 기독교' 요 '참 성경적인 신앙'이다. 그런데 우리 기독교는 천국은 버리고 세상 복만 노래하고 있다. 이미 교회들에서 천국은 사라졌다. 다른 기독교이다.

"만일 그리스도 안에서 우리가 바라는 것이 다만 이 세상의 삶뿐이면

모든 사람 가운데 우리가 더욱 불쌍한 자이리라." (고린도전서 15장 19절)

　바울 사도의 이야기이다. 천국이 있기에 우리 하나님을 믿는 자들은 세상에서 가장 복된 자인 것이다. 그런데 왜 오늘날 천국을 사모한다고 말하면 크리스천이면서도 어색함을 느껴야 하며, 주변에서 이상하게 보지 않나 의식해야 하는가? 왜 세상과 동떨어진 현실감 없는 사람을 보는 듯해야 하는가? 왜 천국을 설교하는 것이 신학도 배움도 낮게 느껴져야 하는가? 참 이상한 기독교, 모순의 기독교를 믿고 있다.

　유튜브에 어떤 많이 배웠다는 신학박사요 목회자라는 자가 천국을 이야기하였다. 천국에 대하여 멋지고 유식하게 시작하였다.

　'천국이요? 당연히 있지요. 성경에는 낙원이란 표현이 있고요, 하나님 나라에 대하여도 말하지요. 그러나 죽어서 가는 천국만 믿으면 반쪽입니다. 어리석은 겁니다. 천국은 여기 있다 저기 있다가 아니라 마음에 있습니다….'

　한참 동안 아주 유식하고 유창한 듯한 가르침을 들었다. 무언가 신학적, 지식적으로 엄청 많이 배운 듯하였다. 그러나 성경이 말하는 본래 천국이 사라졌다. 듣다 보니 어느새 천국이 가상적인 존재가 되었다. 천국의 기대가 무너져 버렸다. 천국을 사모하고 소망하는 신앙을 갖는 것이 이상한 자가 되었다. 과연 그런가?

　천국은 가상이 아니다. 실재이다. 우리 그리스도인은 이 땅에서 숨이 멎으면 곧바로 영혼은 분리되어 사랑하는 주님께로 갈 것이다. 천국은 영혼이 이동하여 도착하는 어떤 다른 장소이건, 아니면 지금 우리가 사는 곳이 하나님의 세상에 속하여 있어 죽는 순간 우리의 영혼이 주님의 영적 세계로 들어가든, '천국은 확실한 실존하는 곳'

이다. 천국은 실제적 장소이기도 하지만 무엇보다, 천국은 우리가 오매불망 사랑하는 그 주님을 만나 영원히 그분과 함께 사는 곳이다. 바울 사도는 고린도 후서 12장에 셋째 하늘, 즉 천국에 끌려 올라가 낙원을 보고 하나님의 말씀을 들었다.

" 내가 이런 사람을 아노니 (그가 몸 안에 있었는지 몸 밖에 있었는지 나는 모르거니와 하나님은 아시느니라) 그가 낙원으로 이끌려 가서 말로 표현할 수 없는 말을 들었으니 사람이 가히 이르지 못할 말이로다" (고린도후서 12장 3절~4절)

바울은 아주 조심스럽게 말하고 있지만, 그는 살아있으면서 육체와 영혼이 분리되어 천국을 가서 본 것이 확실하다. 바울은 그곳이 너무나 아름다워 가히 말로 다 할 수 없었다고 말한다. 바울은 이 두 번째 편지를 통하여 자신이 가 본 이 천국을 말하며 고린도 교인들에게 천국 소망을 갖도록 하였다.

"그가 낙원으로 이끌려 가서 말로 표현할 수 없는 말을 들었으니 사람이 가히 이르지 못할 말이로다" (고린도후서 12장 4절)

천국은 참으로 아름다운 곳이다. 작더라도 나는 이를 이해한다. 1987년의 기도 중에 보이신 예수님을 잠시 더 이야기하고자 한다. 아주 맑은 정신으로 기도 중이었고, 갑자기 환하고 밝은 빛이 가득해졌다. 그리고 여러 가지를 보이셨다. 그때 본 하나님 곁의 흰 빛⋯. 그 색깔의 오묘하고 황홀한 아름다움은 30년이 지난 지금까지도 묘사할 단어를 도무지 찾아내지 못하고 있다. 주님 옆의 작은 빛 한 조각인데도, 이 지구상의 어떤 단어 어떠한 표현력 어떠한 문장력으로도 도저히 설명해 낼 수 없는 신비….

"그 성의 성곽의 기초석은 각색 보석으로 꾸몄는데 첫째 기초석은 '벽옥'이요 둘째는 '남보석'이요 셋째는 '옥수'요 넷째는 '녹보석'이요 다섯째는 홍마노요 여섯째는 홍보석이요 일곱째는 황옥이요 여덟째는 녹옥이요 아홉째는 담황옥이요 열째는 비취옥이요 열한째는 청옥이요 열두째는 자수정이라 그 열두 문은 열두 진주니 각 문마다 한 개의 진주로 되어 있고 성의 길은 맑은 유리 같은 정금이더라" (요한계시록 21장 19절~21절)

성경의 기록자가 쓴 남보석 홍보석 녹보석도 등 모든 보석들도 그렇다. 붉은색도 수천수만 가지의 오묘한 붉은색들이었을 것이다. 그러나 인간의 단어로는 '붉다'라고 밖에 없어 홍보석이라고 표현한 것이다. 녹보석도 그렇고 황금 길도 그렇다. 감히 상상도 못 할 아름다움이었을 것이다. 그냥 이 땅 인간의 단어들로는 표현 자체가 안 되는 오묘한 아름다움이다. 그러나 실재이다.

우리는 눈 덮인 환상적인 만년설의 아름다움을 본다. 봄날의 형형색색 황홀하고 예쁜 꽃들을 본다. 동물들 나비와 새들을 본다. 너무 아름답다. 하나님 세계의 지극히 작은 부분일 이 땅도 이렇게 아름다운데 저 천국이 얼마나 크고 아름다울까? 나는 이 땅에서도 그렇게 천국을 미리 본다. 그리고 그렇게 아름답게 만드신 하나님을 생각하며 찬양한다.

물론 인간이기에 죽음이나 병의 아픔에 대하여 작은 두려움도 없다면 거짓이겠으나, 그러한 중에도 나는 천국이 너무 기대되는 것도 사실이다. 이 땅의 삶이 너무 아프고 고통스러움이 많기 때문이다. 천국은 더 이상 눈물이나 애통함이나 죽음이 없다. 더위와 추위가 없으며 어둠이 없다. 영원토록 크고 아름답고 광대할 것이다. 영원한 행복과 기쁨이 가득할 것이다. 그러한 곳에서 사랑하는 주님과 영원히 함께 할 수 있다니…. 가슴이 벅차다. 천국은 실재이다. 매일 사모하자. 이는 천국을 추구하므로 이 땅의 성도의 삶을 작게라도 가벼이 여기자는 의미가 아니다.

천국을 믿는 성도가 이 땅의 삶도 집착하지 않으며, 고통 속에서도 담대하며, 절망 속에서도 소망의 굳건함에 흔들리지 않는 것이다. 천국의 소망을 가진 사람은 돈도 쌓기만 하거나 욕심만 내지 않는다. 또 베풀고 살게 된다. 즉 천국을 믿고 소망하게 될 때 이 땅에서의 그리스도인의 삶도 그리스도인에 걸맞게 잘 살아내게 하는 원동력이 되는 것이다.

거꾸로 말하면, 믿는다고 하면서도 천국에의 믿음과 소망이 없는 사람이 이 세상 돈에 성공에 세상 즐거움에 집착하는 것이다. 요즈음의 기독교이다. 천국을 확실히 믿고 소망하는 사람이 교회 세습, 돈의 축재, 부도덕한 일, 목회 성공 있을 수 없다. 천국 신앙을 잃어버려 현재의 한국 기독교가 망가진 것이다. 이 천국의 소망 신앙을 가르치지 않고 설교하지 않고 말하지 않아서 기독교가 추해진 것이다. 이미 기독교가 아니다.

역사 속에서도 천국의 소망이 가득했던 사람들이 위대한 기독교의 빛을 나타냈음이 증명된다. 천국의 소망에 가득한 사람이 진정 성결의 삶도 살았고 가장 기독교다운 기독교를 만천하에 드러내었었다.

오늘날 천국은 아예 천덕꾸러기 신세가 되었다. 천국을 폄하하고 천국 신앙을 훼손하는 사람들이 가득하다. 목회자요 신학자요 무언가 유명하다는 사람들이 그렇다. 교회에서도 잘 설교하지 않는다. 이미 기독교이기를 또 구원을 포기한 것과 다를 바가 무엇이랴.

"내가 그 둘 사이에 끼었으니 차라리 세상을 떠나서 그리스도와 함께 있는 것이 훨씬 더 좋은 일이라 그렇게 하고 싶으나 내가 육신으로 있는 것이 너희를 위하여 더 유익하니라." (빌립보서 1장 23절~24절)

바울 사도는 당장이라도 이 세상을 떠나 주님과 함께 하고픈 마음을 깊이 표현한다. 나는 가난한 사람들 노숙자들 사람들의 임종과 삶의 모습들은 많이 보았기에, 절대로 이 땅에 소망을 두도록 설교하거나 가르치지 않는다. 인간의 이 땅의 삶의 한계와 본질들을 보아왔기 때문이다. 그렇다고 이 땅의 신앙과 현실에서 도피하도록 천국을 가르치지도 않는다. 이 땅에서도 신앙인의 본분을 잘 살되 우리의 영원한 안식처요 본향이 천국임을 가르치고 설교하는데 마음의 중심을 둔다.

천국에서 주님을 만나기를 소망한다. 가슴이 설렌다. 그러면서도 이 땅에 주님이 맡기신 작은 사명 곧 하나님이 맡기신 영혼들이 있기에 한 명도 잃지 않고 구원받도록 작은 최선을 다하는 것이다. 수많은 사람 모으는 것이 아닌 한 명의 영혼이라도 제대로 사랑하고 가르쳐 꼭 천국에 이르도록 하는 곳이 교회이다.

죄와 사망 그리고 심판

우리는 세상을 돌아보며 인간의 큰 능력들에 감탄한다. 높고 대단한 건축물들, 신기할 정도의 전자기기들, 화려한 의상과 음식들…. 인간은 이같이 높은 지혜가 있고 창조의 결과들을 만들어 낸다. 이러한 모습들은 인간 안에 하나님 능력의 모습과 지혜의 모습들이 남아 있기 때문이다.

그러나 우리는 인간들 능력의 바벨탑들에 박수 치기는 좋아하면서도 그 바로 뒤에 겹쳐 있는 인간의 죄와 극한의 악의 본질은 잘 안 보려고 한다. 지금도 러시아는 우크라이나를 침략하여 숱한 악을 행하고 있다. 중동의 IS 탈레반 등, 어찌 저럴 수가 있지? 할 정도의 치를 떨게 하는 무서운 일들을 인간은 가볍게 행한다. 지난 한 세기 안의 1, 2차 대전과 유대인 학살, 그리고 공산 국가들 안에서 사람들은 어마어마하게 서로를 살육했다. 르완다, 코소보, 로힝야 등 인간들은 잔인하게 집단으로 학살을 한다. 인간은 정말로 악하고 무섭다. 이러한 악함은 하나님께 거역하여 받은 저주의 증거이다.

"모든 사람이 죄를 범하였으매 하나님의 영광에 이르지 못하더니"
(로마서 3장 23절)

'가장 뛰어난 능력의 존재요 동시에 가장 악한 죄의 존재', 이것이 인간의 참모습이다. 집에서는 자식을 끔찍이 사랑하고 또 같은 공역에서 그러한 끔찍한 악들을 행한다. 하나님의 형상으로 만들어졌는데 그 하나님을 거역함으로 저주받은 원리로만 이 인간 악의 모든 의문이 풀어진다. 이러한 악의 모습들은 인간 자체라기보다, 배경에 있는 사탄 마귀의 존재를 보여준다. 사탄 마귀의 존재와 악한 영적인 배경이 아니면, 인간의 그러한 극단적인 행태를 이해할 수 없다.

인간존재의 이러한 본질을 어찌 진화론으로 해석 가능한가? 오직 신앙과 영적으로만 해석할 수 있다.

하나님이 왜 인간의 타락을 그냥 두었는가? 마귀를 왜 있게 하였는가? 사랑의 하나님이라면서 왜 사람들을 지옥에 보내는가? 등 많은 의문이 있다. 우리는 그 이유를 다 알 수는 없다, 그러나 악함과 죄의 결과가 벌을 받아야 함은 그것들이 나쁘다는 것을 알면서도 사람이 자기 욕구를 따라 스스로 그것들을 선택함 때문이다. 자기 잘남의 착각 즉 교만 때문이다. 그러므로 우리는 다 알 수는 없으나 성경을 보고 인간의 본질을 깨달아 하나님의 가르침을 따라야 옳다.

즉 지옥 그리고 마귀의 존재함이다. 우리는 하나님과 천국의 실제를 믿는 것만큼, 지옥과 마귀가 실재함도 단단히 인정하며 매사에 염두에 두어야 한다. 아담과 하와를 넘어지게 한 사탄인 뱀, 예수님이 행하신 성경의 사탄과 귀신들의 실제 이야기들을 우리는 본다. 현재도 똑같다. 이렇듯 우리는 항상 하나님이냐 마귀냐, 천국이냐 지옥이냐, 구원이냐 심판이냐의 자기 선택 앞에 놓인다.

"한번 죽는 것은 사람에게 정하신 것이요 그 후에는 심판이 있으리니" (히브리서 9장 27절)

그런데 오늘날은 교회와 목회자들이 죄와 악을 행하면서도 양심의 떨림을 잃었고 그 결과의 두려움을 버렸다. 마태복음은 심판의 책이다. 알곡과 쭉정이, 알곡과 가라지, 나쁜 고기와 좋은 고기, 미련한 처녀 슬기로운 처녀, 의인과 악인, 양과 염소. 하나님의 심판 때에 쭉정이는 모아서 불에 태워지고 악인들과 염소들은 영원히 버림받는다. 하나님은 반드시 세밀하게 보시고 분리하시어 상응하는 대가를 치르게 하실 것이다. 당신은 진짜인가? 가짜인가? 가짜인데 진짜로 착각하고 있거나 스스로의 합리화로 교묘히 죄를 피하려 하고 있을 수도 있다.

"이것은 이상한 일이 아니니라 사탄도 자기를 광명의 천사로 가장하나니 그러므로 사탄의 일꾼들도 자기를 의의 일꾼으로 가장하는 것이 또한 대단한 일이 아니니라. 그들의 마지막은 그 행위대로 되리라" (고린도후서 11장 14절~15절)

사탄의 일꾼들도 자신을 의의 일꾼들로 착각한 채 일하고 있다고 성경은 말씀하신다. 오늘날 한국 교회들에 실제로는 사탄의 일꾼인데도 스스로는 의의 일꾼인 줄로 자신을 굳게 믿고 있는 자들이 아주 많은 듯하다. 그래서 문제가 많은 것이다. 현재 삶 속에 나쁜 열매를 낚아내고 있는 믿는다는 사람은 그 자체가 이미 나쁜 나무일 수 있다. 반드시 마지막은 행위대로 될 것이다.

"좋은 나무가 나쁜 열매를 맺을 수 없고 못된 나무가 아름다운 열매를 맺을 수 없느니라 아름다운 열매를 맺지 아니하는 나무마다 찍혀 불에 던져지느니라" (마태복음 7장 18절~19절)

지옥의 영원한 유황불과 영벌이 있음을 확실히 믿자. 중간 지대는 없다. 오늘날 교회는 귀에 달콤한 것만 설교하지 죄 심판 지옥이란 말들은 들을 수조차 없게 되어간다. 복 받고 잘 되자는 말만 가득하다. 세습하고 간음하며 거짓말은 아예 예사이다. 교회들 안에서 세상보다 더 잘 싸운다.

"감추인 것이 드러나지 않을 것이 없고 숨긴 것이 알려지지 않을 것이 없나니" (누가복음 12장 2절)

"우리의 결산을 받으실 이의 눈앞에 만물이 벌거벗은 것 같이 드러나느니라" (히브리서 4장 13절)

모든 것이 하나님 앞에 벌거벗은 듯 적나라하게 드러날 것이며 그 행위대로 결과가 주어질 것이다. 지옥과 심판을 생각하라.

진정한 복음을 설교하고 가르쳐야 한다

집을 지을 때 모래 위에 짓는다면 그 집이 온전할 리가 없다. 아무리 좋은 사역 좋은 설교 좋은 프로그램에다 수많은 모양의 기독교적 일들이 가득해도 진정한 복음이란 기초가 없으면 모래 위에 집을 지어 놓은 것과 같다. 잡동사니 이론 신학 자기 주관적인 신앙의 사역들이 가득해도 예수 그리스도와 그분 십자가의 기본적이고 참된 복음 위에 단단히 서 있지 않다면 헛 일이다.

오늘날 한국 교회들이 꼭 모래 위에 지어 놓은 집들과 같다. 지금 바람이 불고 창수가 나자 뿌리째 흔들리고 있다. 무너짐이 심한 것이다. 그런데도 여전히 온갖 모양의 덕지덕지 붙은 재료들로 쌓아 올리고 있다. 교회 자체, 병 치료, 귀신 축출, 내적 치유, 정신건강, 은사들, 축복, 성공, 전도, 부흥, 선교, 신학, 웰빙, 아버지 학교, 기적, 재정 축복, 프로그램, 비전, 목표들, 사역, 은사, 전도나 선교…. 등등

앞에서 들었던 것들을 다시 한번 써 본다. 이러한 건축 재료들이

아무리 가득해도 기초가 모래라면 무슨 소용이 있나. 그냥 겉모양만 시끌벅적할 뿐이다. 우리나라의 크다는 교회들 중에는 이렇게 모래 위에 서 있는 교회들이 가득하다. 이렇게 시끌벅적한 목회자들도 가득하다. 앞으로 더더욱 바람과 창수가 심해질 것이고 이러한 교회와 목회자들과 교인들은 무너져 감이 심할 것이다.

기본으로 돌아가야 한다. 진정한 복음으로 돌아가 반석 위에 새로이 기초들을 만들어 가야 한다. 반석은 곧 예수 그리스도와 그분의 십자가이다. 예수님 자신이다. 예수 그리스도는 살아계신 전능의 하나님이요, 삼위로 계시는 하나님이시다. 그분은 영존하시는 아버지의 본체시오, 창조자시오, 삼위일체 하나님의 모든 것의 수행자이시다. 즉 예수님 자신이요 예수님의 본질을 더 깊이 아는 것이다.

우리는 예수님이 하나님이라고 말은 하나 그분의 전능, 그분의 하나님 자신이심, 그분의 크심, 깊음, 광대하심, 감동과 감격의 인정이 너무 부족하다. 그분을 깊이 사랑하지 않는다. 그리고 예수 그리스도의 십자가는 동정녀 탄생 즉 완전한 인간이 되신 하나님, 십자가의 대속, 부활, 승천, 재림, 천국, 죄, 마귀 지옥과 심판, 그리고 우리의 영원한 부활이다. 이것이 기초이고 반석이다.

오늘날 우리는 기초와 반석을 잘 가르치지도 설교하지도 않는다. 온갖 부수적인 것들이 가득하다. 예수님은 하나님이시다라고 가르치지만 그냥 막연하고 도식적일 뿐이다. 인간의 타락과 죄를 그리고 지옥을 가르치지 않는다. 예수님의 오심이나 십자가나 부활은 일 년 중 거의 하루뿐이다. 예수님의 재림과 심판은 아예 가뭄에 콩 나듯 가르치거나 아예 사라져 버렸다. 회개나 거듭남이나 천국 구원 성화는 희귀해져 버렸다.

이러다 보니 신앙이 오래되었고 높은 직책을 가졌다는 교인들이 천국의 확신은커녕 물어보면 기독교의 아주 기초적인 원리도 모르게 된 것이다.

　기도에 대하여 설교해도 기초 복음이 들어가 있어야 하고 염려를 설교해도 구원이 들어가 있어야 하고 축복을 설교해도 궁극적인 축복인 천국이 제시되어 있어야 하고 소망을 설교해도 우리의 진정한 소망은 주님의 재림과 천국임을 가르쳐야 한다. 설교나 가르침 사이 사이 곳곳에 죄와 악과 심판이 들어 있어야 하고 교회의 모든 일과 교인들에 진정한 천국과 지옥의 절박성이 들어 있어야 한다. 선교 단체를 해도 의료봉사 단체를 해도 아버지 학교를 해도 이 진정한 복음들이 가득 들어가 있어야 한다.

　믿음으로 구원받고 의롭다 함을 받음을 사랑으로 전해야 하나 삶을 살아 내는 성화로서 믿음이 돈독히 되고 확인되도록 해야 한다. 무엇보다 목회자의 내면에 이 진정한 복음이 단단히 절박하게 감동과 두려운 사명으로 들어 있어야 한다. 자연스럽게 천국이 재림이 심판이 그리고 예수 그리스도 그분이 흘러나와야 한다.

　주일 설교에 승부를 걸어서는 안 된다. 약하고 초보인 교인들이 함께 있는 모임에 어떻게 제대로 된 설교를 할 수 있는가? 그러니 맨날 위로의 축복의 잘 된다는 설교를 할 수밖에 없는 것이다.

　한 사람 한 사람 깊이 삼위일체 같은 기독교의 기본 교리와 원리와 구원들을 철저히 가르쳐야 하는 것이다. 오늘날 대형화의 추구와 주일 설교 위주의 교회가 이래서 모래알이 된 것이다. 이제는 한 명 한 명의 소중함과 제대로 된 가르침으로 가야 한다. 제자 훈련같이 철저한 개인 교육으로 가야 한다. 그것에 힘과 돈을 써야 한다. 단 한 명이라도 제대로 가르쳐야 한다는 생각을 가져야 한다. 교회도 교인들도 진정한 복음의 단단한 반석 위에 세워지도록 해야 하는 것이다.

"내가 너희 중에서 '예수 그리스도'와 '그가 십자가에 못 박히신 것' 외에는 '아무것도 알지 아니하기'로 '작정'하였노라" (고린도전서 2장 2절)

다시 바울 사도의 마음으로 돌아가 보고자 한다. 바울 사도가 왜 사람들의 귀에 달콤함을 경계하였는가를 생각해 보아야 한다. 왜 그 위대한 사도가 결국 예수 그리스도와 그분의 십자가만 알기로 아예 마음에 단단히 결심하였는가를 생각해 보아야 한다, 그것만이 진정한 복음이요. 그것이 기독교이기 때문이다. 그것만이 살길이기 때문이다.

지금까지 4장에서는 진정한 복음에 대하여 말해보았다. 우리 올바로 믿는 사람들은 모두가 이 나라의 교회를 사랑하고 염려한다. 간절히 회복을 소망한다. 그러나 시간은 흘러가는데도, 시대는 더욱 심각해져 가고 있는데도, 오직 교회와 목회자들만은 올바른 복음 쪽으로 변하지를 않는 것 같다. 매일 다람쥐 쳇바퀴 돌리듯 똑같은 축복만 반복한다. 주님이 어떻게 보실까? 답답하기만 하다.

진정한 복음만이 살길이다. 바울 사도의 작정처럼 '예수 그리스도'와 '그분의 십자가'이다. 이것만이 길이요 회복의 유일한 방법이다. 다른 그 무엇으로도 불가능하다. 특히 목회자들이 먼저 진정한 복음으로 돌아가고 먼저 변해야 한다. 목회자들이 먼저 진정한 복음 위에 굳게 서고 진정한 복음을 가르쳐야 한다.

이제 5장에서는 그 목회자들에 대하여 말해보고자 한다. 본인 역시 작은 목회자 중의 한 사람으로서 지적할 자격이 많지 않음을 말씀드린다. 그러나 한국 교회를 사랑하시고 염려하시는 주님의 주신 애통함이라 생각하여 감히 논해본다. 목회자들이 변해야 한국 교회와 모두가 산다.

5

목회자들에 대하여

    한국의 기독교가 너무 많은 부분에 잘못되어 있는 것은 이미 다 아는 사실이다. 일반 교인들이 잘못하면 사람들은 '뭐 그럴 수도 있지!'라고 생각한다. 그러나 목사가 잘못하면 세상 사람들은 충격을 받는다.
    '목사란 자가 어떻게 저럴 수가…!!'
    '목사'란 기독교 또한 더 나아가 하나님과 같이 연상되는 단어이기 때문이다. 즉 목회자란 이름은 세상과 사회에 큰 충격을 줄 수 있는 이름인 것이다. 그러므로 사람들의 목회자에 대한 실망은 기독교와 하나님에 대한 깊은 실망이나 분노로 나타난다.
    현재 한국 교회의 모든 절망의 근본 원인은 먼저 목회자들에게 있음을 부인할 수 없다. 모든 변질과 타락, 그리고 기독교의 추락이 목회자들이 원인이요, 그에서 시작된 것이다. 그 책임들을 어떻게 지려는지. 왜 그 종국의 받을 큰 두려움을 모르는지 답답하다.
    그러므로 한국 교회의 모든 회복 역시 먼저 목회자가 변해야 가능하다. 목회자답게 살지 못할 거면 목사란 이름을 내려놓는 것도 하나님 앞에 용기이다. 목회자라면 진정 제대로 된 목회자가 되든지 아니면 애초에 하지 말아야 옳다. 그래야 후에 하나님 앞에서 심판도 덜할 것 같다. 야고보 사도는 말한다. '더 큰 심판을 받을 것'이라고.

"형제들아, 너희는 선생이 된 우리가 더 큰 심판을 받을 줄 알고 선생이 많이 되지 말라" (야고보서 3장 1절)

한국 교회와 목회자들의 한 단면들

어느 날 그리 멀지 않은 곳을 운전하며 가고 있었다. 중심가 중의 하나인 그곳은 이 지역에서 또 그 교단에서도 이름 있다는 큰 교회가 항상 눈에 들어오는 곳이었다. 그런데 깜짝 놀랐다. 우람하게 보이던 교회의 십자가가 사라진 것이었다. 더욱더 놀란 것은 교회 벽에 생긴 커다란 새로운 팻말이었다. '하나님의 교회' 그렇다. 그 유명한 '안상홍 하나님' 이단에 교회가 넘어간 것이었다. 너무 당황스러워 몇 번이나 살펴보았다.

'아니! 어찌 저럴 수가 있지!? 저 교회가? 그것도 다른 교회가 아닌 이단 교회로 넘어갔다고!? 어찌 이단 종교에 교회를 판단 말인가!?'

나중에 들리는 소리는 그 교회 담임목사가 교인과 바람이 났고 이런저런 이유로 교회가 분란이 일어나 교인들이 떠나고 결국 이단에게 넘어가게 되었다는 것이었다. 마음에 큰 충격과 자괴감이 느껴져 왔다.

'아니! 목회자가 어떻게! 다른 교회도 아닌 저 교회가! 이단에⋯!

서쪽으로 멀지 않은 거리에 있는 큰 교회는 서로 분쟁이 일어나 벌써 몇 년째 위층에서 지하에서 주일날 따로 모이고 있다. 목회자 두 명이 싸우게 되었고 교인들은 갈라져 서로 여러 해 동안 싸움박질 중인 것이다.

그 교회는 지역사회에 조롱거리가 되고 있었다. 유명해질 것이 없어 아예 싸움박질로 세상에 이름을 휘날리는 교회들…. 목회자들….
 또 멀지 않은 곳 친지분이 다니는 작은 교회에서는 여성 목회자가 권사분의 손자를 안찰? 한다고 하다가 그 손자가 사망하는 사고가 발생하였다. 이는 빨리 내부에서 수습하여 뉴스화되지 않은 것이 다행이었다. 아마도 알려졌으면 온 나라가 또 한 번 발칵 뒤집혔을 것이다.
 또 남쪽으로 멀지 않은 곳에서는 목회자가 선교지 다녀온다고 적지 않은 헌금을 가지고 가서는 개인 자금으로 착복하여 교회에서 난리가 났다. 근처의 한 아담한 교회에서는 목회자가 교인 집사와 성적인 관계로 인하여 온 교인이 다 떠나버렸다. 그래서 목회자는 40일 금식에 들어갔다고 하였다.
 멀지 않은 지역만도 이 정도이니 전국적으로는 얼마나 문제들이 가득할까? 목회자가 식당에서 난동 아닌 난동을, 목회자의 살인, 목회자가 교회 수련회에서 교인들에게 믿음을 테스트한다고 똥을 먹였다느니 하는…. 목회자의 성적 타락 정도는 뭐 이제 아주 흔할 것이다. 아마도 이렇게 알려진 것들은 작은 일부분이 아닐까? 기독교의 특성상 가리고 덮어버리는 일들을 합치면 엄청날 것이다. 언제부턴가 뉴스를 열어보기에 매우 불안스러워하는 자신을 느낀다. 세상 사람들은 이제 기독교를 생각하면 머리를 흔들며 자포자기까지 한다.
 '아아! 한국의 기독교? 하하! 뭐 그럼 그렇지…! 구제 불능이지…! 기대하는 것이 잘못이지…!'
 참 슬프다. 그런 기독교의 현실을 보면 그래도 이겨내려는 진정한 그리스도인들의 마음은 한없이 아파져 온다. 더 절망적인 것은 어디서부터 무엇부터 잘못되어 이 시점에 이르렀는지, 원인도 모른 채 반복만 하고 있다는 사실이다. 또 언제 폭발할지 모르는 무서운 시한폭탄들이 거리거리 큰 십자가들을 머리에 꽂고 서 있다. 오늘도 혹시 또 터졌나?라는 불안감으로 뉴스를 튼다.

콜라병 기독교

우화 형식의 글을 하나 만들어 보았다.

- 콜라병 그리기 미술 대회 -

그림 그리기 대회가 열렸다. 단상에 놓인 콜라병 그리기다. 다 그린 후 토론이 시작되었다. 한 사람이 벌떡 일어나 자신의 그림을 높이 들고 말하기 시작했다.
'주목해 주세요, 주목! 이 그림을 한 번 보세요. 저는 옆에서 보고 그렸거든요.? 저는 저의 그림이 전체 윤곽을 잘 드러나도록 그린 중요한 것으로 생각하는데 그렇지 않습니까?'
그러자 다른 한 사람이 급히 의자 소리를 내며 일어났다. 그는 너무 빨리 일어나는 바람에 균형을 잃어 넘어질 뻔하였다.
'예. 맞습니다. 맞고요. 그러나!'
그는 '그러나'에 아주 강한 악센트를 주었다.
'그것은 누구나 쉽게 그릴 수 있는 부분이지요. 그러니 특별함은 덜 하다고 할 수 있지요. 저는 비스듬히 올려다보는 부분을 그렸습니다. 저는 남들이 잘 못 보는, 즉 아주 중요한 방향에서 그 핵심을 아주 잘 그렸다고 생각합니다.'
'자, 자, 조용히 좀 하시고 이 그림을 좀 보세요.'

시선들이 갑자기 구석에서 일어난 사람의 소리로 쏠렸다. 그는 말을 이었다.

'이 중에 단상에 놓인 병의 보이지 않는 부분을 상상하여 그린 사람 있나요? 없지요? 없지요? 하아! 나는 역시 대단. 남들이 못 보는 부분을 보는 안목이 있으니…. 여러분도 그렇게 생각하지 않습니까? 아니 그렇게 생각해야 합니다. 오, 이 연사는 밑부분을 그린 그림이 가장 창의적이라 생각합니다-아.'

그는 웅변하듯 손을 높이 들고 침을 튀기며 말을 이어갔다.

'그러므로, 다른 것은 상대적으로 덜 중요함을 의미하지요. 나는 이것이 옳다고 여겨지므로 다른 사람의 뜻과 반응은 그다지 신경 쓰지 않습니다. 또 나의 주장으로 남이 좀 어려움을 당하는 것도 제게 그렇게 중요하지 않습니다. 나는 내가 옳다고 생각하는 것은 무조건 밀어붙입니다. 이것이 바로 믿음이지요. 믿음.'

이 사람은 아예 모든 사람이 자신의 주장에 당연히 동조하여야 한다는 식으로 강하게 말했다. 그는 일장 연설을 하듯 탁자를 한번 '탁' 치고 주장을 마쳤다. 갑자기 좌중이 불편해지고 분위기가 우스워졌다. 그때 고요를 깨고 오른쪽 중앙에서 아주 점잖은 듯한 사람이 일어서서 여유 있는 듯한 웃음으로 호소력 있게 이야기했다.

'모두 중요하고 다 맞는 것 같습니다. 다 콜라병을 잘 그렸잖아요. 그러니 서로 화합이 중요하지요. 다들 존중하고 존경합니다. 우리는 모두 한길을 가는 사람들이지요. 저는 위에서 내려다보는 부분을 그렸습니다. 그렇지만, 모두 필요합니다. 저는 화합을 주장하는 바입니다!'

화합을 외치자 자리의 사람들이 오랜만에 옳은 말을 들은 듯 기뻐하는 모습들이 역력했다. 그는 이어 말했다.

  '그러기 위하여 저를 이 그림대회의 지도자로 세워주실 수 없나요. 그렇게 해 주시면 저는 잘 이끌어 가서 가장 콜라병의 결론이 좋게 나도록 잘할 수 있을 텐데요. 제 말에 동조하는 분들은 손 한번 들어 주시겠습니까? 자, 자, 손드신 분들은 쉬는 시간에 제 옆으로 좀 모여주세요. 손드신 분들끼리 따로 먼저 화합추진 위원회를 만듭시다. 뭐 불만 있는 분들이 있으시면 따로 모임들을 하나씩 만드셔.'

  그러면서 재빨리 손든 몇 사람의 수를 세고 적기 시작했다. 그런데 볼펜이 안 써지는지 허리를 구부리고 고생하는 모습이 우스꽝스럽게 보였다. 앉아 있는 사람들의 얼굴이 뭘 잘못 먹은 사람들처럼 일그러지기 시작했다.

  조금 더 토론이 진행되자 어떤 사람은 아예 자신이 그린 것만이 콜라병이고 다른 사람의 것은 콜라병이 아니라고 주장하기 시작했다.

  우리 한국 기독교요 기독교 지도자들의 모습이 바로 이 모양은 아닐까? 우리나라의 기독교가 수백 개의 교단 교파들로 분열되어 있고 또 현재도 이합집산을 반복하고 있는 것은 이미 다 아는 사실이다. 지금 순간도 유튜브나 소셜미디어에는 기독교인들의 주장과 싸움들로 정신이 없다. 좌파, 우파, 사상, 이념, 신학, 광장, 정치 등에서 무섭게들 주장하고 싸운다. 자기 그림만이 콜라병이라고 한다. 세상에 기독교만큼 이런 데가 있나 싶다. 사람들은 한심한 웃음을 흘린다. 신학교도 처음에는 좋은 신앙으로 들어간다. 그러나 과정 중에 이 신학 저 신학 그 신학 결국 콜라병 신학이 된다. 그러니 싸움만 잘하는 콜라병 목회자들을 만들어 내는 것이다.

  가르치는 자들은 학문 이전에 진정한 복음과 구원받은 정통 신앙의 검증된 사람이 신학교의 교수가 되어야 하지 않는가? 신학교들은 오늘날 다원주의 자유주의 숱한 다른 복음들의 잘못된 자들을 양성하는 곳이 된 듯하다. 부분들이 커지다 보니 전체인 예수님은 사라졌다. 콜라병 신학들과 신학교…. 책임을 어떻게 질 것인가? 천국은 제대로 갈 수 있을까?

목회자들의 모임, 교단 총회, 연합회 등 모임에만 가면 위의 우화가 그대로 재현된다. 세습의 문제를 해결한다고 총회로 모여 열띤 토론을 한다. 그러나 결국 콜라병이 된다. 온 나라를 들썩인 목사의 성범죄 문제를 다스린다고 소속 목회자들이 모인다. 또 콜라병이 된다. 세상의 지적과 기독교의 전체적인 여론은 필요 없다. 자신들의 교단과 자신들의 유익만 되면 된다. 오늘도 교회들에서, 광장에서, 유튜브 카톡 안에서, 자기주장의 떠드는 기독교 콜라병들이 가득하다.

그런데 잘 보면 많은 부분에 자기 영웅 심리요, 자기주장 자기 목적의 자들이다. 예수님은 어느새 안중에도 없다. 자기 목적에 기독교를 이용하고 있을 뿐이다. 성경의 진정한 가르침은 이미 없다. 그리고 그 대부분이 목회자들이다.

오늘도 콜라병 기독교는 곳곳에서 횡횡하고 있다. 그러한 사람들 속에 얼마나 참하나님의 사람들이 있을까에 대해 정말로 의문이 든다. 예수님 닮은 성품을 살고 주장들에는 좀 바보가 되시라. 그래야 진정한 구원이 증명될 것이다. 앞 우화의 일부분을 다시 써 본다.

'나는 이것이 옳다고 생각되므로 다른 사람의 뜻과 반응은 그다지 중요하지 않다고 봅니다. 또 나의 주장으로 남이 좀 어려움을 당하는 것도 제게 그리 중요하지 않습니다. 나는 내가 옳다고 생각하는 것은 무조건 밀어붙입니다. 이것이 바로 믿음이지요! 믿음!! 허 허 허….'

그것이 진정 믿음인가? 오늘날 이것이 믿음인 줄 아는 기독교의 사람들이 너무 많다.

인간의 크고자 하는 욕구의 병

세상은 권력으로 돈으로 또 유명해짐으로 자기를 높이는 것이 목적이다. 자기를 높이려는 것…. 그로 인하여 살인과 죄와 모든 악과 전쟁들이 따라온다. 이 크고자 하는 욕구, 그것은 근본적으로 마귀의 성품이요 마귀 자체이다. 그리고 그것은 야망이요 교만이다. 성실히 최선을 다하는 것과 다르다. 마귀는 인간의 조상인 아담과 하와에게 이 높아지려는 욕구로 속였다. '그 과실을 먹어! 그러면 네가 '하나님같이' 되는 거야! 높아지는 거야!'

"너희가 그것을 먹는 날에는 너희 눈이 밝아져 하나님과 같이 되어…." (창세기 3장 5절)

바벨탑 사건도 똑같다.

"탑 꼭대기를 '하늘에 닿게 하여' '우리 이름을 내고'" (창세기 11장 4절)

'자기 이름을 내려는 욕구' 오늘날 다 이 욕구에 사로잡혀 산다. 이렇게 높아지려는 인간의 교만 욕구는 바로 마귀에게서 온 것이다. 천사에서 마귀가 되어 버린 근본 이유이기도 하다. 그런데 세상은 그렇다 하더라도 기독교도 똑같이 되었다는 것이 문제이다.

"너 아침의 아들 계명성이여 어찌 그리 하늘에서 떨어졌으며 너 열국을 엎은 자여 어찌 그리 땅에 찍혔는고 네가 네 마음에 이르기를 '내가 하늘에 올라 하나님의 뭇 별 위에 내 자리를 높이리라' '내가 북극 집회의 산 위에 앉으리라 가장 높은 구름에 올라가 지극히 높은 이와 같아지리라' 하는도다" (이사야 14장 12절~14절)

'내가 하늘에 올라 하나님의 뭇 별 위에 내 자리를 높이리라 내가 북극 집회의 산 위에 앉으리라 가장 높은 구름에 올라가 지극히 높은 이와 같아지리라.'

아담의 타락 바벨탑 사건과 똑같지 않은가? 무섭도록 교만하지 않은가? 이렇게 마귀는 자체가 높아지고자 하는 욕망 덩어리다. 오늘날도 이처럼 이 욕망 덩어리의 목회자들이 가득한 것 같다. 본인들은 부인하겠지만…. 마귀는 아예 인간을 구원하시러 오신 예수님마저 넘어트리려 하였다. 즉 천하만국의 영광을 추구하라는 것이다.

"마귀가 또 그를 데리고 지극히 높은 산으로 가서 천하 만국과 그 영광을 보여 이르되 만일 내게 엎드려 경배하면 이 모든 것을 네게 주리라" (마태복음 4장 8절~9절)

예수님의 제자들은 예수께서 십자가를 지러 올라가는 길에서도 서로들 '누가 크냐' 예루살렘에 가서 '누가 높은 자리를 차지하냐?' 싸움을 하고 있었다.

"또 그들 사이에 '누가 크냐' 하는 다툼이 난지라" (누가복음 22장 24절)

그러므로 인간들의 높아지려는 욕구, 누가 더 크냐의 자기 유명 욕구를 마귀는 가장 잘 교묘히 이용하고 있다. 오늘날 인간의 절망이요 저주는 바로 이 욕구를 이용한 마귀의 작품이다. 그런데 오늘날은 기독교가 이 마귀의 욕구와 똑같아졌다. 오늘날 목회자들의 교회를 크게 키우려는 이유도 많은 부분에 이 크고자 하는 욕구가 가득 들어 있다고 본다.

하나님은 인간의 높아지려는 교만한 본질을 아시므로 오히려 하늘 보좌를 버리고 오히려 낮고 낮은 인간이 되셨다. 그것도 가장 천한 인간도 태어나지 않을 마구간에, 그것도 차가운 동물의 밥통인 구유에 누이셨다. 그리고 죽으셨다. 이것이 십자가 신학이다. 주님은 하나님이시면서 제자들 앞에서 무릎 꿇고 그들의 발을 씻으시며 낮은 자를 섬기셨으며 자신의 목숨을 세상을 위하여 주려 함이라 하셨다. 기독교의 근본은 섬김이고 희생이고 낮아지는 것이다. 나를 죽이고 남을 살리는 것이 주님의 가르침이다.

현재 우리들의 기독교 안에는 높아지고 자기가 영광 받으려는 이 마귀의 욕구들로 가득하다. 돈 선거를 해서도 교단의 장 한번 하려고 한다. 큰 교회를 이루는 자기 크고자 하는 욕구에 목숨을 건다. 그리고 이를 잘하는 목회 즉 목회 성공이라고 한다. 책으로 설교로 직책으로 어떻게든 이름을 한 자라도 더 내려고, 머리 한 번 더 내밀려고, 더 유명해지려고 무진 애를 쓴다. 신학생들이나 목회자들의 머릿속에는 아예 대형교회 그림과 수많은 교인을 거느리는 모습들로 가득 차 있다. 무조건 크다는 것 자체가 잘못이라는 의미는 아니다. 진정 무엇을 위한 추구인지 그 근본 내면을 보자는 이야기이다.

우리는 아담이나 바벨탑 사건에서 보듯 은근히 하나님보다 높아지며 자기 이름을 내고 그 영광의 자리에 대신 앉아 경배 받으려는 교묘함이 있다. 하나님 자리에 은근히 자신이 앉으려는 것이다. 이는 아주 위험한 일이다.

바울과 바나바는 루스드라에서 앉은뱅이를 일으킨다. 그러자 지역의 사람들이 뛰어나와 바울과 바나바를 신처럼 높이려 한다. 그때 바울과 바나바는 그들의 행위에 깜짝 놀라 '옷을 찢으며' '뛰어 들어가' '소리까지 지르며' 그들의 행동을 막아선다.

"두 사도 바나바와 바울이 듣고 '옷을 찢고' 무리 가운데 '뛰어 들어가서' '소리 질러 이르되' 여러분이여 어찌하여 이러한 일을 하느냐 우리도 여러분과 같은 성정을 가진 사람이라"(사도행전 14장 14절~15절)

'어어 그러지 마시오.'라고 가볍게 만류할 수도 있다. 그러나 옷까지 찢으며, 급하게 뛰어 들어가서, 소리를 치며, 그렇게 한 이유는 무엇일까? 이는 바나바와 바울이 하나님보다 높아지는 것이나 하나님의 영광을 자신들이 취하는 것에 대하여, 극도로 조심하고 있음을 나타낸다. 아주 작게라도 하나님의 영광을 가로채는 행동이 두려운 것임을 알기에 그들을 막아선 것이다. 바나바와 바울의 이 행동을 깊이 보아야 한다. 그러나 오늘날 우리는 그러한 감각을 아예 잃어버렸다.

베드로가 성령님의 초자연적인 인도함 속에 고넬료의 집에 도착하자 고넬료는 그의 앞에 그냥 엎드린다. 하나님의 역사를 보자 베드로를 아주 크게 높이는 행동을 취한 것이다. 그러자 베드로는 나 역시 같은 사람이라며 황급히 고넬료를 만류하고 일으킨다.

헤롯왕은 하나님의 영광을 자신이 취하자 하나님이 치셔서 죽게 하셨다. 오늘날 어떤 신유를 행하는 사람들, 기적을 일으키는 사람들, 대형교회의 사람들 등 많은 이들이 하나님의 영광의 위치에 자신들이 앉아 칭송받는 일이 적지 않다. 그 크고 위대한 사도 바울은 자신을 무익한 종일뿐이라고 수없이 말하며 아주 작은 영광이라도 모두 하나님께 돌렸다. 우리는 크게 사용 받는 것도 보잘것없는 자를 참으시고 인내하시며 힘주시어 끝까지 세워주셨기에 가능했던 일이다. 그러므로 모든 것이 하나님이 힘을 주셔서 된 일이요. 모든 일이 하나님이 하신 것들이다. 우리가 한 것이 아니다.

큰 교회요 많은 교인을 이루었어도 무익한 종일뿐이며, 오직 하나님의 이름 그분의 영광만이 완전히 드러나야 한다. 아무리 잘난 목회자라도 하나님 앞에 겸손할 뿐이요 그러한 생각이어야 한다. 하나님의 영광을 사람이 취하는 것을 두려워할 줄 알아야 한다. 하나님은 그래도 사랑하시나 그러한 교만은 아주 위험한 것이다. 훗날 결국 무서운 결과를 가져오게 된다. 오늘날 우리는 이 원리와 감각을 너무나 잃어버렸다.

"오른손이 하는 일을 왼손이 모르게 하라" (마태복음 6장 3절)

"모든 사람이 너희를 칭찬하면 화가 있다" (누가복음 6장 26절)

"사람에게 높임을 받는 그것은 하나님께는 미움을 받는 것이니라" (누가복음 16장 15절)

"사람에게 영광을 받으려고…. 그들은 자기 상을 이미 받았느니라" (마태복음 6장 2절)

사람의 칭찬을 추구하면 화가 있으며 사람에게 높임을 받는 것은 하나님께는 '미움을 받는 것'이라고 하신다. 이미 받을 것을 다 받았다고 하신다.

큰일을 한다 하나님 일을 한다고 하지만, 실상은 예수 이름 이용하여 자기 영광을 위하는 것이다. 정말로 자기 이름이 아니라 주님의 영광을 위하여 하였다면 오늘날 한국 교회가 이렇게 되지도 않았을 것이다. 그런데 많이들 착각을 한다. 스스로 최면을 건다. 하나님을 위하여 대단한 일을 하고 있다고…. 하나님을 위하여…정말로? 자신에게 깊은 질문들을 해 봄이 어떤가?

오늘날 왕이 된 목회자요 왕이 되려는 목회자들이 가득하다. 하나님께는 받을 것이 하나도 없을 수 있다. 아니 하나님께 갈 수 없을지도 모른다. 자기 영광의 교묘한 위험을 알아야 한다. 어느 날 하나님께서 마음에 떠오르게 하신 비유의 글을 하나 적어 본다.

- 하나님 나라의 저울 -

어느 두 사람이 같은 시점에 이 땅에서의 삶을 마감하고 천국의 문 앞에 이르렀다. 천국 문은 굳게 닫혀 있었다. 천국의 문 앞에는 영광의 예수님께서 계셨고 그분의 앞에는 저울이 놓여 있었다. 두 사람이 주님 앞에 서자 주님이 말씀하셨다.

'사랑하는 자들아, 수고하였구나. 환영한단다. 그러나 이곳은 아직 천국의 문 앞일뿐이며 지상에서의 너희들의 행하였던 일들을 먼저 이 저울로 달아보아야 한단다.'

두 사람은 주님 앞에 놓인 저울을 바라보았다. 그 저울에는 이렇게 적혀 있었다.

'하나님의 저울. 이 저울은 세상에서 인정받는 무게가 아니라 하나님의 보시는 차원에서 인정하시는 무게를 재는 것'

'누가 먼저 올라가 보겠느냐?'

'제가 먼저 올라가 보겠습니다.'

주님의 말씀이 끝나자 한 사람이 얼굴에 웃음을 띠며 올라섰다. 그는 어깨도 좀 으쓱하며 자신 있어 보였다. 그가 저울에 올라설 때 그의 마음에는 지상에서의 있었던 일들이 그림처럼 지나갔다. 얼마나 많은 사람을 가르치고 감동도 주었던가! 또 얼마나 많은 칭찬과 주목과 인정을 받았던가! 대접과 존경과 우러름도 많이 받았지…. 기독교 책도 한두 권 썼는가? 목사 신학박사 총장 위원장 회장 등등 명함에는 다 쓰기에는 너무 많은 이름이 있었다. 그는 자신이 있는 얼굴로 천천히 주님과 옆 사람을 둘러보며 저울을 내려다보았다.

그러나 그는 순간 아주 크게 당황하였다. 저울이 왼쪽에서 아주 조금만 움직인 것이다. 그는 황급히 저울에서 내려왔다.

'아니! 예수님! 이 저울이 좀 이상합니다. 그럴 리가 없는데…. 아니면 다른 사람으로 잘못 인식된 것은 아닐까요? 혹은 고장 났던가…. 하여간 무언가 잘못되었습니다. 다시 한번 올라가 보면 안 될까요?'

예수님은 어두운 표정을 지으며 가만히 계시다가 허락의 고개를 끄덕이셨다. 그 사람은 다시 한번 그 저울에 올라섰다. 그리고 저울을 내려다보았다. 그러나 그 저울은 아까보다도 더 아래로 내려가 버렸다. 밑에서 아예 움직이려 하지 않았다. 그는 아주 당황하며 저울에서 내려왔다.

'너도 한번 올라가 보아라'

주님이 남은 한 사람에게 말씀하셨다.

'아닙니다, 주님. 저는 사랑하는 주님 앞에 와 있다는 것 자체가 이미 감격이요 저의 기쁨입니다. 저는 올라갈 자격이 없습니다. 주님을 뵌 것 자체로 말로 표현할 수 없는 마음입니다. 저는 지상에서 작은 교회 작은 일을 했을 뿐입니다. 예수님을 닮으려고 애썼고 작은 일에 충성하려고 했습니다. 한 사람 한 사람에게 주님 대하듯 하려고 했고 부족했지만, 영혼들을 사랑하려고 했습니다. 그러나 그런 것들도 다 주님께서 하신 것입니다. 저는 무익한 종일뿐입니다. 주님 앞에서는 무엇을 했다는 것이 송구스러울 뿐입니다. 저는 저울에 올라갈 자격이 없습니다. 주님이 아십니다.'

그는 극구 올라가지 않으려다 주님의 시선에 조심스럽게 올라섰다. 저울은 아까 사람보다 무겁게 오른쪽으로 가고 있었다. 저울이 너무 많이 올라감에 이 사람은 당황하고 송구스러워하며 내려왔다. 주님은 말씀하셨다.

'너도 다시 한번 올라가 보겠니?'

그 사람은 말하였다.

'아닙니다, 주님. 이 저울이 잘못된 것 아닐까요? 사람을 잘못 인식한 것 아닐까요? 저는 이렇게 인정받을 만한 자격이 전혀 없습니다. 저는 천국의 문지기라도 족합니다. 이렇게 가까이 주님을 뵐 수 있음에 만족하고 또 만족합니다.'

그러나 주님의 기다리심에 이 사람은 더 조심스러워하며 다시 저울에 올라섰다. 그 저울은 앞서 보다도 더욱 높게 오른쪽으로 움직이고 있었다. 이 사람은 겸손을 원하시는 예수님의 마음을 깊이 느끼자 두려워하며 저울에서 내려왔다.

바로 그때였다. 이 사람의 앞으로 환한 영광의 빛이 비치어 그를 인도하기 시작했다. 천국 문이 열리기 시작한 것이었다. 그리고 그 빛 속에서 굵고 무거운 한 소리가 흘러나오기 시작하였다.

"착하고 충성된 종아 네가 작은 일에 충성하였으니 나의 즐거움에 참예 할지어다."

이 우화는 작은 이야기이나 기독교인들은, 더 나아가 목회자들은 두려움을 가지고 보시기 바란다. 이 땅에서 한 일들이 자기 영광을 위하여나 자기 열심의 것일 수 있다. 하나님 앞에 가서는 아무것도 받을 것이 없을 수 있다. 이 땅에서 모든 영광을 다 받았기 때문이다. 아니, 애초부터 자기 성공을 위해 하였다면 아예 하나님께 갈 수 없을지도 모른다. 앞에서 말한 바울과 베드로의 모습들을 꼭 생각해 보시기 바란다.

한 영혼의 중요성

사람이란 너무나 독특하고 특별한 존재이다. 낙후된 지역에서 노숙자나 독거노인이나 불쌍한 영혼들을 위하여 일하며 오히려 참 많은 진리를 배우게 되었다. 사람이란 마음을 가지고 있고, 생각하며 행동하며, 선악을 아는 하나님의 형상을 가진 존재였다.

신기하게도 그들을 대할 때 하나님을 사랑하는 마음이 내 안에 있으면 천한 모습의 한 사람을 볼 때도 사랑의 마음이 솟아났고, 거꾸로 천한 한 사람도 사랑하게 되면 하나님을 향하여도 나의 마음도 사랑으로 채워졌다. 하나님을 사랑하는 마음은 사람을 대하는 마음과 같이 가고 있었다.

즉 하나님을 향한 마음을 잃으면 사람도 싫었고, 사람이 싫으면 하나님을 향한 마음도 사라졌다. 하나님과 인간은 항상 같이 존재하신다. 하나님과 인간은 같으시다. 그러므로 하나님을 깊이 사랑하게 되면 길가의 한 영혼도 깊은 사랑으로 보이게 된다. 곧 한 영혼을 사랑하는 마음이 없으면 그 안에 하나님을 사랑하는 마음도 없다는 것이다. 신비 자체이다.

아무리 천한 듯한 사람도 하나님의 마음은 그에게 있고, 그 사람 안에 하나님이 계신다. 또한, 하나님의 마음 안에는 세상의 작은 한 사람을 향한 사랑으로 가득하시다. 하나님과 사람은 하나이시다. 그 사람이 비록 노숙자일지라도….

그러므로 인간 한 사람 한 사람의 고통을 하나님은 자신의 가슴의 고통으로 느끼신다. 그래서 하나님은 이 땅에 오셨고 자신이 죽어서 사람을 살리시게 된 것이다. 그리하여 우리는 한 영혼을 하나님처럼 사랑하여야 한다. 잘 안될지라도…. 우리가 한 영혼을 사랑할 때 하나님은 자신을 사랑하는 것으로 받으시기 때문이다. 예수님은 작은 소자 하나라도 그렇게 자신과 동일시하신다. 지극히 작은 자 하나에게 한 것이 자신에게 한 것이라고 하신 것이다.

"지극히 작은 자 하나에게 한 것이 곧 내게 한 것이며…. 지극히 작은 자에게 하지 아니한 것이 곧 내게 하지 아니한 것이니라" (마태복음 25장 40절, 45절)

한 영혼을 천하처럼 중히 여기고 사랑하는 것이 기독교이다. 한 영혼을 사랑하는 것이 바로 하나님을 사랑하는 것이다. 한 영혼이라도 제대로 사랑해 보아야 한다. 그러므로 한 영혼을 깊이 사랑하고 집중하지 않고서는 하나님을, 성경을, 우리 예수님을 더 사랑하거나 더 알게 되거나 더 믿게 되지 못한다. 즉 얕은 사랑 얕은 믿음일 뿐이다.

그렇기에 많은 사람 큰 교회가 목적이 되는 것은 이미 기독교와 다르다. 우리는 한 명도 제대로 사랑하기 힘든데 어찌 수만 명의 교인을 다 사랑한다고 다 섬긴다고 다 천국 보낸다고 할 수 있는 것인지…. 예수님도 삼 년 동안 열두 제자들과 깊이 함께하셨는데….

가난하고 소외된 사람들을 돌보며 뼈저리게 느낀 것은 한 명의 영혼을 진정한 그리스도인으로 세우기가 너무 쉽지 않다는 것이었다. 정말로 한 영혼을 천국 갈 수 있는 신앙인으로 이끌기가 이렇게 어려운가?였다. 사람은 쉽게 변해 가는 존재가 결코 아니다. 주일에 교회 나온다고 헌금 잘한다고 사람 많다고 그들이 정말로 구원받고 다 천국 갈 사람이라고 생각하면 큰 오산이다.

한 영혼이라도 천국에 대한 확신을 갖도록 하기까지는 인고의 기다림과 가르침과 섬김이 필요하다. 그러므로 한 명의 영혼이라도 제대로 가르치는 것이 너무나 중요한 것이다. 한 영혼을 하나님은 그렇게 자신만큼 중히 여기시는데 우리는 교인 수 세기에 바쁘다. 진정으로 한 영혼을 얼마나 깊이 사랑하는가? 모으기만 해 놓고 뭐 잘 믿겠지,라고 생각하면 아주 위험한 일인 것을 알아야 한다. 앞에서 이야기한 것처럼 그래서 우리나라 교인들의 10% 정도만 천국 갈 수 있다는 말이 나오는 것이다. 그러므로 우리가 두려움과 떨림을 가지고 목회하여야 하는 이유인 것이다.

어떤 귀한 목사님의 설교 말씀 중 이야기다. 실제 있었던 이야기인지는 잘 모른다. 그러나 성경의 가르침과 부합하여 실어 본다. 환상 중에 주님이 물으셨다고 한다.

'한국의 목사들 중 누가 큰가?'

'네 ○○ 교회 ○○ 교회, ○○ 교회 목사가 아닐까요?'

그는 큰 교회를 이끌고 큰 영향력을 끼치고 있는 유명한 목사들의 이름을 대었다.

그러자 주님은 말씀하셨다.

'아니다. 한국에서 나에게 가장 귀하고 큰 목사는 어느 섬에서 목회하는 누구란다.'

'주님 어째서 그렇습니까?'

'그는 젊어서 이 섬 교회에 잠시 있다가 나갈 생각으로 부임하였단다. 그러나 성도들을 그냥 두고 나갈 수 없어서 한 명 천국으로 보내고, 또 한 명 보내고, 다 아름답게 보내고 나가려고 하다 보니 백발이 성성하게 늙어 버린 자이다. 그 교회가 나에게는 큰 교회이고 그 목사가 나에게는 큰 목사니라.'

오늘도 교회 좌석에 앉아 있는 한 영혼이 바로 예수님이다. 열 명이 앉아 있으면 예수님이 열 분이, 천명이면 예수님이 그렇게 많이 앉아 계신 것이다. 그만큼의 책임의 무게를 진정 아는가?

한 영혼의 소중함 한 영혼을 향하신 주님의 마음을 알고 자신도 한 영혼을 깊이 사랑하게 되면, 그때는 교회의 인원수는 그리 중요하지 않게 된다. 아니 책임감에 오히려 두려움을 느끼게 된다. 수많은 교인을 추구하면서 정말로 하나님의 사랑의 깊이를, 정말로 성경의 깊이를 알 수 있을까? 아니라고 본다. 훗날 하나님 앞에 반드시 서야 할 텐데….

진실을 향한 여행, 한 영혼을 향한 여행을 해 볼 수 있는 자가 진정한 용기의 참하나님의 사람은 아닐까? 무엇이 참목자이고 무엇이 참목회일까의 진실을 향한 여행을….

"나는 양을 위하여 목숨을 버리노라" (요한복음 10장 15절)

교회 세습의 큰 죄

근래에 들어 우리나라는 교회들의 세습 문제로 몸살을 앓고 있다. 세습뿐 아니라 교회 뒤에 감추어져 보이지 않던 치부들이 드러나 세상의 지탄을 받는다. 세습들이 문제가 되어 교단법으로 세습을 제한하자 아예 편법을 써가며 세습을 한다. 세상의 조직체들도 그렇게는 안 하는 것 같다. 교회인지 기업체인지 불량 단체인지 구별이 안 된다. 게다가 세습을 처리한다는 교단 총회들 안에서 또 콩가루 결론을 낸다. 한심하기 그지없다.

세상 사람들은 말한다.

'아휴, 교회들이 세습하고 싸우는 모양들을 보니 하나님은 없는 것 같아.'

이를 바라보는 기독교 교회들, 교인들, 숱한 사람들이 실족한다. 믿음이 약한 사람들은 회의를 느끼고 교회를 떠나며 또 믿음도 버린다. 그래도 한번 믿어 볼까 하던 사람들은 마음을 다 닫아 버린다. 즉 지옥 자식들이 되게 하는 것이다. 세습하는 자체도 문제이지만 그로 인하여 밀어붙이고 서로 싸우는 모습들에 사람들은 더 깊은 절망감을 느낀다. 그런데 그들은 말한다.

'우리 교회가 좋다는데…. 왜 남들이…. 왜 다른 교회들이 난리야. 우리 교회 사람들이 찬성한다는데 왜 남들이 난리냐고?'

그렇다면, 우리만 좋다면, 남들이 온 나라 사람들이 다 상처 입고 실족하고 믿음을 버리게 되어 지옥 가게 되는 것은 상관없다는 이야기인가? 이것이 사랑을 이야기하는 기독교인가? 이것이 믿는다는 사람들인가? 세상만도 못한 사람들 아닌가? 그러면서 그들은 그것을 믿음이라고 말한다. 응답이라고 말한다. 아니다. 그것은 믿음이 아니며 그들은 기독교가 아니다. 왜 '남의 교회들'이 난리냐고 한다. 다른 교회들이 남이면 그들은 스스로가 기독교가 아님을 말하는 것이다. 이단과 다를 바 없다. 예수님은 이에 대하여 정확히 말씀하신다.

"누구든지 나를 믿는 이 작은 자 중 하나를 실족하게 하면 차라리 연자 맷돌이 그 목에 달려서 깊은 바다에 빠뜨려지는 것이 나으니라" (마태복음 18장 6절)

예수님은 작은 자 하나를 실족하게 하는 것은 그 영혼의 목에 연자 맷돌을 달아 깊은 바다에 던지는 것과 같다고 하신다. 연자 맷돌은 소나 말이 돌리는 거대한 바윗 덩이다. 한 영혼의 마음을 실족시키는 것, 한 영혼의 믿음을 망가트리는 것은, 그 영혼의 목에 그 크고 무거운 바윗덩이를 달아 바다에 빠뜨리는 것과 같다고 하신다. 이 말씀은 한 영혼을 지옥의 자녀가 되도록 하는 것과 같다는 말씀이다. 얼마나 무서운 말인가? 한 명의 영혼이라도 실족시키는 것이 얼마나 무서운 죄인가?

그런데 교회 세습으로 인한 결과는 한 명이 아니다. 세습과 그로 인한 싸움과 다툼들은 이 나라의 숱한 교회, 숱한 교인들, 더 나아가서는 온 나라 사람들로 실족하게 하는 것이다. 수십만의 영혼들을 지옥으로 밀어 버리는 것과 같은 것이다. 이러한 무서운 일을 세습하는 교회와 당사자 그리고 그 교회 교인들이 행하고 있는 것이다.

이러한 추한 일들이 나라에 터지면 전도 현장에서는 곧바로 결과가 나타난다. 사람들은 교회에 대하여 비웃으며 차가운 반응을 나타낸다. 전도가 안 되는 것이다. 남을 실족시키는 것에 대하여 사도 바울은 또 정확히 가르친다. 바울 사도는 우상의 제물을 먹는 이야기를 하면서 자신의 행동으로 남이 실족한다면 자신은 그 음식을 평생 안 먹으리라 말한다.

"그러므로… 네 형제를 실족하게 한다면 나는 영원히 고기를 먹지 아니하며 네 형제를 실족하지 않게 하리라" (고린도전서 8장 13절)

"이같이 너희가 형제에게 죄를 지어 그 약한 양심을 상하게 하는 것이 곧 그리스도에게 죄를 짓는 것이니라" (고린도전서 8장 12절)

남을 실족시키는 것에 대하여 얼마나 단호한 말인가? 그리스도께 죄짓는 것이라고 말한다. 그러니 수많은 사람을 실족시키는 것은 얼마나 무서운 죄인가? 물론 우리는 신앙이 약하여 믿음의 여정 중 남을 실족게 한다. 주님이 아시리라 믿는다. 그러나 큰 교회를 이루고 유명한 목회자로 세상에 보이고도 이러한 비성경적인 행동을 하면 이는 진정 하나님께 돌이킬 수 없는 죄인 것이다. 신앙이 오래되고 이제는 성숙하여야 하는데 거꾸로 수많은 영혼을 실족시키는 것은 무서운 일이다. 두렵고 떨림으로 생각해 보아야 한다. 우리나라에는 이러한 목회자요 교회요 교인들이 아주 많다.

세습 자체가 죄라고는 할 수 없을 수 있다. 그러나 세습으로 인하여 온 나라를 고통스럽게 하고 온 교회와 기독교를 조롱의 대상이 되게 한다면 이는 절대로 세습을 진행하면 안 되는 죄인 것이다. 교인들이 찬성한다고 하더라도 비록 일부가 반대하고 실족한다면 이는 절대 세습하면 안 된다.

또한, 세습뿐이 아니다. 유명하다는 또 크다는 목회자들이 돈으로 성적 문제로 광장의 정치싸움으로 교회 다툼의 문제들로 얼마나 많은 사람에게 고통을 주고 실족을 주는가? 높다고 유명하다 하는 이들은 더욱 말과 행동을 주의하여야 한다. 더 큰 심판을 받게 될 것이다. (야고보서 3장 1절) 주님은 말씀하신다.

"실족하게 하는 일이 없을 수는 없으나 실족하게 하는 그 사람에게 화가 있도다" (마태복음 18장 7절)

남을 실족하게 하는 그 사람은 화가 있다고 하신다. 큰 실족들을 만들어 내면 그만큼 더 큰 화가 있을 것이다. 그러므로 세습과 그로 인하여 만들어 내는 악한 일들은 '무서운 죄'라고 생각한다.

진정한 교회

요즈음 우리는 교회들의 문제들을 보면 이러한 질문들이 저절로 나오게 된다. '진정한 교회가 무엇일까?' '왜 교회가 이래야 하는가?' '참 교회의 모습은 도대체 무엇인가?' 물음은 있는데 답이 없다. 아니, 성경은 답을 말하는데 무시하고 있는지도 모른다. 성경은 분명 아니!라고 하는데, 큰 것이 성공적인 교회라고 자기 최면들을 걸고 있기 때문이다. 성경으로 돌아가 본다.

사도행전에는 초대교회의 모습이 나타난다. 그리고 바울 사도의 서신서들에도 교회의 모습들이 보인다. 그들은 주로 가정을 교회의 장소들로 삼았다. 즉 소규모의 모양을 가진 것이다. 그러나 하나님의 은혜와 능력들은 충만하였다. 사랑과 섬김과 희생으로 서로 함께

하는 속에 깊은 성령의 나타나심이 충만했다. 즉 진정한 기독교가 가득하였다. 이는 예수님의 가르치심과 정확히 부합하는 모양이었다.

 '그들의 신앙은 살아있고 생명력이 넘쳤다. 그들의 믿음의 싸움은 눈물겨웠다. 극심한 핍박과 죽음의 위협 속에서도 그들의 사랑 용기 두려움 없는 신앙에는 살아계신 하나님의 모습들이 가득했다.'(루츠 터커 선교사 열전)

이렇게 그들의 교회는 가정교회 즉 소규모의 교회들이었다. 그러나 그러한 작은 교회들이 결국 로마를 복음으로 굴복시켰다.

우리가 알듯이 교회의 본질은 건물이 아니다. '예수 그리스도를 주로 고백하는 사람들의 모임' 자체이다. 사랑이 있고 섬김이 있고 성령님의 임재와 하나님의 은혜가 있는 감사와 기쁨의 곳이다. 믿음을 고백하는 사람들이 삶으로 함께 살아내는 곳이다. 들판에서도, 산속에서도, 가정에서도, 비밀 장소에서도, 모임은 작고 보잘것없는 듯 보였으나 기독교의 진정한 힘과 능력이 있었다. 그들은 순교 앞에서도 담대히 맞서며 천국을 노래했다. 예수님이 진정 가르치시고 원하셨던 진정한 기독교였다.

연구에 의하면 기독교가 로마를 복음으로 굴복시켰을 때 성도들의 비율은 겨우 인구의 4%에 불과했다고 한다. 얼마나 진실하게 얼마나 아름답게 삶을 살아냈으면 1백 명 중 4명밖에 안 되는 그리스도인들이 죽음으로 밀고 오는 그 거대하고 막강한 대제국을 이겨냈을까? 그렇다면 20%가 넘는다고 하는 한국의 기독교는 도대체 무슨 종교일까? 주변을 가볍게 둘러보아도 10개의 교회가 그냥 눈에 들어오고, 세계에서 크다는 교회들이 가장 많은 이 나라의 기독교는 무엇일까? 왜 이리 죄의 온상이요 천덕꾸러기가 되었을까?

교회가 크고 사람들이 많아야 진정 기독교의 빛을 드러내는 것이 아니다. 가정들에 모여도 진정한 성경적 삶을 살 때 참 교회인 것이다. 적은 숫자라도 진정한 삶을 살 때 세상을 바꾸고 흔드는 힘이 나온다. 기독교의 진정한 기적은 기적이 막 일어나는 것이 아니라, 사람이 변하고 세상이 변하게 하는 것이다.

로마의 공인 전까지 기독교는 그렇게 진정한 교회들이었다. 그러나 로마 공인된 후 기독교는 달라지기 시작한다. 이제는 수많은 사람이 교회로 몰려들고 건물들이 커지고 영적 지도자들은 높아져 갔다. 교회들은 화려해지고 부자들이 되어갔다. 웅장한 건물 대단한 듯한 화려한 설교자들이 많아지기 시작하였다. 그런데 이상했다. 겉모양은 더욱 화려해지고 웅장해 가는데 내부는 썩어가기 시작하였고, 복음은 변질되어 가기 시작하였다. 즉 온갖 타락과 추함의 다른 종교가 되어갔다. 가톨릭으로의 변질이다. 오늘날 우리는 착각하는 경우가 많다. '교회가 커야 은혜가 넘치고 큰일을 한다는 착각'이다.

1949년 중국이 공산화되면서 중국에 있던 선교사들, 목사들, 지도자들은 다 쫓겨나고 죽임을 당하였다. 선교사들은 선교 본부들을 동남아로 옮기며 애통해하며 말했다.

'주여, 이제 중국 선교는 끝났습니다.' '이제 중국의 기독교는 끝났습니다.'

그들이 쫓겨나 올 때 중국 전체의 기독교인 수는 약 70만 정도로 잡았었다. 그렇게 중국은 공산당의 죽의 장막에 속으로 들어가 버렸다. 그러던 중 30년이 지나 1980년을 넘으며 중국이 열리고 기독교가 드러나기 시작하자 모두 깜짝 놀랐다. 기적이 일어난 것이다.

공산당의 극심한 핍박과 탄압 속에, 완전히 없어져 버렸을 줄 알았던 중국 기독교는 없어지기는커녕, 거꾸로 백배 즉 1억 가까이 불어나 있었다. 선교사 없이 목사 없이 지도자 없이, 보통의 이름 없는 그리스도인들 중심으로, 또 공산당의 집요한 박해 아래 어마어마한 부흥이 일어난 것이다. 즉 기적이었다. 그런데 그들의 교회들은 거대한 교회가 아니요 가정교회들이요 지하교회들이요 가려진 작은 모임의 교회들이었다. 진정한 기독교였다. 로마를 넘어뜨렸던 초대교회였던 것이었다. 이는 교회가 무엇인지를 정확히 보여주는 사건이었다.

오늘날 기독교에 대한 탄압이 가장 강한 곳들이 중동지방이다. 그곳의 기독교인들은 이슬람의 무서운 압박 속에 몰래 가정에서 지하에서 작은 교회들에서 예배하고 신앙생활한다. 그런데 놀랍게도 오늘날 기독교의 부흥이 가장 강한 곳들이 중동지역이며 이란이다. 그들의 교회는 능력과 생명이 넘친다. 초대교회와 같다. 그들은 한 명 한 명 거의 다가 구원받고 거듭난 확실한 믿음의 사람들이다. 대충 믿는 사람들의 모임이 절대 아니다.

예수님 당시 예루살렘 성전은 금과 온갖 경건의 모양으로 화려함의 극치였다. 그들은 매일 최고의 예배, 최고의 제사를 드리는 모양을 가지고 있었다. 그런데 하나님은 이미 그들 속에 없었다. 하나님이 이미 없는데…. 하나님이 받지 않는데…. 아니 하나님이 이미 가증하게 여기고 있는데도…. 그들은 올바른 예배라고 자부하고 목소리를 높이고 있었다.

이는 오늘날도 같다. 거대한 건물에, 성가대가 은혜로운 듯 찬송하고, 악단이 연주하고, 으리으리한 가운의 목회자가 나와 열변을 토하는 짜릿한 느낌이 있을지라도 이미 하나님이 떠나가 버린 성전이요, 가증한 로마의 거대한 교회일 수 있다. 그런데 문제는 이들도 항상 옳은 예배라고 은혜가 있다고 스스로를 자부하고 있다는 것이다.

초대교회는 복음에 대하여는 절대적으로 고수하였으나 그 외의 모든 삶에는 세상 사람들의 칭송을 받았다.

"하나님을 찬미하며 또 온 백성에게 칭송을 받으니…." (사도행전 2장 47절)

이것이 참 교회요 교인들의 모양이다. 오늘날 삶과 행태는 몹시 나쁘면서 주변에서 뭐라고 하면 그것을 예수님이나 초대교회처럼 핍박받는 것이라 하는 사람들이 있다. 한심한 것이다.

역사의 교훈으로도 어떤 조직체가 커지고 돈이 모이고 힘이 집중되고 유명해지면, 거의 전부가 변질과 죄와 남용과 유용과 거짓과 독단으로 변해 가는 것은 당연히 증명된다. 이는 기독교 교회들도 같다고 본다. 오늘날 한국의 많은 교회가 이미 교회가 아닐 것이다. 그러나 스스로들은 여전히 겉모습에 취하여 잘하고 있다고 착각하고 있을 것이다. 두려운 일이다. '교회는 커 갈수록 진정한 교회에서는 멀어져 간다.'라는 어느 귀한 신학자의 말이 옳다.

'나의 목회 인생 중 잘못한 것은 교회를 이렇게 크게 키운 것입니다.'

좋은 목자로 존경받던 지도자인 옥한흠 목사님의 설교 중 나오는 말이다. 교회를 크게 한 것에 대하여 이러한 고백이라도 할 수 있는 진실한 목회자가 지금의 세상에 얼마나 있을까?

이번 코로나바이러스는 교회들의 근간을 흔드는 시작이 될 것이다. 나쁜 뿌리들이 드러나는 시작이 될 것이다.

"숨은 것이 장차 드러나지 아니 할 것이 없고 감추인 것이 장차 알려지지 않을 것이 없느니라 누구든지 있는 자는 받겠고 없는 자는 그 있는 줄로 아는 것까지도 빼앗기리라" (누가복음 8장 17절~18절)

본질들이 드러날 것이다. 진정한 것이 있는 자는 받을 것이고 없는 자는 있는 줄로 생각하던 것들도 빼앗기게 될 것이다. 이제 후에는 큰 예배당들이 비어가 유흥업소로 공장 건물들로 변해 가는 고통의 때를 보게 될 것이다.

　이제 이 지구상은 온갖 재난과 재앙들이 심각해 갈 것이다. 재난 앞에 나라들은 막강한 통제를 가하게 될 것이다. 그때에 교회들은 존립의 어려움을 겪게 될 것이다. 큰 교회들은 많은 권력 앞에 큰 것을 지키려고 타협을 해야 하게 될 것이다. 그러므로 이제 진정한 교회들은 초대교회의 모양으로 갈 것이다. 환란과 핍박으로부터 본질을 지켜가려면 초대교회 형태가 되어야 이길 수 있기 때문이다. 교회를 나누고 분리하여 참 교회를 쫓으려는 진정한 성경을 향한 용기가 필요한 시대이다.

　무조건 크다는 것을 비판하는 것이 절대 아니다. 진정한 교회의 모습을 사모하기 때문이다. 지금은 주님이 가까운 시대이다. 깨어서 초대교회의 본질을 이루도록 하여야 한다. 여전히 비성경적 외형의 껍질만 추구하면 안 된다. 초대교회를 이루려는 진실을 향한 용기가 필요한 때이다. 그러나 많은 교회가 잘못된 길을 가는 이 순간에도, 또한 많은 진정한 교회들이 구석구석 곳곳에서 성경적 교회를 이루어 가려고 애쓰는 모습들을 본다. 그러한 교회들 그러한 목회자분들에게는 격려를 드린다. 이러한 교회들은 다가오는 환란과 재난의 시대에 주님의 오심을 위하여 준비되는 교회들이 될 것이다.

　5장에서는 목회자들에 대하여 말해 보았다. 진정한 목회자가 무엇일까? 진정한 교회가 무엇일까? 깊이 숙고해 보아야 할 것 같다. 한국 기독교는 곧 목회자들이 먼저 변하지 않으면 앞날이 어렵기 때문이다. 이 작은 글이라도 보고 목회자들의 변화와 회복에 대하여 공감하는 부분들이 있고 또 교회들을 깊이 염려하고 사랑한다면 이 작은 책자라도 목회자분에게 전달되도록 해 주시면 좋겠다.

이제 6장과 7장은 한국 기독교의 올바른 삶을 이야기해 보고자 한다. 올바른 삶이 없는 기독교는 이미 기독교가 아니다. 현재의 한국 교회는 설교와 말들은 가득한데 성경적인 올바른 삶을 거의 잃어버렸다. 그중에 돈 즉 '재물'에 대한 것과 '거룩함'이다.

6장에서는 재물에 대하여 말해 보고자 한다. 한국의 기독교는 말은 하나님을 믿고 섬기고 하나님을 위하여 산다고 하나 사실을 깊이 보면 모든 것이 돈이다. 이미 믿음은 돈을 통하여 영화를 이루는 도구가 되었다.

6

재물과 하나님

 오늘날 한국인들에게 교회에 관하여 물으면 교회는 하나님보다 돈이 먼저 떠오른다고 한다. 교회 안에서는 '주여! 주여!' 하는데, 세상 사람들은 교회에서 흘러나오는 소리가 '돈이여! 돈이여!'로 들린다. 세상에서 교회는 이미 철저히 돈이 좌지우지하는 집단으로 인식되었다. 이미 돈이 주인이 된 것이다.

"재물과 하나님을 겸하여 섬길 수 없느니라" (누가복음 16장 13절)

 돈도 많이 늘여가고 신앙도 많이 성장하고?
 돈에 부정직하고 하나님께는 깨끗하고?
 많은 재산도 갖고 영생도 갖고?
 돈도 많이 사랑하고 하나님도 많이 사랑하고?
 재물도 쌓고 가난한 영혼들도 깊이 사랑하고?
 돈에 집착하고 천국도 간절히 소망하고?
 돈도 가득히 쌓고 주님의 다시 오심도 간절히 바라고?

 꿩도 먹고 알도 먹고…. 도랑도 치고 가재도 잡고…. 누이 좋고 매부 좋고…. 아이고, 세상에나! 이렇게나 좋은 사업? 아니지. 이렇게나 좋은 회사? 아니지. 이렇게나 좋은 종교?가 세상에 어디 있노? 이 땅에서도 너무 잘 먹고 누리고 저 천국도 너무너무 사랑하고…? 이렇게나 넓은 길 기독교…. 참 좋은 기독교가 되었다. 당신은 이러한 신앙이 가능하다고 생각하는가?

모순의 기독교…. 그런데 오늘날의 기독교는 이것이 옳다고 한다. 신기한 기독교요, 신종 기독교가 탄생되었다. 좁고 협착한 길은커녕 넓고 넓은 길이다. 그런데 한국 기독교는 그렇게 열심히 가르치고 있다. 돈에 대하여 성경대로 성결하게 살라는 기독교는 이제 희귀하여 찾아보기가 어렵게 되었다. 세상 기업과 똑같아져 버린 기독교…. 믿음을 팔아서 돈을 더 벌자는 기독교…. 성공을 위하여 온갖 부정과 술수를 행하는 기독교…. 그러나 나는 그러한 기독교는 믿지 않는다. 그럴 바에는 나는 가난을 선택한다. 배금주의나 금욕주의를 의미함이 아니다. 그것은 기독교가 아니기 때문이다.

돈이 이미 하나님이 된 한국 교회

20여 년 전 선교지에서 들어와 수도권 지역 어느 교회에 부교역자로 잠시 섬기게 되었었다. 교인들이 한 40명 정도 되는 교회였고 그래도 즐겁게 사역하고 있었다. 그러던 어느 날 주일 예배에 다른 목회자가 설교하는 것이었다. 전혀 교인들에게 의논이나 예고 한마디 없던 일이었다. 그런데 설교 후 담임 목회자의 광고에 모든 교인이 깜짝 놀랐다. 교회를 다른 교회에 넘겼다는 것이었다. 모두들 너무 놀라서 말도 못 하고 몸이 얼어버렸다. 황당하고 당황스러웠다. 잠시의 멍했던 침묵이 지나자 배신감 때문인지 몇몇 교인이 에이! 하고 자리를 박차며 나가버렸다. 남은 사람들은 떨리는 마음을 안고 여전히 황망히 앉아 있었다.

알고 보니 담임 목회자는 교회 건물과 교인들의 수와 유치부 아이까지 돈으로 계산하여 다른 교회에 넘겼던 것이었다. 더 황당한 것은 교회를 판매한 곳이 한국 기독교에서도 이단으로 분류되는 곳이었다. 그 이단 교회는 이곳을 지교회로 쓰려고 매입하였다는 것이었다. 나중에 밖을 나가자 교회 안수집사인 분이 다가와 말해주었다. 사실은 이랬다. 삼 년 전쯤 호주에서 귀국한 목회자는 기존에 있던 30명 정도 되는 이 교회를 매입하였다. 그런데 판매한 목회자는 바로 아래쪽에 교회를 새로 개척하였다. 그러자 한 주 한 주 지나가며 30명이 다 그리로 갔다는 것이었다.

그래서 매입한 목회자는 분한 마음에 한 3년 죽자 사자 다시 교인을 40명 정도 만들었고 오늘처럼 몇억에 이단시되는 교회에 되팔아 버린 것이었다. 본인도 속아서 손해 본 돈을 40명의 교인을 또 속여서 회복한 것이다. 당황하여 정신을 못 차리던 교인들의 모습을 생각하면 오래전 이야기인데도 또 마음이 먹먹해진다. 설마 그렇게까지 하는 분들이 있을 수 있겠냐만 이는 사실이다. 그리고 그러한 일들은 이제 한국 교회의 현실 중의 하나이다. 아니! 이는 빙산의 일각일지도 모른다.

물론 교회를 하다가 여러 가지 부득이한 사정으로 목회를 접을 수 있고, 없는 재산으로 인하여 남에게 교회를 돈을 받고 넘길 수도 있다. 다 이해한다. 그러나 앞의 이야기처럼 교인들에게 일언반구 의논이나 예고 하나 없이, 교인들을 한 명씩 돈을 매겨서, 그것도 이단으로 알려진 곳에 교인들과 교회를 넘긴 것…. 그 이전의 목회자는 또 교회를 팔고 그 밑에 교회를 새롭게 세워 교인들을 빼 갔다는 것…. 참 세상 상식으로도 헛웃음만 나올 것 같은 일이다. 세상도 안

할…. 범죄 집단이나 할 일들을 이렇게 교회들이 버젓이 하는 것이다.

그 일이 있고 한 10여 년쯤 후에 우연히 그 안수 집사님의 부인을 만나게 되어 그 이후의 소식을 들었다. 당시 40명 되는 교인들의 삶이 엉망이 되었다는 것이었다. 남편 안수 집사님은 암으로 죽고 그분도 공허한 삶을 살고 있었다. 그분들을 보면서 마음에 깊은 고통을 느껴야 했다. 어찌 다 그 목회자의 탓만 하겠는가만은, 그 일로 많은 교인의 삶이 망가졌고 씻을 수 없는 고통을 교인들이 받게 된 것은 부인할 수 없는 사실이다.

아는 한 전도사님은 속한 교회의 건축 계획에 집을 팔아 바치고 셋집으로 옮겼는데, 결국 헌금한 돈 다 잃고 조금이라도 찾으려고 담임목사와 법정에 싸우고 있었다. 그 전도사님의 깊은 하소연을 옆에서 들었다. 어느 권사님 역시 아파트를 보증 서서 건축 헌금하였는데 다 날리고 부부 사이까지 파탄 나 버렸다.

한국 교회의 교인들치고 이러한 일들을 안 겪었거나 한 번도 들어보지 못한 사람은 하나도 없을 것이다. 그저 빙산의 일각일 뿐이다. 목회자들은 정말로 회개하여야 한다. 목회자들이 돈에 대하여 이러니 그들에게 배운 한국 교회와 교인들이 돈에 대하여 거룩함이 망가져 버린 것이다.

겉으로는 거룩 거룩 경건한 듯한 설교 찬송 소리 높으나, 뒷면은 거짓과 추함 온통 불법과 돈의 죄들이 난무하고 있다. 법원에 가면 교회들과 목회자들의 돈에 대한 소송이 가득하다고 한다.

'돈은 나의 목자시니 내가 부족함이 없으리라 돈이 나를 푸른 초장으로 누이시고 돈이 나를 쉴만한 물가로 인도하는도다.'

'돈을 주십시오. 땅도 아파트도 당첨되게 하소서. 돈 님이시여! 돈 님이시여!' 참 슬픈 자화상이다.

돈은 꼭 필요한 존재이다. 그러나 우리의 신앙을 솔직히 보아야 할 때다. 특히 지금 시점의 한국 교회는 이 돈에 대하여 정말로 뼈를 깎는 성찰이 필요하다.

재물(돈)과 하나님을 겸하여 섬길 수 없다

물론 교회도 그리스도인도 돈이 필요하다. 없어서는 안 될 사회 구성물이다. 그러나 구성물을 넘어 오늘날 돈은 이미 사람들의 정신과 영혼을 지배한다. 돈은 단순히 도구가 아니며 영혼들을 다스리고 악하게 조종하는 '영적인 존재'이다. 돈이 영적인 존재인 이유는 인간의 돈에 대한 강한 욕구를 사단 마귀가 교묘하게 이용하기 때문이다. 그래서 세상의 모든 죄와 악들의 뒤에는 반드시 돈이 있는 것이다. 그래서 예수님은 재물과 하나님을 같은 선상에 두신 것이다. 우리 인간의 돈에 대한 깊은 욕망을 너무나 잘 보심이다.

마귀는 돈으로 사람을 통치하고 돈으로 노예로 삼는다. 돈이 신이라고 세상은 말하지 않으나 실제로는 완전히 신이다. 돈이 온 세상을 또 모든 마음과 영혼을 다스리고 있다. 그러므로 돈에 속한 마음과 하나님께 속함과는 같이 할 수 없다. 하나님이냐 아니면 돈이냐이다.

"부하려 하는 자들은 시험과 올무와 여러 가지 어리석고 해로운 욕심에 떨어지나니 '곧 사람으로 파멸과 멸망에 빠지게 하는 것'이라 '돈을 사랑함이 일만 악의 뿌리'가 되나니 이것을 탐내는 자들은 미혹을 받아 믿음에서 떠나 많은 근심으로써 자기를 찔렀도다" (디모데전서 6장 9절

~10절)

여기서 '일만 악' 이란 말은 세상의 모든 악을 의미한다. 돈을 사랑함이 세상 모든 악의 뿌리라는 말이다. 그러므로 돈은 우리 기독교인들에게는 가장 큰 시험물이다, 너무나 많은 기독교 교회들이 목회자들의 말이 하나님이지만 실은 돈에 속하여 있다. 놀랍게도 재물과 하나님을 같이 섬길 수 없다고 하신 주님 말씀의 배경은 부자 청년의 질문에서 비롯된다. 그 돈 많은 청년은 주님께 와서 처음 물은 것은 영생이다. 즉 구원이다.

"주여 내가 무슨 선한 일을 하면 영생을 얻으리까?" (마태복음 19장 16절)

그런데 예수님은 이야기를 영생에서 시작하여 재물로 옮겨 가신다. 그 돈 많은 청년은 영생을 위하여 왔다가 재물을 팔아 가난한 자들에게 주라는 주님의 말씀에 돌아가 버렸다. 그렇다. 돈에 대한 모습은 그 사람의 영생 즉 구원까지 관계있는 것이다. 그러므로 돈이 판을 치는 오늘날의 한국 교회는 구원이 희박할 것으로 여겨지는 것이다.

어떻게 온통 교인들의 재산을 끌어다 담보로 삼아 교회를 크게 지어야 하는 것인지…. 교회에 헌금 봉투 종류가 25가지가 넘어야 하는 것인지…. 헌금 바구니는 안 돌리면 안 되는지…. 왜 그렇게 돈을 받고 장로나 안수집사나 권사를 세워야 하는지…. 목회자들의 총회장 선거에 왜 돈 봉투가 돌아야 하는 것인지…. 목회자가 퇴직금 몇십억이 왜 필요한지…. 그래서 긴 세월 세워온 교회를 싸움판으로 만들어 놓고 나가야 하는지….

근년에 한국인이라면 누구나 알 듯 우리나라에서 가장 큰 교회 목회자의 돈에 의한 파문을 우리는 다 알고 있다. 어떤 대형교회의 세습 뒷면에는 감추어진 돈과 엄청난 부동산들이 가득했다. 하늘을 찌르는 듯한 교회 또 목회자들을 생각하면 돈만 생각난다. 오늘날 세상 사람들에게 '교회는 하나님'이 아니라 '교회는 돈'이라는 공식이 이미 확정되었다. 쭉정이들이요 가짜들이요 염소들이다. 지옥의 예비자들이다. 돈을 중히 여기는 만큼 하나님을 중히 여길 수가 없다고 성경은 분명히 말한다. 돈을 사랑하는 만큼 하나님은 사랑할 수 없다.

다른 것이 아닌 바로 '돈'에 잡혀 스승마저 팔아버린 가룟 유다를 기억해야 한다. 특히 재물에 속한 목자는 분명 삯꾼이요 가짜이다. 돈에 대하여 깨끗하고 정직하지 않으면 당신의 신앙은 착각일 수 있다. 돈을 위하여 신앙을 이용하고 있을 뿐이다. 오늘날 한국 기독교의 가장 크고 교묘한 우상은 돈이다. 재물에 대한 탐욕이 심각하다. 돈이냐 하나님이냐의 그 예민한 의미를 알지 못하는 사람은 천국 갈 수 없다. 아니 하나님이 아주 가증히 여기신다.

"탐심은 우상숭배니라" (골로새서 3:5)

황금 골짜기

작으나마 가난한 사람들을 돌보며 재정에 항상 넉넉하지 못하여 어렵던 어느 땐가 하나님께서 한 그림을 보여주셨다. 믿음의 길을 한 순례자가 오르고 있었다. 그는 오르막이 시작되는 길 앞에 서 있는 이정표 앞에 섰다. 그는 이정표가 가리키는 길로 들어섰다. 길은 조금 경사지고 이전보다 좁은 듯하다. 그 길에서 순례자는 여러 여정을 지나온 믿는다는 순례자들을 만나 함께 걷게 되었다. 순례자는 천천히 오르막길을 걸으며 고심을 털어놓았다.

'아! 저는 이 신앙의 길에서 아직도 재물에 대한 믿음이 힘들어요. 그리고 참 잘 안돼요.'

그들은 각자 신앙과 재물에 대하여 열변의 말들을 하였지만, 순례자의 마음은 그리 시원치 않았다. 그렇게 오르막길을 올라 큰 모퉁이를 돌았다. 그때 이상한 어떤 광경이 눈에 들어왔다. 좁던 길은 넓고 평탄해졌고 그곳에는 많은 순례길의 사람들이 땅에서 무언가를 열심히 캐고 있었다. 순례자는 다가가 보고서 깜짝 놀랐다.

그곳 골짜기에는 번쩍거리는 황금 광맥들이 여기저기 지나가고 있던 것이다. 그 번쩍거리는 노란 광채들은 순례길의 눈들을 사로잡았다. 같이 온 순례자들이 다 멈추어 섰다. 황금 광채는 온통 그들의 눈을 사로잡기에 충분했다. 믿음만 붙잡고 가는 순례 여정의 사람들은 자신들이 초라하게만 보였다. 그때 금을 캐고 있던 한 사람이 돌아보며 말했다.

'이리로 오시오! 그리고 금덩이를 캐 가지고 같이 갑시다. 이 순례의 길을 가려면 돈이 꼭 필요하잖소. 그리고 돈이 좀 넉넉히 있어야 맘도 좋고 편히 좀 가지 않겠소. 또 순례길에 휴게소도 짓고 기도원도 세우고 좋은 일도 많이 하며 가야 하지 않겠소. 나는 이곳에서 금을 캔 지 얼마 되지 않았소. 조금만 더 캔 후에 믿음의 길을 제대로 갈 거요.'

그는 말을 마치자 다시 땀을 뻘뻘 흘리며 금을 캐며 자루에 담고 있었다.

'그래요! 그 말도 옳소!'

그동안 함께 오던 몇몇이 골짜기에 뛰어들었고 같이 금을 캐기 시작하였다. 그러나 순례자는 망설여졌다. 의문들이 머릿속을 울리어 왔다.

'하나님은 돈이 없는 분도 아니지 않은가. 하나님이 이 순례의 길에 합당한 만큼을 공급하실 분이시잖는가? 필요한 만큼은 항상 주시지 않았는가? 돈이 많아야 이 길을 잘 가는 것은 아니지 않은가? 이렇게 더 많음에 마음을 빼앗기면 안 되지 않은가? 만족함은 재물의 많고 적음이 아니라 하나님에게서 오는 것 아닌가?'

순례자는 떠오르는 생각들에 한동안 고심을 해야 했다.

'지난 순례 중에 돈이 적어서 더 기도해야 했었지만, 그것을 통하여 하나님은 더욱 큰 영적인 부요함과 위로를 주시지 않았는가?'

바로 그때 순례자는 언뜻 금을 캐는 사람들의 뒷모습을 보게 되었다. 금을 캐는 사람들의 등에 낡은 넝마 조각들이 하나씩 붙어 있었고 또 거기에는 숫자들이 적혀 있었다. 5년. 10년, 30년…. 그것은 그 사람이 금을 캐온 연수였다. 어떤 사람은 이미 백발이 성성한데도 여전히 자루를 더 채우고 있었다.

더더욱 순례자의 눈에 들어온 것은 그들의 얼굴은 이상하게도 기쁨도 행복도 없는 어두운 색들이었다. 또한 그들의 눈빛들은 이 믿음의 길을 오기 전 세상의 거짓으로 속이고 뺏는 산 밑의 사람들과 같았다. 금광맥을 사이에 두고 서로 싸우며 캐고 있던 것이었다. 황금에 잡힌 그들의 신앙의 길은 전혀 더 높음으로의 성장이 없었다. 순례자는 결단을 내렸다. 부족해도 믿음으로 길을 가기로…. 좀 적음을 선택하기로….

그는 마음을 뒤로하고 더욱 좁고 협착해지는 오르막길을 향하여 발길을 돌렸다. 그래도 아쉬움이 들어 언뜻언뜻 그들을 돌아보았다. 순간 순례자는 또다시 섬뜩하도록 놀라운 것을 보게 되었다. 금을 캐고 있는 사람들의 자루들의 뒷부분에는 구멍이 하나씩 뚫려 있는데, 그 구멍들로부터 무언가 술술 새어 나가고 있었던 것이었다. 그렇게 새 나가고 있는 것은 '만족한 마음'이었다.

그랬다. 그들의 황금 자루는 커 갈수록 '만족한 마음'은 새어 나가고 있었고, 그 새는 구멍도 점점 커지고 있던 것이었다. 그 자루는 결코 가득 채울 수 없는⋯. 또 담고 또 담아도 '만족할 수 없는 자루'였던 것이다. 자루는 커 가는데 불만족과 공허도 더욱 커가는 것이었다. 더욱더 큰 절망은 그들이 이 믿음의 길의 목표도 잃어버렸다는 것이었다. 그리고 구원마저도⋯.

이러한 모습들을 보자 순례자의 마음은 서늘함이 느껴졌다. 그때 마음에 한 말씀이 다시 떠올랐다.

'재물과 하나님을 같이 섬길 수 없느니라'

이 순례자는 '천국 문'이라는 화살표가 가리키는 쪽으로 길을 재촉하였다. 황금 골짜기 이후의 이 길은 더욱 좁고 협착해졌다. 그러나 '재물의 욕구'라는 무거운 배낭을 비운 후부터는 믿음의 걸음은 오히려 편해졌다.

순례자는 이제 크리스천이 되었다. 크리스천은 주변을 둘러보았다. 가는 사람이 이전보다 더욱 적었다. 언덕을 넘자 한 팻말이 나타났다.

"부자가 천국에 들어가는 것은 낙타가 바늘구멍에 들어가는 것 같이 어려우니라"

이제야 그의 앞에 천국 문이 나타났다. 그러나 이 크리스천은 천국

문이 너무 작은 바늘구멍 같아 들어갈 수 없음에 설움이 밀려왔다. 자신 안에 돈에 대한 완전히 초연하지 못한 마음이 느껴졌기 때문이다. 하지만 또 한 가지가 자신의 마음에 투영되었다. 그래도 돈에 대하여 깨끗하여지려고, 정직하려고, 주님을 위하여 쓰려고 발버둥 치듯 애썼던 모습들이었다. 주님을 사랑해서 없는 중에도 돈을 좇지 않으려고 얼마나 애썼는데…. 그렇게 그가 애통해하고 있을 때였다.

"잘하였구나! 착한 종아."

한 굵고 따뜻한 목소리가 울리고 바늘구멍 같던 천국 문이 갑자기 커지기 시작하였다. 광채가 나는 그 문은 더욱 커져서 하늘까지 이르고 있었다.

지난날 오히려 주님을 위한 가난은 복이었다. 풍족하지 않았으나 돌아보니 부족함도 없었다. 재산은 하나 없으나 많은 사람에게 공급하였다. 돈이 부족하니 신앙의 방심할 틈이 없었다. 천국에의 사모함이 커졌다. 그러다 보니 이제는 노후에 초가삼간도 감사할 것 같다. 만족함의 근본은 하나님에게서 오는 것이지 돈의 늘어남에서 오지 않는다. 이상하게도 돈이 쌓여지면 오히려 인색해지고 강퍅해진다. 기독교인에게는 좀 부족함이 복이었던 것이다. 돈이냐 하나님이냐에 대한 성경적 믿음의 올바른 깨달음을 알지 못하는 사람에게 천국 문은 들어가기 어려운 바늘구멍으로 그대로 있게 될 것이다.

이는 꼭 외형적 부자를 말씀하시지 않는다. 돈을 벌지 말라는 의미가 아니다. 하나님이 아닌 재물에 빼앗긴 마음을 지적하는 것이다. 재물과 하나님을 다 사랑할 수는 없다. 이쪽을 더 사랑하든지 저쪽을 덜 사랑하게 된다. 이쪽을 더 중하게 여기는 만큼 저쪽을 덜 중하게 여길 수밖에 없다. 돈에 속한 마음 돈을 추구하는 믿음은 어느새 신앙의 성장도 멈춘다. 돈의 종이 된 마음은 돈은 늘어나도 더 모으려는 욕심과 허무함도 늘어간다. 욕심은 끝이 없다. 긴 시간 어려운 사람들을 돕고 섬기며 하나님 앞에 재물에 대한 깊은 의미들을 많이 알게 하셨다.

재물에 마음을 빼앗길수록 하나님으로부터는 멀어진다. 돈이 쌓일수록 하나님에게서 오는 부요함은 작아진다. 돈을 사랑함은 하나님을 미워하는 것이다. 돈 돈 하면서 영적으로 깨끗함도 유지하고? 이는 불가능하다. 돈도 많고 하나님께도 열심이고? 어렵다. 돈도 사랑하고 사람들도 사랑하고? 어려운 일이다.

한국의 교회들이 돈은 넘치고 축복 받으라 외칠 때 '영적으로는 거지들'이 되었다.

"바리새인들은 돈을 좋아하는 자들이라" (누가복음 16장 14절)

"정함이 없는 재물에 소망을 두지 말고" (디모데전서 6장 17절)

"보라 너희 밭에서 추수한 품꾼에게 주지 아니한 삯이 소리 지르며 그 추수한 자의 우는 소리가 만군의 주의 귀에 들렸느니라" (야고보서 5장 4절)

기독교인이라고 내세우면서 사업하는 사람들은 더욱 조심하여야 한다. 예전의 직장 사장은 믿는 티를 내면서도 사원들에게는 인색하기 그지없었다. 억지로 예배드리도록 하면서 십일조 자랑을 끊임없이 하였다. 그러나 그러한 사장에 대하여 사원들은 뒤에서는 욕을 하기 일쑤였다. 돈에 대하여 깨끗하거나 정결하지 않고, 또 재물에 정직하지 않으면서 올바른 기독교인? 절대로 될 수 없다.

목회자는 청빈을 자부심으로 여길 줄 알아야 한다

특히 목회자라면 돈에 대하여 정직하고 진실하여야 한다. 하늘의 영광을 믿고 영혼들을 생각하여 현재의 좀 풍족하지 못함도 감사로 여겨야 한다. 다른 사람들은 몰라도 목회자란 이름에 있으려면 그렇다. 돈과 힘이 거대하게 모이는 곳이 썩지 않음이 없는 것이 만고의 진리이다. 돈이 많이 왔다 갔다 하면 거기에는 반드시 탐심이 발동하게 되며, 거기에는 반드시 불투명, 불법, 부정직, 거짓의 벌레들이 달라붙는다. 그래서 돈을 사랑함이 일만 악의 뿌리라고 성경은 말한다. 돈을 많이 쌓아둔 사람이 신앙까지 좋은 예를 보지 못했다. 돈 많은 교회가 정직이 있기가 어렵다.

가난하고 낙후된 곳에서 목회하게 되어 돈에 대하여 더 어려움을 겪었었다. 사람들을 살피고 공급하고 섬겨야 했다. 항상 전 재산은 제로였다. 노후나 병을 위하여 대비할 여유가 없었다. 아이들에게 학원 한번 과외 한번 제대로 시켜주질 못했다. 어떤 때는 자신에게 마음 아린 질문을 해야 했다. 노후를 전혀 대비하지 않고 재산 하나 없이 하는 이 목회가 정상인가? 믿음의 오용은 아닌가? 매일 부족함에 쫓기는 구질구질? 한 듯한 목회를 해야 하나? 재정의 부족은 이렇게 참 고통스러웠다. 누가 미래에 대하여 대책 없이 살고 싶을까? 그러나 진정한 목회의 마음으로 나아가려니 돈이 쌓일 수가 없었다. 그래도 부정직하거나 바람직하지 않은 돈은 바라지 않았다.

그러나 이제 돌아보면 부족했기에 매 순간 기도로 살아야 했고, 그래서 매 순간이 하나님이 공급해 주시는 기적들이었다. 한 치도 어김없이 다 하나님이 책임져 주셨다. 무엇보다 항상 미안했던 아이들도 하나님은 축복하셔서 잘 자라게 해 주셨다. 지금도 재산은 하나도 없지만 더 바람이 없다. 이제 노후는 작은방 한 개짜리라도 감사할 것 같다. 영광의 천국이 기다리고 있다. 또 주님 앞에 설 때 특히 돈에 대하여 부끄럽지 않기를 애쓴다.

다른 사람이면 몰라도 목회자라면 청빈할 줄 알아야 한다고 생각한다. 목회자는 남을 위하여 베풀고 사용하여 자신은 최소의 삶을 살아야 옳다고 본다. 돈 앞에 장사는 없다. 아무리 유명하고 잘난 목회자라도 돈이 모이고 규모가 커지면 절대적으로 변질된다.

세례요한은 주님의 오심을 준비하며 외친 선지자이다. 그는 낙타털옷과 메뚜기와 석청을 먹었다. 거칠고 메마른 광야에서 살았다. 세례요한이라고 너른 집에서 잘 먹고 안락하게 살고 싶지 않았겠는가? 그러나 오실 주님을 믿기에 하늘에서 받을 영광을 믿었기에 청빈의 삶을 이겨냈다.

그는 진실로 주님의 길을 예비하였다. 얼마나 아름다운 사명자의 삶인가? 지금의 목회자들은 주님의 재림 앞의 세례 요한 같은 사명을 받은 자들이다. 그날이 가깝기 때문이다. 세례요한의 낙타 털옷과 메뚜기 그리고 석청의 청빈을 생각하여야 한다.

돈 많은 목회자? 돈을 좇는 목회자? 그러한 사람이 신앙적으로도 온전하다고…? 나는 절대 그렇게 안 본다. 그들이 낮고 천한 영혼들의 절망을 안다고…? 나는 그렇게 생각 안 한다. 그런데 항상 말한다. 교회를 위한다고…. 하나님을 위한다고….

목회자라는 이름을 가졌다면…. 목회자라는 이름에 있으려면…. 더욱 정결, 정직, 청빈해야 한다. 하늘에 갈 것과 하늘의 상급을 바라보고 일하여야 한다고 본다. 돈의 타락이 심각한 현시대의 한국 교회와 목회자들은 더욱 그렇다.

지금도 주변에는 낮고 가난하고 천한 곳의 사람들이 너무 많다. 주님 오실 날이 가까운 지금은 더욱 재물에 대하여 더욱 정결하여야 하고 선교지나 필요한 곳들에 흘려보내어 청빈하여야 한다. 주님 앞에 설 때 재물에 대하여 부끄러움이 없었으면 한다.

하늘에 쌓는 삶

주님은 재물을 하늘에 쌓으라 하셨다. 믿는 자로서 재물이 많이 늘어나는 것은 절대 축복이 아니다. 하나님을 위하여 써야 축복이다. 재물이 증가하는 것은 오히려 무거운 책임이 증가하는 것과 같다.

사업으로 돈 많이 벌어 돈으로 충성하는 부르심? 나의 사명은 돈을 많이 벌어 교회에 충성하는 것? 돈 버는 달란트? 돈을 더 많이 벌어 십일조 헌금 더 많이 내는 것이 목표? 이러한 말들이 성경에 어디 있는가? 목회자는 돈 받는 사역자고 평신도는 돈 벌어 교회 일하는 직책? 그런 기독교의 가르침이 어디 있는가? 평신도란 말은 성경 자체를 모르는 무식한 말이다.

우리는 누구나 다 하나님 앞에 왕 같은 제사장이요 거룩한 백성이다. 누구나 선교사일 수 있고 누구나 사역자가 본분이다. 돈 벌어 교회 유지하는 것이 본분이 아니다.

기독교 선교의 지대한 역할을 한 모라비안 교회들은 어렵던 시대에 온 땅으로 선교사로 나갔다. 그들은 대부분이 농부요 목수요 빵을 굽는 등 일반 그리스도인들이었다. 그러나 그들은 어떤 선교사 어떤 목회자보다 귀한 선교사역을 담당하였다. 그들은 오늘날 기독교 선교에 한 획을 그었다.

그리스도인은 누구나 선교사요, 사역자요, 하나님의 일꾼이다. 그

것이 본 직분이다. 돈 벌어 교회 지탱하게 하는 것이 사명이나 부르심이 아니다.

오늘날의 목회자들은 큰 덩어리 교회를 유지하기 위하여 더 크게 키우려고 돈 더 버는 것을 축복으로 가르친다. 자꾸 교인들로 돈 버는 기계를 만든다. 축복 받으라 축복 받으라 하면서…. 이는 성경의 가르침이 그렇지 않음을 알면서도 스스로 자신을 속이는 것이다. 이제 주님의 오심이 가까운 시대에 더 부해지려고 하지 말고 더 벌어 교회 더 많이 바치는 것을 목표로 삼지 말고 최소로 벌더라도 자신의 구원과 영혼들을 위하여 일해야 한다.

'그러면 교회의 재정 공급과 교회의 유지는 누가 합니까?'

그것은 하나님이 다 하실 수 있다.

"들으라 부한 자들아 너희에게 임할 고생으로 말미암아 울고 통곡하라 너희 재물은 썩었고 너희 옷은 좀먹었으며 너희 금과 은은 녹이 슬었으니 이 녹이 너희에게 증거가 되며 불 같이 너희 살을 먹으리라 너희가 말세에 재물을 쌓았도다" (야고보서 5장 1절~3절)

'말세에 재물을 쌓았도다.'

교회들은 교회 건물이나 재산 확장에 또 개인 목회자에게 과다하게 쓰지 말고, 주님의 오심이 가까운 이때 진정 땅끝 선교와 선교사들에게 써야 한다. 또 곳곳의 가난한 곳들과 작은 교회들과 소외된 곳들 진정 영혼들을 섬기고 살리는 일들에 써야 한다. 또한 교회 교인 수 확장이 아닌 한 명 한 명 진정한 거듭남 성장 등의 철저한 개개인 구원 교육에 써야 한다.

우리는 얼마나 잘 먹고 잘 입고 얼마나 많이 버리는가? 아프리카의 굶어 죽는 사람들 앞에 송구스러움을 느껴야 하지 않을까? 율법적이다 행위구원이다라고 하지 않기는 바란다.

이제는 과다한 안락한 삶을 하나님에게 송구스러워할 줄도 알며, 영혼들을 위하여 가고 사용하여 하늘에 쌓는 성도의 인생이 되시기를…. 오늘날 부유한 시대의 기독교와 너무 동떨어진 이야기를 하고 있는 것일까? 우리는 우리를 기다리시는 천국의 주님이 있으시다. 우리는 곧 이 땅을 떠나게 된다. 그리 오래 사는 것도 아니다.

이제 지구적인 재난들 전쟁들로 가난한 나라들 백성들은 더욱더 굶주림들과 극한의 고통으로 내몰리게 될 것이다. 이제 세계는 또 주변은 더욱 그러한 소식들과 고통의 신음들로 가득해 갈 것이다. 이 마지막 때 과하게 부하여지려 하지 말고, 마음을 높은 데 두지 말고, 정함이 없는 재물에 마음 두지 말고, 영혼들을 위하여 사용하여 곧 갈 하늘에 쌓기를 바란다.

이번 6장에서는 돈 즉 재물에 대하여 말해 보았다. 믿는 자들에게 이 돈이란 존재와 그에 대한 신앙의 자세는 너무나 중요한 것 같다. 구원의 참과 거짓 진짜와 가짜의 진위가 걸려 있는 것 같기도 하다. 깊이깊이 재물에 대한 자신의 본질을 성찰해 보시기 바란다.

7장에서는 또한 기독교의 가장 중요한 덕목인 거룩함에 대하여 알아본다. 돈과 거룩함은 그리스도인에의 근본을 판가름해 볼 수 있는 아주 중요한 잣대이다.

7

정결함과 거룩함

성경에는 한센병(문둥병)이 많이 등장한다. 즉 이 병은 피부가 문드러져도 감각을 느끼지 못한다고 한다. 더운데 더운 것을 감지하지 못하고 추운데 추운 감각을 모른다면 이는 얼마나 심각한 문제가 있는 것일까? 성경은 영적 타락이 심각한데도 그 자신의 상태를 모르는 자들을 이 한센병에 많이 비유한다, 바로 현재 한국 기독교의 도덕적 상태가 그렇다고 본다.

죄를 죄로 느끼지 못하는 기독교

한국에 머물던 어느 날 주일 예배를 드리려 근처의 한 교회를 가게 되었다. 큰 아파트 단지 옆에 새로 지은 건물의 교인이 한 1000명 되는 교회였다. 목회자는 예배 후 응접실에서 처음 온 사람들에게 교회를 소개하였다.

'본래 이 교회 자리는 교회를 지을 수 없는 자리였습니다. 유치원 부지였지요. 그래서 우리는 열심히 기도했습니다. 틈만 나면 이 부지 위에 와서 하나님께 달라고 했지요. 결국, 우리는 유치원으로 신청하여 마침내 분양받았습니다.'

'하하, 그러고는 교회 건물을 지어 버린 겁니다. 그리고 교회 일부에 유치원을 열었고요. 하나님이 응답하셨습니다. 기적입니다. 할렐루야!'

그 목회자는 아주 대단한 신앙의 승리처럼 자랑의 말들을 늘어놓았다. 당신은 이상함을 느끼지 않는가?

애초 교회를 지을 목적인데 그렇게 신청하면 탈락하니, 거짓으로 유치원을 한다고 분양 신청을 한 것이다. 또한, 그러한 불법을 기도의 응답이라고 주장하고 자랑하고 있던 것이다. 국가법을 어기며 하나님께 요구하라는 것이 정상인가? 그리고 당첨된 것이 응답일까? 불법으로 건물을 짓는 것이 교회가 할 일인가? 또 그것을 신앙의 승리라고 여기는 것이 제정신인가? 돌아와 곰곰이 생각해 보니 마음에 화가 났다.

'도대체 저 사람들의 믿음은 뭐지?'
'요즈음 한국 교회의 신앙 수준이 이런 것인가?'

결국, 문제가 터졌다. 나중에 불법의 내막을 알고 난 아파트 주민들이 들고일어난 것이었다.

몇 해 전 한국 강남의 어떤 유명 교회는 건축 중에 나라의 땅인 도로의 지하를 점용하여 온 나라에 크게 문제를 일으킨 적이 있음을 우리는 안다. 자신들은 하자가 없다고 하나 세상의 수많은 사람이 이해를 못 하면 이는 하자가 큰 것이다. 엄밀히 보면 그들은 말은 하나님을 위하여 또는 교회를 위한다고 하지 실은 자기 크기 욕구일 뿐이다,

잘 아는 목회자가 노인분들 주간 보호 센터를 운영하고 있었다. 어느 날 찾아와 잠시 도와달라고 해서 도운 적이 있었다. 평소 좋은 분으로 생각하였기에 다른 생각 없이 돕게 되었다. 그러나 너무나 큰

실망을 하였다. 알고 보니 노인분들이 와 있는 시간, 식사, 근무자들의 일한 시간 등 국가에 올리는 서류들이 온통 거짓으로 작성되고 있었다. 그렇게 나라에서 더 많은 돈을 받아내고 있던 것이다. 그러나 전혀 죄책감을 느끼지 않는 것에 더 충격을 받았다.

 그런데 그분은 매일 노인분들과 예배드리고 있음을 큰 자부심으로 여기고 있었다. 죄를 미워하시는 하나님을 믿는데 죄를 즐기며 죄로 여기지 않는 참 이상한 기독교가 되었다.

 우리나라는 지금 어린이 시설 장애인 노인 시설 등 아주 많은 복지 시설들을 기독교인들이, 더 나아가서는 목회자들이 운영하고 있다. 그런데 그러한 곳의 근무자들 말을 들으면 기독교에 대한 욕을 아주 많이 한다. 너무나 많은 부분이 거짓과 부정으로 운영되고 있으며, 또 매사에 돈밖에 모른다는 것이다.

 한 목사님의 말을 들었다. 교회를 건축하러 관공서에 갔더니 담당자를 만나기가 어려웠다는 것이다, 여러 번 약속하고 나서야 겨우 만났다. 왜 그리 바쁘냐고 물었다. 그 공무원은 대답하기를 건물들을 지을 때 교회들이 가장 불법들을 많이 행하여 교회를 짓는다는 사람이 오면 골치가 아파 피했다는 것이다. 아마도 요즈음은 목회자들도 교회들도 교인들이 운영하는 기업체들도 거짓과 죄들이 가득할 것이다. 참 슬프고 악한 일이다. 아예 세상만도 못하게 느껴진다.

 더 두려운 사실은 그러한 죄들에 대하여 나쁘다는 인식이 전혀 없다는 것이다. 인식은 고사하고 기도했다고, 응답받았다고, 또 하나님이 그렇게 하라고 하셨다고 한다. 이 무슨 기상천외한 기독교인가? 이러한 한국 교회와 목회자들의 모습에 참 그리스도인들은 마음이 참담해진다. 하나님 앞에 애통하여 마음에 눈물이 솟는다. 기독교는 죄를 해결하시려 십자가에 돌아가신 예수님을 믿는 것인데,

기독교가 죄들에 절어 버렸다. 이 무슨 아이러니인가? 너무 과한 단어라 생각하는가? 예수님께서 또 수많은 조롱을 당하고 있으시다.

거짓말과 죄

또 지금 한국 교회는 온통 거짓말투성이다. 너무 자연스럽게 거짓말들이 흘러나온다. 거리낌 자체가 아예 없다. 거짓말은 무엇인가? 거짓말의 근본은 마귀요 거짓말들에 젖어 있음은 마귀 그 자체이다. 마귀는 온통 거짓이요 속임이다.

"너희는 너희 아비 마귀에게서 났으니 너희 아비의 욕심대로 너희도 행하고자 하느니라... 거짓을 말할 때마다 제 것으로 말하나니 이는 그가 '거짓말쟁이'요 '거짓의 아비'가 되었음이라" (요한복음 8장 44절)

마귀는 거짓말쟁이요 거짓의 아비이다. 지금 인류가 받는 모든 저주는 에덴동산 마귀의 거짓말에서 시작되었다. 하나님은 전부가 거룩하신 것처럼 마귀는 전부가 거짓말이다. 그러므로 거짓말은 말이든 행동이든 마귀의 것이요, 사람이 그렇게 행함은 마귀의 본성을 따르는 것이다. 당신이 거짓말들과 부정직 불의들을 가벼이 행하고 있다면, 당신은 구원받은 자가 아니라 아직 마귀에게 속하여 있는 자이다.

그런데 이러한 악한 죄들을 지금의 교회들이 목회자들이 아주 스스럼없이 행하고 있으며, 아예 하나님 일이라고 자신들의 합리화시킨다. 마귀 자체이다.

생각건대, 한국의 교회들이나 목회자들 교회 건물 부동산 등에는 거짓들이 아마 가득할 것이다. 교회를 짓기 위한 것이니 보증서 주세요. 속인다고 생각 말고 합시다. 다 교회를 위함인데요. 뭘. 영혼 구원을 위한 것입니다. 우리 돈 벌자는 건가요? 하나님을 위해서 하는 건데요 뭐…. 거룩한 하나님의 성전 건축을 위한 큰일이므로 법을 조금 어겨서라도…. 좋은 일을 하기 위함이니, 작은 어김, 작은 불법, 작은 거짓을 뭐 거짓이라고 해야 하나요? 지혜라고 보아야 하지요. 지혜. 선한 거짓이지요. 뭐. 오, 하나님을 위하여….

그것이 진정 하나님을 위한 일이란 말인가? 신천지 집단하고 비슷하다. 정말로 그렇게 한 것들을 하나님이 받으실까? 하나님이 기뻐하실까? 정말로 그렇게 하는 것이 하나님을 위해 하는 것일까?

"그런즉 우리가 무슨 말을 하리요 은혜를 더하게 하려고 죄에 거하겠느냐 그럴 수 없느니라" (로마서 6장 1절)

죄를 지어서라도 은혜를 더하자? 좀 거짓을 해서라도 하나님의 일을 더 잘하자? 기독교의 기본도 모르는 것 아닌가? 하나님은 불법을 하면서 커지는 교회를 절대 원하시지 않는다. 온갖 속임과 거짓을 정당화하는 믿음을 절대 받지 않으신다. 오히려 가증하게 여기신다. 아무리 좋은 목표요 선한 목적이라도, 작은 죄들의 모양이라도 있다면 옳지 않다. 과정이 옳지 못하면 결과는 절대적으로 틀리다.

참 신앙이란 죄와 넘어짐에도 용서하시는 하나님을 알아가 점점 주님을 깊이 사랑하게 되는 것이다. 점점 죄들을 이겨가는 것이다. 하나님을 점점 사랑하게 되므로 이제는 아주 작은 죄, 생각의 죄까지라도 죄로 여겨 짓지 않게 되어 가는 것이다. 이것이 기독교의 참 신앙의 성장이다.

직분이 올라가고 복을 더 받게 된 것이 성장이 아니다. 지난달보다 거짓말을 덜 하고, 작년보다 더욱 정직해지고, 시간이 흘러갈수록 죄의 모양이나 생각들로부터 점점 멀어져 가는 것이 참 신앙의 성장이다. 곧 성화이다. 어찌 우리 안에 거룩하신 성령님과 온통 더러운 마귀의 거짓말들과 부정직들과 죄들이 함께 할 수 있는가? 거짓말, 사기, 부정직 등 죄들에 무감각하다면 이는 가짜이다. 신앙의 초기는 그럴 수 있으나, 세월이 흘러도 여전히 그러한 모습이면 이 사람은 절대 구원받은 사람이 아닐 것이다.

"그러나 이제는 너희가 죄로부터 해방되고 하나님께 종이 되어 거룩함에 이르는 열매를 맺었으니 그 마지막은 영생이라" (로마서 6장 22절)

즉 점점 거룩함의 열매들을 맺어 가야 영생이 있다. 점점 죄를 멀리하는 것을 넘어 죄를 미워하게 되는 것 이것이 진정한 영적인 성장이다. 특히 거짓말은 더 큰 죄들로 가는 교묘한 시작이요 뿌리요 바탕이 된다. 거짓말을 가벼이 하는 자들의 뒤에는 더 음란하고 큰 죄들이 가려져 있게 된다. 이것이 거짓말의 원리이다. 특히 하나님의 주신 용서와 사랑을 이용하여 죄들을 가벼이 짓고 행하도록 가르치는 것은 성경을 너무나 모르는 것이다.

"형제들아 너희가 자유를 위하여 부르심을 입었으나 그러나 그 자유로 육체의 기회로 삼지 말고…" (갈라디아서 5장 13절)

신앙의 세월이 흘렀어도 여전히 죄를, 여전히 거짓말을, 여전히 부정직을 달고 산다면 그 사람은 구원의 사람이 아니다. 안에 거룩하신 하나님이 있는 사람이 거룩함으로 안 변해 간다면, 오히려 그것이 기적 아닌가? 상식적으로도 그렇지 않은가?

"그러므로 나의 사랑하는 자들아 너희가 나 있을 때뿐 아니라 더욱 지금 나 없을 때도 항상 복종하여 두렵고 떨림으로 너희 구원을 이루라" (빌립보서 2장 12절)

작은 죄, 작은 거짓말, 작은 불의라도, 두렵고 떨림으로 생각해야 하며 하나님을 의식하고 행하지 말아야 한다. 선한 거짓말이라는 말도 옳지 않다. 하나님은 얼마든지 거짓말을 하지 않고도 지혜롭게 말할 수 있게 하신다.

"내가 너희에게 이르노니 사람이 '무슨 무익한 말을 하든지' '심판 날에 이에 대하여 심문'을 받으리니 네 말로 의롭다 함을 받고 네 말로 정죄함을 받으리라" (마태복음 12장 36절~37절)

"하나님은 '모든 행위'와 '모든 은밀한 일'을 선악 간에 '심판하시리라'" (전도서 12장 14절)

우리가 입으로 거짓말을 하든 무슨 무익한 말들을 하든 심판의 날에 그 뱉어낸 말들에 대하여 심문을 받는다. 모든 은밀한 죄들마저 다 낱낱이 심판받게 될 것이다.
'그리스도인은 믿음으로 구원받지만, 구원받았음을 나타내는 확실한 증거는 올바른 삶이다.'

하나님을 사랑하므로 흠도 점도 없으려고 발버둥 치는 것이 진짜 신앙이다. 사랑하는 신랑을 만나려고 작은 흠도 없이 자신을 지키고 자신을 단장하려는 신부와 같다. 우리는 매일매일 천국을 향하여 가는 거룩한 사람들이다. 우리는 매일매일 주님의 만남이 가까워지는 사람들이다. 날마다 저 높은 곳으로 나아가는 자들이다.

"그러므로 사랑하는 자들아 너희가 이것을 바라보나니 주 앞에서 점도 없고 흠도 없이 평강 가운데 나타나기를 힘쓰라" (베드로후서 3장 14절)

죄는 모양이라도 버리라고 성경은 말씀하시는데, 온갖 죄들과 거짓말이 만연된 기독교를 본다.

거룩함

거룩은 성경 전체의 표어요 주제이다. 하나님은 거룩 자체이신 분이다. 이사야가 하나님을 뵈었을 때 스랍들이 외친다.

"거룩하다 거룩하다 거룩하다 만군의 여호와여 그 영광이 온 땅에 충만하도다" (이사야 6장 3절)

이사야는 하나님의 거룩한 사람이었을 텐데도, 하나님의 거룩한 빛 아래 서니 자신의 작은 입술의 죄까지 두렵게 느껴졌다. 하나님 앞에 거룩하지 않은 자는 절대 설 수 없다.

"화로다 나여 망하게 되었도다 나는 입술이 부정한 사람이요 나는 입술이 부정한 백성 중에 거주하면서 만군의 여호와이신 왕을 뵈었음이로다 하였더라" (이사야 6장 5절)

계시록에 사도 요한은 보좌 앞의 네 생물의 외침을 듣는다.

"거룩하다 거룩하다 거룩하다 주 하나님 전능하신 이여 전에도 계셨고 지금도 계시고 장차 오실 이시라" (요한계시록 4장 8절)

하나님은 거룩한 분이시다. 죄는 어떤 모양이든 그분 앞에 설 수 없다. 거룩하신 하나님이 만드신 본래 인간은 죄가 없는 거룩한 존재였다. 그러나 거짓의 존재인 마귀에 의하여 인간은 거룩함을 상실한 죄인이 되었다. 즉 거룩한 존재이신 하나님과 죄 된 인간은 분리될 수밖에 없던 것이다. 거룩함을 잃어버리는 것이 죄이다.

구약 성경은 짐승을 죽여 죄지은 인간이 죄 사함을 받고 거룩한 하나님을 다시 만나는 거룩의 이야기이다. 거룩의 모형을 보여 준 것이다. 이제 거룩의 본체로서 죄 없는 예수님이 오셔서 자기 몸을 영원한 제물로 드려 인간들의 죄를 사하셨다. 그분은 우리가 잃어버린 거룩함을 회복하시러 오신 분이다. 자신의 피로 우리를 거룩하게 하셔서 거룩하신 하나님 앞에 설 수 있는 자격을 회복시켜 주신 것이다. 천국은 죄가 없는 거룩한 곳이요, 거룩한 자들만이 갈 수 있는 곳이다.

성령님은 거룩하신 분이시오. 거룩한 영이시다. 우리가 예수님의 십자가 속량으로 거룩함을 얻을 때 비로소 성령님이 우리 안에 들어오실 수 있게 된다. 비로소 성령 하나님이 거하시는 성전이 되는 것이다. 이것이 죄의 회개요, 거듭남이요, 구원이다.

"너희는 너희가 하나님의 성전인 것과 하나님의 성령이 너희 안에 계시는 것을 알지 못하느냐"(고린도전서 3장 16절)

점점 죄를 떠나 거룩한 사람으로 되어가고 있는 과정이 현재 당신의 신앙생활이다. 곧 '성화'이다. '성도'란 곧 거룩함이 높아지는 길을 따라 천국 길을 올라가고 있는 사람들이다. 올바른 신앙생활이란 어제보다 오늘, 오늘보다 내일, 더 거룩해지는 것을 말한다. 그러므로 '신앙의 성장'이란 '거룩함의 성장'과 같은 말이다.

하나님은 헌금 많이 내는 사람, 교회 일을 많이 하는 사람, 기도를 많이 하는 사람이 아닌, 하나님을 닮아 매일매일 거룩해 가는 사람을 기뻐하시고 원하신다. 그러나 우리들의 교회는 이를 거꾸로 가르친다. 온갖 예배, 기도원, 금식, 모든 것을 행하고 직분이 높아가도 거룩함의 증가가 없으면 가짜일 수 있다. 거룩함이 없이 열심히 하는 전도, 봉사, 충성 등은 자기만족 자기 인정 욕구의 열심일 뿐이다. 기독교는 날이 갈수록 삶과 성품이 예수님을 닮아 깨끗해지고 맑아져서 가는 것이다.

말도 거룩해져야 한다. 요즘 광장에서 정치화되어 떠드는 기독교라는 사람들, 또 어떤 부흥회나 설교에 보면 목회자가 상스러운 듯한 말을 하며 은혜를 끼치려는 경우를 본다. 아주 낮은 신앙이다. 자신에게도 듣는 자들에게도 결과가 분명히 좋지 않게 된다. 말은 그 내면의 외적 나타남이다. 말이 거룩하지 못하면 내면이 분명히 거룩하지 못하거나 추할 경우가 많다. 작은 단어 하나도 참하나님의 사람이라면 조심한다.

수십 년의 신앙생활, 목회자, 장로, 권사, 직분, 헌금, 봉사의 이력이 넘쳐도 거룩하지 않다면 구원받은 사람이 아닐 가능성이 아주 크다. 거룩한 하나님과 매일 함께하는데 거룩하게 변해 가지 않는 사람이 있다면 그것이 기적 아닌가? 하얀 밀가루 창고에 매일 들어가 사는데 밀가루가 하나도 안 묻는다면 그것이 기적이 아니고 무엇일까?

"여호와의 산에 오를 자 누구며 그의 거룩한 곳에 설자 누구인가 곧 손이 깨끗하며 마음이 청결하며 뜻을 허탄한 데에 두지 아니하며 거짓 맹세하지 아니하는 자로다." (시편 24편 3절~4절)

'다윗도 음란의 죄를 범했다.'
'우리도 인간이므로 누구나 넘어지기 쉽다.'
'하나님은 사랑이므로 회개하면 다 용서하신다.'라며 자기 죄의 심각성을 희석하려고 무진 애를 쓰는 사람들이 많다.

그러나 반드시 알아야 할 것은 다윗이 이후 얼마나 처절한 눈물의 회개와 고통의 쓰디쓴 대가를 치러야 했던가이다. 그렇게라도 회개한 다윗은 아름답다. 그러나 당신은 그렇게 회개할 수 있는가? 철저히 회개할 수 있다면 하나님의 사람이다. 당신이 구원받은 사람으로서 여전히 크고 작은 죄 된 일들을 한다면…. 하나님은 그 사람이 죽기 전에 회개의 기회를 주시기 위하여 큰 실패나 고통의 과정을 거치게 하실 수 있음을 명심해야 한다.

하나님은 자기 자녀들은 그렇게 죄 가운데 그냥 두시지 않는다. 죄에 대해서 반드시 대가를 물으신다. 사랑하시기 때문이다. 그러므로 죄를 두려워할 줄 알아야 한다. 작은 죄라도 떠나려고 피 흘리도록 싸워야 한다.

우리나라 기독교에 구원받은 사람이 적다고 말할 수 있는 이유는 이렇게 거룩하게 사는 사람이 잘 안 보이기 때문이다. 매일매일 더 거룩해져 가야 한다. 그것이 구원받은 사람에게 나타나는 진짜 증거이다.

기독교는 삶이다

예수님은 갈릴리 호숫가에 칠판을 하나 걸어두시고 어부들을 앉혀 놓고 강의를 하신 것이 아니다.

'자, 오늘은 사랑에 대하여 배워보자. 사랑은 이런 사랑 저런 사랑들이 있다. 사랑은 오래 참는 것이요 온유한 것이다. 사랑은 남을 위하여 희생하는 것이다. 자 오늘은 사랑에 대하여 배웠으니 다음 주에 보자'

그리고 떠나가셨다가 다음 주 다시 오시고 또 칠판을 걸으셨다.

'오늘은 섬김에 관해 공부해 보자. 나는 섬기러 왔단다. 섬김은 이렇고 저렇고 그렇다. 또 일주일간 열심히 섬기며 실행해 보도록. 다음 주에는 기도를 공부할 것이다. 다음 주에 보도록 하자'

예수님이 이렇게 가르치시지 않았다. 그분의 가르침은 이렇게 이론이나 지식이 아니셨다. 먼저 삶을 그대로 사셨다. 그분은 몸으로 사랑하셨고, 낮은데 처하셨고, 영혼들과 같이 사셨고, 무릎 꿇고 섬기셨고, 아예 목숨까지 주셨다.

기독교는 먼저 삶으로 살아내는 것이다. 주일날만 모여 강의 듣듯 설교 듣고 마는 것이 아니다. 삶이 더 중요하다. 삶이 없는 사랑은 사랑이 아니요. 삶이 없는 희생은 희생이 아니다. 삶이 없는 교회는 교회가 아니다. 초대교회도 삶으로 그대로 살았다. 그들은 정직하고 진실하며 사랑하는 삶을 먼저 살았다.

"아아 허탄한 사람아 행함이 없는 믿음이 헛것인줄 알고자 하느냐" (야고보서 2장 20절)

"이와 같이 행함이 없는 믿음은 그 자체가 죽은 것이라" (야고보서 2장 17절)

오늘날의 기독교는 삶이 없다. 삶이 없는 설교나 가르침이 가득하다. 죽은 것이다. 뒤로는 음란하며 입으로는 거룩하라고 한다. 뒤로는 부정직이 가득한데 정직하라고 설교한다. 입으로는 낮아지라 하며, 실제는 높아지려 아등바등한다. 교회가 나누어져 싸우면서 싸우지 말라, 다투지 말라, 분내지 말라고 설교할 수 있을까? 성적인 죄를 지으며 어찌 거룩함을 가르칠 수 있을까? 자신은 실제 그렇게 살지도 않으면서 잘하라고 설교하고 가르치는 것…. 이것이 바로 외식하는 서기관이나 바리새인들이다.

"화 있을진저 외식하는 서기관과 바리새인들이여 잔과 대접의 겉은 깨끗이 하되 그 안에는 탐욕과 방탕으로 가득하게 하는도다" (마태복음 23장 25절)

최소한 성경적 올바른 삶을 살지 못하여 발버둥 친다면, 그나마 설교하고 가르칠 자격이 있을 것 같다. 주님같이 살지 못하여도 애통해할 줄은 알아야 한다. 그래야 기본 자격이 시작된다. 예수님은 모든 삶을 그대로 사셨다.

그리스도인들은 예수님을 닮아가는 작은 예수들이다. 예수님의 모습, 예수님의 행함, 예수님의 성품, 예수님의 온유와 겸손 등 예수님같이 변해 가는 것이다.

"산을 옮길만한 믿음이 있을지라도 사랑이 없으면 울리는 꽹과리 소리일뿐이다" (고린도전서 13장 1절)

산을 옮길만한 크나큰 믿음이 있어도, 기적을 행해도, 사랑이 없으면 꽹과리라고 한다. 즉 아무리 큰 은사들, 아무리 큰 기적, 아무리 대단한 설교를 해도 예수님을 닮으려는 삶이 없으면 꽹과리 소리에 불과한 것이다. 기독교의 기적은 죽은 사람이 살아나고 방언을 외치고 치료받은 간증이 넘치는 것이 아니라 사람의 삶이 아름답게 변하는 것이다. 성경적인 가르침들을 삶으로 살아내는 것, 이것이 기독교의 진정한 능력이다.

먼저 깊은 성경의 삶을 살아야 한다. 신학교도 대단하다는 이론과 학문에 앞서 삶이 예수님을 닮은 사람들이 가르친다면 오늘날 세상이 변했을 것이다. 실제 삶이 없으면서 외치고 설교한들, 그것이 교인들의 삶을 변하게 할까? 잠시 귀만 짜릿한 듯하나 교인들을 근본적으로 변하게 할 능력은 없다. 기독교의 진정한 능력은 먼저 삶을 사는 데서 나온다. 먼저 사랑을 실천하고 사랑을 가르치고 먼저 섬기고 섬김을 가르치며 먼저 죄와 싸우고 죄를 가르쳐야 옳다. 먼저 삶을 살고 이후 설교하고 가르칠 때 그 가르침은 사람을 아름답게 변하게 하는 능력 자체가 된다. 예수님은 그렇게 하셨다.

성령의 은사와 성령의 열매

예수님은 성전에 들어가시다가 무성한 무화과나무를 보시고 찾아가서 열매를 찾으셨다. 그러나 그 나무는 열매가 없었다. 하나님은 방언, 치유, 기적 등 많은 은사나 헌금, 봉사, 열심 등 무성한 신앙의 행위들을 우리에게서 원하시는 것이 아니다. 겉으로는 무성한데 열매란 하나도 없던 그 무화과나무는 주님이 저주하셨고 곧 말라죽어 버렸다. 즉 하나님은 갈라디아서 5장의 성령의 열매처럼 우리에게 아름다운 열매를 원하신다.

"오직 성령의 열매는 사랑과 희락과 화평과 오래 참음과 자비와 양성과 온유와 절제니" (갈라디아서 5장 22절~23절)

고린도 교회는 수많은 은사가 넘쳐났다. 그러나 그들은 온갖 다툼들 음란의 죄들 또한 은사들의 남용으로 문제들이 가득했다. 우리나라 기독교가 그랬다. 방언 예언 치료 능력 기적 등 은사들이 넘치고, 능력 받으려고 몰려다녔는데, 온갖 싸움과 죄들과 이단들을 만들어 낸 것이다. 은사들은 넘쳐나도 열매들이 없으면 그렇게 된다. 은사들은 심취하고 가르쳤는데, 그에 비하여 열매들은 강조하지 않았다. 그래서 진정한 성숙 진정한 성장 거룩함 예수님을 닮은 성품 즉 성령의 9가지 열매들은 사라져 버린 것이다.

"이미 도끼가 나무뿌리에 놓였으니 좋은 열매 맺지 않는 나무마다 찍혀 불에 던져지리라" (마태복음 3장 10절)

"좋은 나무마다 아름다운 열매를 맺고 못된 나무가 나쁜 열매를 맺나니, 아름다운 열매를 맺지 아니하는 나무마다 찍혀 불에 던져지느니라"
(마태복음 7장 17절, 19절)

오늘날 아름다운 열매는 고사하고 온통 못된 열매들을 온 나라에 분수처럼 뿜어 대는 사람들이 얼마나 많은가? 기독교는 결국 아름다운 열매를 맺지 않으면 가짜요, 근본이 나쁜 나무요, 해를 만드는 자요, 결국 불에 찍혀 태워질 것이 된다. 못된 나무는 열매들로 아는 것이다.

성령의 열매들은 어느 날 갑자기 맺어지는 것이 아니다. 긴 세월 자신을 깎고 좁은 길을 가며 죄와 싸우고 고통과 인내 중에 비로소 조금씩 자라고 맺어져 가는 것이다. 이것이 진정한 신앙이요, 기독교의 가치요, 천국에 합당한 신의 성품에 참예함이요 진정한 신앙의 성장이다.

과수원의 농부는 아직 차가운 눈발이 날리는 이른 봄부터 애쓴다. 가지 전지를 하여야 하고 거름을 한다. 꽃이 피면 일일이 적과를 하고 하나하나 봉지도 씌운다. 비바람 불면 나무가 상하랴 병충해가 오랴 온갖 위험으로부터 한시라도 돌봄을 소홀히 할 수 없다. 무진 애를 쓴다. 그렇게 무덥던 여름이 지나가면 무성하여 잎만 가득하던 나무들 사이로 어느새 굵어간 아름다운 과실들이 비로소 겉으로 드러난다. 열매이다. 열매들은 이렇게 짧지 않은 시간 온갖 시련을 겪고 이겨야 비로소 아름답고 풍성해진다. 과실은 아름다운 빛깔이 있다. 농부는 과일의 좋은 색을 내려고 애를 쓴다.

과실은 아름다운 향이 있다. 그 달콤하고 향긋한 냄새는 가을 과수원 언덕을 넘어 흘러간다. 그 향기에 벌들이 꽃을 찾는 것이 아니라 과수원을 빙빙 돌아다닌다. 과실은 매혹적인 맛이 있고 아주 풍성한 영양가를 가지고 있다. 또한, 과실은 건실한 씨앗이 들어 있다. 바로 갈라디아서 5장 22절 23절의 성령의 열매들이다. 그리스도인은 바로 이러한 열매와 같아져 가야 한다.

"오직 성령의 열매는 사랑과 희락과 화평과 오래 참음과 자비와 양선과 충성과 온유와 절제니 이와 같은 것을 금지할 법이 없느니라" (갈라디아서 5장 22절 23절)

그리스도인은 그리고 교회와 목회자는 아름다운 사랑의 빛 희락의 빛이 드러나야 한다. 화평과 오래 참음의 향기들이 나타나야 하며 자비와 양선의 맛들을 내야 하며 충성 온유 절제 등 영혼들에게 유익을 끼치는 모양들을 내어야 한다. 그래서 가을 과수원 언덕에 앉아 과실들을 바라보면 마음이 부유해진다. 우리에게 그렇게 성령의 열매들로 가득해지면 과수원을 바라보는 농부처럼 주님의 마음이 그렇게 따뜻하실 것이다. 그렇게 성령의 열매들이 가득한 것이 진정한 기독교이다. 은사들이나 헌금 프로그램 등이 가득한 것이 아니다. 설교나 가르침이 넘쳐나도 열매들이 없으면 헛일이다.

과실은 결코 단숨에 만들어지지 않는다. 모진 여정과 각고의 고난과 참음의 인내 속 깊은 노력이 있어야 한다. 갑자기 주어지는 은사들과 같지 않다. 그래서 가을 과실은 아름다운 것이다. 신의 성품이요 예수님의 성품이요 하늘나라의 자격인 것이다. 거룩함이 이에서 나온다.

성령의 열매는 그 사람의 신앙의 진위와 성장의 정도를 잴 수 있는 척도이다. 그리스도인의 참된 신앙의 싸움은 이것이다. 즉 삶의 아름다운 열매를 맺는 싸움이다. 천국에 가지고 가는 것은 은사들이 아니라 열매이다.

우리 한국의 기독교는 지난 부흥 중에 병 치료 방언 예언 기적 등등 은사들을 통한 외적 성장 성공 등으로 몰려다녔고, 겉만 무성함에 잡혀 왔다, 은사들에 잡혀 교회의 외적 성장만 추구했지 진정한 성장 진정한 신앙인 성령의 열매들을 설교하지도 가르치지도 않았다. 그래서 오늘날 쭉정이요, 가라지요, 초보로 넘치게 된 것이다.

아직도 알맹이보다 포장지에 눈먼 자들이 많다. 아직도 방언들 예언들 치유 기적 등 은사들에 잡힌 자들이 많다, 아직도 그러한 것들에 몰려 다는 자들이 많다. 그래서 싸움과 분열과 성적 죄들과 돈의 우상과 세습 등 온갖 추한 '나쁜 열매'들을 쏟아 내게 된 것이다.

은사 헌금 봉사 충성 전도 등 아무리 신앙의 행위들이 무성해도 세상의 지탄을 받는 나쁜 열매들을 맺으면 그것은 근본이 잘못된 나무요 주님의 저주의 대상이요 찍혀 불에 던져질 것이 될 뿐이다. 과수원의 농부는 기다리고 기다리다가 그러한 나쁜 열매들을 맺는 나무는 결국 찍어서 태워 버린다.

"이미 도끼가 나무 뿌리에 놓였으니 좋은 열매를 맺지 아니하는 나무마다 찍혀 불에 던져지리라" (마태복음 3장10절)

"내가 삼 년을 와서 이 무화과나무의 실과를 구하되 얻지 못하니 찍어 버리라, 어찌 땅만 버리느냐. 대답하여 가로되, 주인이여 금년에도 그대로 두소서. 내가 두루 파고 거름을 주리니 이후에 만일 실과가 열면이어니와 그렇지 않으면 찍어 버리소서 하였다 하시니라." (누가복음 13장 7절~9절)

은사들은 지금도 나타나며 꼭 필요하다. 그러나 방언을 말하고 예언을 말하며 산을 옮길 만한 믿음을 행해도 사랑 즉 성령의 열매들이 없으면 시끄러운 꽹과리 소리인 것이다. 아름다운 열매들을 세상에 나타내지 못하면 아무 소용이 없다. 성령의 은사들이요 신앙의 행위들은 다 폐해지고 천국은 오직 성령의 열매들만 가지고 가는 것이다. 성령의 은사들을 성령의 열매와 같이 잘 가르쳤다면 오늘날과 같은 타락의 한국 기독교가 되지 않았을 것이다.

그러나 아직도 여전히 기적기적, 은사은사, 치료치료 하며 사람들을 모으고 또 그들에게 몰려다니는 쭉정이들이 적지 않다, 성령의 은사들은 그리스도인과 교회가 능력적으로 하나님의 나라를 이루어 가는데 아주 중요한 하나님의 선물들이나 앞에서 말한 것처럼 우리가 결코 가벼이 여길 수 없는 것은 이 은사들의 잘못된 추구와 사용으로 하나님의 이름과 교회에 막대한 해를 가져왔다는 사실이다.

사람들은 너무나 쉽게 그러한 강한 은사들과 능력의 나타남에 사로잡힌다. 사도행전에도 믿고 세례까지 받은 자들이 은사들을 돈을 주고 사려고 했다. 사람들은 자기의 성공 욕구를 키우는 도구로 은사들을 이용하는 경우가 많다. 쫓아다니는 사람들은 결국 참 신앙이나 진정한 성장 성령의 열매 맺는 삶 등은 들러리가 될 뿐 점점 본질에서 다른 길로 가게 되는 것이다. 결과적으로 한국 교회는 이 은사들로 아주 뜨겁게 커졌으나 높은 성숙도로 본다면 아주 낮은 영적 어린아이 같은 기독교가 된 것이다.

은사들은 반드시 높은 신앙의 성숙인 성령의 열매들로 통제되어야 한다. 믿음이 강하다는 사람, 은사들이 강하다는 사람은 잘못될 수 있어도 열매가 풍성한 사람은 잘못되기 어렵다. 우리는 믿음이 강하다는 또 은사들이 강하다는 잘못된 수많은 목회자와 이단 교회들을 보았다. 기독교의 은사들이나, 믿음의 모든 행동은 이 성령의 열매들에 다스려져야 한다. 성령의 열매들이 가득하면 이러한 은사들 믿음의 행동들이 다스려지게 되어 있다.

가스와 가스레인지의 손잡이를 본다. 가스는 강력하다. 능력이다. 힘이다. 활력이다. 그러나 다스려지지 않은 가스 불은 남을 태우고, 화상을 입히며, 큰 화재를 몰고 오기도 한다. 다스려지지 않은 은사들로 인하여 우리나라 교회들이 얼마나 큰 해를 입었는가? 얼마나 많은 부작용이 되었는가? 얼마나 많은 분열을 만들고 싸움을 만들고 이단을 만들었는가? 다스려지지 않은 가스 불이 된 것이다.

사랑의 손잡이 온유의 손잡이로 조절된다고 생각해 보라. 절제의 손잡이 자비의 손잡이로 조절된다고 생각해 보라. 오래 참음과 양선의 손잡이로 조절된다고 생각해 보라, 조절된 가스 불은 남을 따듯하게 하고, 환하게 하고, 좋은 음식들을 만들어 내고, 큰 공장도 돌린다. 막무가내 은사들의 주장과 행함이 아니라 모두를 생각하여 절제하고 배려하고 서로를 생각하여 잘 행하고 잘 사용하였다면 얼마나 좋았을까?

우리나라의 부흥 중 은사들과 많은 믿음의 행동들에 이렇게 높은 성숙의 성령의 열매들이 같이 나타났다면 현재 한국의 기독교는 너무나 아름답게 변했을 것이다. 자신의 주장들이 교회에 나라에 해가 되면 절제되어야 하고, 자신의 은사들이 기독교에 문제가 되면 사랑을 위하여 사용되어야 한다.

온유로 사용되어 분열들과 다툼들을 막아야 한다. 절제로 조절하여 남이 상처를 당하거나 실족하지 않게 되어야 하고 인내로 사용하여 배려해 주어야 하며 화평을 이루도록 조절되어 기다려 주어야 한다. 자기 욕구대로의 은사들 사용이나 믿음의 주장들은 결국 이단으로 가는 것이다.

오늘날 한국의 교회들은 커도, 유명인들은 넘쳐나도, 성숙함이 없다. 은사들이나 자기주장의 독불장군 믿음들로 가득하다. 그냥 밀어붙인다. 잘못된 믿음들로 가득한 바람 잘 날 없는 한국 기독교이다.

아직도 신유로 귀신 축출 등으로 사람들을 몰고 가는 곳이 많다. 아직도 광장으로 자기주장으로 사람들을 몰고 가는 자들이 많다. 입신이니 안찰이니 성령의 춤 같은 말들이 있다. 물론 하나님은 그러한 일을 행하실 수 있다.

그러나 왜 성경에 없는 단어들을 사용하고 주장하는 것일까? 그래서 오히려 부작용을 만드는가? 그러한 단어의 사용 없으면 하나님의 능력이 안 나타나는가? 꼭 문제가 있다는 것을 들으면서도 자신들만 좋다면 밀어붙이는 것이 옳은 신앙인가? 때로 유명하다는 부흥사나 외치는 자들이 욕이나 상스러운 말들을 하는 것을 보았다. 근본이 나쁜 나무일 수 있으며 아니면 아주 저급한 신앙이다. 은사들이 아니라 열매들이 풍성하기를 바란다.

이번 7장에서는 거룩함과 성령의 열매들을 보았다. 현재의 한국 기독교 신앙의 성숙도는 생각하기 싫을 정도로 낮다. 도덕적으로도 세상 종교들보다 낮다. 이 무슨 기가 막힐 일인가? 어떤 은사들 열심들 성과들보다 말과 행함들에 거룩과 성령의 열매를 맺기에 힘쓰라. 그렇지 않으면 당신의 신앙은 아무것도 아니다.

이제 8장에서는 우리가 알아야 할 진정한 복음 중 당면한 주님의 재림에 관하여 이야기해 본다. 앞에서 말하였지만 지금은 결코 이전 시대와 전혀 다른 시대이다. 성경적으로나 자연적으로나 세상적으로나 모든 정황들이 주님의 재림의 때를 가리키고 있다.

그런데 우리는 너무나 무감각하다. 그래서 8장에서는 예수님의 재림을 더욱 조명하여 그 임박성과 대하여 말해 본다. 주님의 탄생과 십자가 그리고 부활 등 모든 것이 예언대로 다 이루어졌다. 이제 남은 주님의 재림은 기독교의 마지막 소망이다. 우리는 단단히 믿고 준비하여야 한다. 때가 가까이 되었다고 본다.

8

예수님 재림 신앙의 회복

우리는 지금 3년째 마스크를 쓰고 살고 있다. 그러나 이러한 세상이 될 것이라고는 지구상 75억 명의 사람 중 단 한 명도 몰랐다. 인간이 대단하게 여기는 과학도 지식도 판단 능력들도 아주 보잘것없다. 그러므로 우리는 사람의 능력들을 믿지 말고 오직 하나님을 믿고 또 하나님이 주신 성경을 믿어야 한다. 또 무엇보다 지금은 주님의 재림을 믿어야 할 때이다.

상상도 못 했던 코로나바이러스가 실제가 되어있듯, 어느 날 갑자기 우리는 순식간에 주님 재림의 실제 속에 있게 될 것이다. 그러므로 자꾸 설마라는 생각을 선택하지 말고 오직 성경을 잡으시라. 복음은 이미 땅끝에 이르고 있고, 심각한 재앙들과 전쟁들은 말씀대로 심각하게 더해가고 있다. 무언가 일이 일어나고 있음은 확실하다. 준비하여야 한다.

예수님이 곧 오실 것이라 말하면 믿는다는 사람 중에도 불쾌함을 갖는 이가 적지 않을 것이다. 그래도 할 수 없다. 조바심만 내거나 회피만 할 것이 아니기 때문이다.

"잠시 잠깐 후면 오실 이가 오시리니 지체하지 아니하리라 오직 나의 의인은 믿음으로 말미암아 살리라" (히브리서 10장 37절~38절)

말씀대로 주님은 오실 것이다. 지체하지 않으시리라 하신다. 오직 우리는 이 믿음으로 살아야 한다.

오늘날 우리는 주님의 재림에 대하여 두 가지 우를 범한다. 하나는 주님의 재림을 거부하거나 성경을 다른 해석들로 비꼬아 비현실로 만드는 것이다. 즉 믿지 않는 것이다. 과한 신앙이다 신비주의다 이단 발생의 염려가 있다 먼 훗날 오실 것이다 등으로 몰아가 예수님의 재림의 실제성을 자꾸 잃게 만든다. 먼 미래에나 있을까 말까의 비현실적 상상의 산물로 만든다. 악한 것이다. 이러한 재림 신앙의 상실이 교회의 세속화와 타락을 만들어 내었다. 현재의 한국 교회가 그렇다.

또 한 가지는 너무 앞서가는 것이다. 이러한 사람들 또한 위험하다. 성경을 넘어 과하게 풀어 음모론, 시한부 종말론, 자의적 해석, 과한 계시록 풀이 등으로 두려움을 주며 오히려 결국 변질로 갈 수 있다. 요즈음 백신 문제, 666표의 과한 해석 문제, 일루미나티 문제 등등 여러 가지 들이 있다. 이러한 자들도 결국 미혹시키는 자들이 될 수 있다. 그들은 과하게 성경을 앞서가고 억지로 풀고 자꾸 자극적으로 몰아간다. 무슨 설 무슨 설이 아니라 지금 자신이 진정 성경적 참 신앙 위에 서 있는가를 먼저 돌아보아야 한다.

이렇듯 지금은 주님 재림의 신앙으로 가야 하는 때이며 동시에 가장 분별이 필요한 시대이다. 주님은 반드시 오실 것이다. 그리고 시대적으로도 지금이 될 수 있는 때이다. 당신은 어떠한 준비가 되어 있는가? 주님의 오심을 잘못 믿는 자들이나 안 믿는 자들에게는 쓰나미같이 무섭게 덮쳐 오는 심판의 사건이 될 것이다. 아직은 돌이킬 기회가 있으나, 주님의 재림 때에는 다시라는 기회가 없게 된다.

예수님의 재림을 단단히 믿자

성경이 항상 지적하는 것은 사람들이 입으로는 말로는 믿는데 실제로는 믿지 않는다는 것이다. 당신도 믿는다고는 말하나 내면은 안 믿고 있는지도 모른다. 또 믿는다고 해도 단 5% 정도만 믿고 있을 수도 있는 것이다.

"너희는 믿음 안에 있는가 너희 자신을 시험하고 너희 자신을 확증하라…그렇지 않으면 너희는 버림받은 자니라" (고린도후서 13장 5절)

당신의 믿음이 진실인지 시험해 보고 확증해 보라. 진짜가 아니면 버림받은 자이다. 예수님의 초림 때도 메시아를 기다리는 사상은 온 나라에 가득하였지만 정작 예수님을 만난 사람이 몇인가? 들판의 목동들 성령님의 말씀을 믿고 성전을 떠나지 않고 기도하던 시므온 그리고 안나 선지자이다. 세례요한은 광야에서 준비하며 기다리며 결국 주님의 길을 예비하였다. 이렇게 아주 적은 사람들이 예수님을 만났다.

주님은 '말세에 믿음을 보겠느냐?'라고 하신다. 주님의 한탄하심이면서 경고이기도 하다. 교인은 많으나 진정으로 믿는 사람이 적음을 말씀하심이다. 지금이 그렇다. 참 믿음은 앞에 일어날 사실을 믿고 현재 그 믿는 것에 맞게 사는 것이다.

그러므로 주님의 재림을 진정 믿는다면 현재 삶 속에서 기다리고 준비하고 말하고 가르침으로 나타나야 한다. 또 정결하게 살고 주변에 전할 것이며 재림의 사모함을 고백할 것이다. 또 재림을 설교할 것이다. 믿는다고 하면서도 설교도 준비도 행하지도 않는다면 실은 믿지 않는 것임을 알아야 한다.

우리는 주님의 재림에 대하여 믿지 않는 강퍅함을 다른 핑계로 많이 돌린다. 초대교회는 현재 우리와 상황이 달라. 그때는 극심한 핍박 때문에 그랬던 거야. 종말 신앙은 위험해. 과거 다미선교회 일을 봐. 재림은 해석을 잘해야 해.

주의 재림은 이렇게 기독교의 근본인데 요즈음 재림의 설교는 연중행사가 되었다. 희귀해져 간다. 어느새 구색 갖추기의 엉거주춤한 확신 없는 가르침이 되었다. 일 년 중 설교 제목들 속에서 찾아보시라. 재림의 설교가 한두 번은 되는지. 이는 악한 것이다.

주님의 재림은 잘 가르쳐야 할 것이지 이단 위험의 핑계만 댈 것이 아니다. 주님의 재림은 그 위에 단단히 설 것이지 과다한 종말론의 위험 운운하며 회피만 할 것이 아니다. 싫어하지는 않나 눈치 봐야 하는 설교가 아닌 것이다. 과거 이단들의 종말 폐해들로 인하여 조심만 하다 보니 어느새 주님의 재림 신앙마저 사라져 버렸다.

주님의 재림은 너무나 정상적이고 건강한 신앙이다. 사모하며 소망의 감격으로 전하여야 할 설교 제목이다. 초대교회 성도들은 만날 때 인사가 주님이 곧 오신다는 말이었다. 그들의 신앙이 유별나서가 아니다. 성경이 그렇게 말하고 있고 또 옳기 때문이다.

이미 2000년이 지나도록 안 오셨으므로 앞으로도 훗날 일이라고 하지 마시라. 하나님은 항상 진행하고 계셨다. 그리고 이제는 진정 때가 되었다. 성경 말씀은 오류가 없다. 간절히 주님의 오심을 사모한다. 마라나타! 주 예수여 오시옵소서.

주님의 재림 때가 거의 되었다고 본다

보통 교회들이나 목회자들은 코로나바이러스를 주님 재림의 한 알림으로 보기를 싫어한다. 그래서 하나님의 진행하심으로 보다 인간들이 망가트린 자연현상으로 돌리려고 애쓴다. 이는 자신의 주님 재림에 대한 강퍅한 불신앙의 표현인지도 모른다. 아니면 현재의 세상에 마음 둠과 명성에 취해 주님의 재림을 싫어함일 수도 있다. 혹은 눈치 보는 것이거나….

세상에는 어떤 일도 우연히 일어나는 일은 하나도 없다. 아주 작은 참새 한 마리가 팔리는 일도 전능하신 하나님의 허락하심 아래서 일어난다. 그런데 온 지구를 뒤집어 버린 이 큰 코로나바이러스가 우연히 일어난 일인가? 인간의 지구 파괴 결과인가? 아니다. 이 코로나바이러스 사건은 하나님의 아주 크신 의도하심이 가득 들어 있는 사건으로 봄이 옳다. 즉 주님 재림의 시대적 징조의 하나다.

"이렇게 날씨는 분별할 줄 알면서 시대의 징조는 왜 분별하지 못하느냐?" (마태복음 16장 3절)

마태복음 24장은 세상의 끝과 주님의 임하심의 때의 징조들을 말한다. 그중 주님의 다시 오심의 때를 짐작해 볼 수 있는 열쇠는 바로 복음의 땅끝 전파이다. 자연재해들과 미혹들은 항상 있었지만, 복음의 땅끝 전파는 아니었다. 그러나 지금은 복음도 마침내 땅끝에 이르고 있고 더하여 극심한 재난들과 미혹들이 같이 닥치고 있다. 바야흐로 이제는 마태복음 24장이 모두 성취되고 있는 시대이다.

"이 천국 복음이 모든 민족에게 증거되기 위하여 온 세상에 전파되리니" (마태복음 24장 14절)

"먼저 복음이 만국에 전파되어야 할 것이니라" (마가복음 13장 10절)

복음이 모든 민족에게 땅끝에 또 만국에 전파되고 있다. 교통, 통신, 전파, 컴퓨터, 모든 기술 등으로 이제는 가려진 민족이나 들어가지 못하는 종족이 없다. 과거에는 이러한 시대가 절대로 없었다. 그러므로 지금은 주님 재림의 모든 조건이 부합되는 시대인 것이다. 복음이 모든 민족에게 증거되기 위하여 땅끝까지 전파되리니라고 하신 2000년 전 예수님의 말씀에의 뜨거운 소망이 가슴에 밀려든다. 이번 코로나바이러스는 바야흐로 지구의 모든 곳에 들어가 버렸다. 이제는 주님이 당장 오셔도 이상하지 않은 때이다.

"이같이 너희도 '이 모든 일을 보거든.' '인자가 가까이 곧 문 앞에 이른 줄' 알라"(마태복음 24장 33절)

주님이 이미 문 앞에 오셨다고 본다.

주님은 아주 갑자기 오실 것이다. 그러므로 깨어 있어야 한다

주님의 재림! 그날은 갑자기 임한다고 성경은 수많은 곳에 말씀하신다.

"그러므로 깨어 있으라 어느 날에 너희 주가 임할는지 너희가 알지 못함이니라" (마태복음 24장 42절)

"이러므로 너희도 준비하고 있으라 생각하지 않은 때에 인자가 오리라" (마태복음 24장 44절)

"주의하라 깨어 있으라" (마가복음 13장 33절)

주님은 주인을 기다리는 종의 자세를 통하여 우리에게 말씀하신다.

"생각하지 않은 날 알지 못하는 시각에 그 종의 주인이 이르러 엄히 때리고 외식하는 자가 받는 벌에 처하리니 거기서 슬피 울며 이를 갈리라" (마태복음 24장 50절 51절)

예수님은 우리가 '생각하지도 못하고 있는 날' 또 '알지도 못한 시각'에 오신다고 하셨다. 즉 급작스럽게 오신다. 우리가 전혀 예상하지 못하는 날과 시에 오실 수 있다. 이는 계속 철저히 정신 차리고 깨어 있어야 함을 의미한다. 즉 주님의 재림에 대하여 현재적이고 실제적인 살아 있는 신앙이 되라고 하신 것이다.
'도둑같이' '생각하지 않은 때' '알지 못하는 시각에' '홀연히'

"문을 두드리면 열어주려고 기다리는 사람 같이 되라" (누가복음 12장 36절)

얼마나 깨어 있어야 하는지 주님은 주인이 올 때 '문을 열어주려고 대기하고 있는 사람같이' 돼라고 하셨다. 이렇게 일일이 세밀하고 정확하게 기록하고 있는 성경에 대하여 얼마나 경각심을 가지고 있는가? 당신은 주님의 재림에 대하여 얼마나 준비를 다 하고 있는가?

"임신한 여자에게 해산의 고통이 이름과 같이 '멸망이 갑자기' 그들에게 이르리니 '결코 피하지 못하리라'" (데살로니가전서 5장 3절)

"주의 날이 도둑 같이 오리니"(베드로후서 3장 10절)

멸망은 갑자기 임할 것이요, 그날은 결코 아무도 피하지 못한다. 열 처녀 비유에서 보면 슬기로운 처녀들도 미련한 처녀들처럼 모두 다 잠들었다.

"신랑이 더디 오므로 다 졸며 잘 새" (마태복음 25장 5절)

이는 믿는 사람들도 연약함을 의미한다. 주님은 우리의 약함을 아신다. 완벽한 준비는 없다. 무슨 잘한 일이나 사역의 큰 것이 주님을 만나는 자격이 아니다. 현재 자신의 모양은 미흡하지만 주님을 깊이 사랑하고 또한 그날을 사모하면 된다. 주님의 재림 앞에 사모하고 사랑하는 것만큼 깨어 있는 것이 없고 이것만큼 큰 자격과 준비는 없다. 그러므로 주님의 재림이 두려움이 아닌 준비로 나감이 되어야 한다.

그렇게 본다면 기존의 교회들 교인들은 너무나 준비가 안 되어있다. 주님의 재림을 기다리기는커녕 생각도 안 하고 있다. 성경 성경, 말씀 말씀하지만 이 얼마나 성경에서 떠나 있는 신앙인가?

갑자기 오신다는 말씀은 완전하고 절대적으로 옳다. 우리 인간의 습성이 그렇다. 우리는 얼마나 쉽게 세상 복으로, 또 죄와 나태로 가기에 발 빠른가? 얼마나 영원한 하늘의 복락보다 이 짧은 세상 영화의 집착에 빠지는가?

기독교는 신앙생활에서 재림의 신앙이 비워지는 순간 순식간에 세상으로 가고 세상으로 채워지는 것이다. 그래서 곧 오시리라고 또 항상 깨어 있으라는 성경 말씀은 절대적으로 옳은 것이다. 인간의 습성을 너무나 잘 아시는 하나님의 판단인 것이다. 그러므로 항상 주님의 재림 신앙을 말하고 그 위에 서 있어야 한다. 오늘날 한국 교회들의 타락과 변질은 재림 신앙이 사라진 결과이다.

더디다고 하였던 사람들은 초대교회에도 있었다. 항상 있다. 지금도 그렇다. 그들은 주님의 재림을 믿는 자들을 조롱하며 말했다.

"주의 약속은 어떤 이들이 더디다고 생각하는 것같이 더딘 것이 아니라" (베드로후서 3장 9절)

"말세에 조롱하는 자들이 이르되 주께서 강림하신다는 약속이 어디 있느냐 조상들이 잔 후로부터 만물이 처음 창조될 때와 같이 그냥 있다 하니" (베드로후서 3장 3절~4절)

"마음에 생각하기를 더디 오리라 하여" (누가복음 12장 45절)

'더디 오셔'
'아직 복음화가 멀어서'
'아직 성경이 번역 안 된 언어가 많아'

'봐봐! 아직도 안 믿는 사람들이 얼마나 많은데….'

아니다. 이제는 정말로 주님의 오심이 가능한 시대요 때이다. 진정 정신 차려 자신의 구원을 살피고, 한 명의 영혼이라도 참으로 구원받고 깨어 있도록 이끌고, 자녀들과 가족들의 구원을 위하여 애통하며 간절히 구하며, 주님의 재림을 대비하여야 한다.

주님 재림의 때는 사람이 생각할 시간이나 여유가 없이 단번에 순식간에 이루어진다. 회개하거나 신앙을 돌이킬 순간의 기회도 주어지지 않는다. 그러므로 항상 회개할 것이 없도록 죄에서 떠나 있으며 거룩한 삶에 있어야 한다. 어느 날 전혀 생각도 못 하던 때에 갑자기 주님이 오실 것이고 어떤 사람들은 사라지고 어떤 사람들은 남겨질 것이다. 주님의 재림을 사모하는가? 잠시 멈추어 자신의 마음을 살펴보시기 바란다.

때와 시에 집착하지 말고

때와 시를 주님이 알게 하셨다면 기독교는 사라져 버렸을 것이다. 늦다면 그때까지 먹고 마시자 할 것이요, 그때 가서 믿고 대비하자 할 것이다. 때와 시를 하나님의 권한에 두신 것은 인간의 본성을 너무나 잘 아시는 주님의 지혜이시다.

우리는 항상 그때와 시에 집착한다. 늦다 이르다 아니다 하며 그 시와 때를 논쟁했다. 자꾸 자극적으로 가서 때와 시를 예측하려고 한다. 이는 결국 자기 주목받으려는 욕구일 수 있다. 그 시와 때를 자꾸 늦추거나 유추하려는 것은 지금 당장 준비 안 하려는 마음의 강퍅함일 뿐이다. 성경은 항상 지금 당장 준비되어 있음을 말한다.

전 천 년 설, 후 천 년 설, 무 천 년 설, 환란 전 휴거, 환란 후 휴거, 음모론 등 과다한 설보다 항상 준비를 힘쓰라.

앞으로 시간이 더 진행되면 이 시와 때를 더욱 알아내려고 하다가 스스로 멸망하는 사람들도 많을 것이다. 더욱 세대주의적 종말론으로 가서 그 시와 때를 계산하여 내려는 자들도 생길 것이다. 또 시와 때를 주장하는 자들에게 미혹당하여 사람에게 인터넷에 몰려다니는 사람들도 많을 것이다.

또한 때에 대하여 하나님의 음성을 들었다 환상을 보았다며 몇 년 도와 날짜 등을 말하며 미혹하는 자들도 많이 생길 것이다. 이들 또한 마귀에게 조종당하는 것일 수 있다. 미혹 받지 말아야 한다. 또 '미혹시키는 자'가 되지 말아야 한다. 유명해지려거나 집중 받으려는, 돈벌이로 삼는, 자기 이름 내려는 재림의 주장자들도 많다.

성경은 현재에 최선을 다하여 깨어 있도록 말씀하신다. 과다한 이론들에 심취하지 말고, 말씀 안에서 항상 주의 재림 앞에 깨어 있는 신앙이 옳다.

지금이라도 오실 수 있는 주님을 믿으며, 흠도 티도 없이 사모함으로 거룩한 삶을 이루고, 높은 데 큰데 유명한데 마음을 두지 말고, 재물을 쌓지 말고, 선교사에게 선교지에 가난하고 소외된 사람들에게 나아가며, 또 가난한 자와 소외된 자, 작은 교회들과 함께 섬기며 베풀며 살라.

재림 신앙이 아니면 우상 숭배에 빠지게 된다

우리는 항상 '하나님을 위하여' 일한다고 한다. '하나님을 위하여?' 하나님을 위하여 교회도 사역도 가정도 자녀도 키운다고 한다. 이러한 것들은 우리 신앙의 크고 작은 목표들이 된다.

그러나 우리는 하나님을 위하여라고 하지만 어느새 그러한 목표들이 목적 자체가 된다. 즉 말로는 '하나님을 위하여!'라고 하지만 자기 추구, 자기 성취, 자기 욕구를 위해 하게 되는 것이다. 결국, 그것들을 위하여 예수님이 믿음이 교묘히 이용되는 것이다. 이것은 궁극적으로 우상과 같다.

참 기독교는 예수 그리스도 자체가 추구의 목적이요 최종 목표이다. 우리는 예수님을 믿고 사랑하며 영원히 그분과 함께 하는 것이 목적이요 목표이다. 즉 예수님 자신이다. 우리는 교회를 해도 그것이 목적이 아니며 사역을 해도 그 자체가 목적이 아니다. 즉 주님 자신이 목적이다.

사역자들이 왜 지치고 왜 큰 것이 목적이 되고 왜 변질되는가? 예수님 자신의 추구가 아니라 사역 자체의 키우기가 목적이 되기 때문이다.

그런데 우리는 어느새 교묘하게 일들의 성취를 예수님보다 더 추구하고 쫓게 된다. 기독교의 모든 악한 문제들은 여기에서 시작된다. 오늘날의 교회들과 목회자들은 이미 너무나 많은 부분에 예수님 자신을 사랑하고 추구하는 것이 아닌 자신의 교회 사역 자신의 유명욕구들을 추구하는 것으로 변질되었다. 치유, 가정사역, 아버지 학교, 자녀, 교회 성장. 전도…. 등등 수없이 많다. 주님 자신이 아니라 어느새 그 일들 자체가 목적이요 목표가 되는 것이다. 어느새 우상이 된 것이다.

주님의 재림은 우상이 될 수 없다. 주님의 재림은 '주님 자체를 추구함'이요 '주님 자신과 함께하고자 함의 추구'이기 때문이다. 즉 주님 자신이 목적이기 때문이다. 또 주님의 재림 신앙에 깨어 있으면 모든 일들 사역들 교회가 우상이 될 여유가 없다.

그러므로 단단한 재림 신앙에 서 있지 않은 교회 키우기, 목회자, 목표, 자녀, 세상, 단체, 자신의 사역, 비전, 국가 애국마저 우상이 될 수 있다. 그래서 주님은 항상 임박한 재림의 신앙을 요구하신 것이다. 철저히 우리를 위하심이다.

이러한 깊은 재림 신앙을 잃어버리고 가벼이 여기고 버린 결과가 온통 자신들이 우상들이 되어버린 한국 교회의 현실이다. 이는 반드시 타락을 가져오게 된다. 주님의 재림은 기독교의 기둥이요 기독교의 중심이요 가장 자연스러운 것이다. 치유 집회를 해도 주님의 재림을 말하고, 가정사역을 해도 주님의 재림이 속에 있고, 교회 성장을 가르쳐도 주님의 재림 신앙이 바탕에 있다면, 일들 자체가 어찌 우상들이 되겠는가? 이 우상숭배를 하나님은 꼭 물으실 것이다.

그러므로 주님이 오시기까지의 모든 시대는 항상 '마라나타'의 신앙이 옳은 것이다. 주님의 재림 신앙은 우리로 우상들 숭배로 가는 길을 막아주시려는 하나님의 깊으신 사랑이다.

재림 신앙이 현재의 올바른 그리스도인의 삶을 가장 잘 살아내게 한다

당신은 현재의 한국 교회들이 이렇게 타락하고 변질된 이유가 무엇이라고 보는가? 물론 앞에서 말한 참복음에서 떠나 다른 복음들로 간 까닭이다. 더 자세히 본다면 복음의 핵심 중 핵심인 재림 신앙에서 떠난 이유이다.

초대교회 성도들이 그렇게 살아 있는 신앙을 가졌던 것은 주님의 재림 신앙에 단단히 뿌리내리고 있었기 때문이다. 그들은 가이사에게 복음만은 타협하지 않았으나 '그들의 삶은 세상의 모든 사람에게 칭찬'을 받을 정도였다. 본래 기독교는 그래야 한다. 복음 자체는 타협하지 않되 삶으로는 세상의 칭찬과 존경을 받아야 옳은 것이다. 예수님이 그러셨고 제자들이 그랬다.

"하나님을 찬미하고 또 온 백성에게 칭송을 받으니" (사도행전 2장 47절)

현재의 세상에서 복 받고 잘 살자는 신앙은 주님의 재림 신앙과 함께하지 못한다. 그러므로 주님의 재림 신앙의 상실은 곧바로 이 땅에서 복 받고 잘 살자는 기복 신앙으로 직행하게 한다. 한국 교회의 상태이다. 곧 한국 교회의 타락은 주님의 재림 신앙이 사라졌음을 증명하는 것이다.

초대교회는 주님의 재림 신앙으로 인하여 세상 속에서도 진정 기독교의 아름다운 삶들을 살아내었다. 희생하고 사랑하고 기뻐하고 세상을 아름답게 섬겼다. 그런데 오늘날 교회들이나 목회자들은 잘못 생각하고 있다. 재림 신앙이 많으면 다미선교회나 이단들 같은 것들이 나타날 것이라고…. 또는 재림 신앙이 깊으면 현재의 교회 신앙생활을 소홀히 할 것이라고….

아니다. 천국 신앙 또 주님의 재림 신앙이 충실하면 오히려 살아 있는 신앙이 되어 변질로부터 타락으로부터 정결케 된다. 주님의 재림이 가까운데 죄에 빠질 수 없다. 즉 재림 신앙이 죄를 이기게 한다.

주님의 재림이 앞에 있는데 돈을 쌓거나 세상 성공에 잡힐 수 없다. 주님의 재림이 가까운데 거짓말이나 음란을 쉽게 할 수 없다. 재림 신앙이 기독교를 나태하지 않게 하며 경건하게 하고 맑게 한다. 주님의 재림은 곧 준엄한 심판을 의미하여 삶에 경성함을 주기 때문이다. 그러므로 오늘날의 한국 교회의 타락 원인은 기독교의 가장 중요한 핵심인 주님의 재림을 잃어버린 결과이다.

수많은 사람이 타락한 한국 교회의 치유책을 말한다. 또 방법을 외친다. 그러나 그 진정한 치유책이요 회복의 열쇠는 재림 신앙의 회복에 있음을 알자. 한국 교회가 다시 부흥하고 다시 정결하고 다시 뜨겁고 다시 칭찬받는 기독교가 되는 것을 아름답게 그려본다. 주님의 재림 신앙의 회복이다.

주님의 재림 영광의 그날을 사모한다

눈을 감고 바로 그날을 그리어 본다. 주님이 이 땅에 다시 오시는 바로 그날이다. 오매불망 사모하던 주님이 오시는 때이다. 그날은 그동안 애썼던 순간들을 생각하며 기쁨으로 주님을 맞이할 것이다. 땅과 바다들이 열리고 먼저 죽은 믿음의 영혼들이 부활한다. 천사들은 하늘에서 찬송하고 온 우주의 별들이 온갖 오묘한 빛들로 축하할 것이다. 자신도 모르는 순간에 홀연히 거룩한 옷을 입고 공중으로 올라가고 있는 빛나는 영광의 몸의 나를 볼 것이다.

이전의 성경에 앞서갔던 기라성 같은 믿음의 인물들을 여기저기서 만날 것이며 이전에 순교하면서 믿음을 지켰던 순교자들을 볼 것이다. 영광이다. 감격이다. 그날에 주님은 우리의 모든 눈물은 씻겨

주실 것이며 우리는 그 주님의 품에서 쉼을 얻을 것이다. 사모하면 주님의 재림이 오히려 소망으로 기다려질 것이다. 사랑하면 주님을 굳게 믿을 것이고 말세적 어떠한 재앙의 소식들도 두려움이 없을 것이다.

주님의 재림 신앙으로 속은 가득하되 겉으로는 아주 신중하고, 마음은 뜨겁되 한 걸음 한 걸음 냉정하게 분별하며 나아가야 한다.

"그러므로 내 사랑하는 형제들아 견실하며 흔들리지 말고 항상 주의 일에 더욱 힘쓰는 자들이 되라 이는 너희 수고가 주 안에서 헛되지 않은 줄 앎이라" (고린도전서 15장 58절)

눈을 감으니 힘내라는 주님의 음성이 바울 사도의 음성이 바로 옆에서 울리는 듯하다.

참 그리스도인이여! 하루하루 힘들고 어려운 순간이 있어도 흔들리지 마시고, 주님을 더욱 깊이 사랑하고, 그날을 사모하며, 더욱 하나님의 일에 힘쓰는 사람이 되시라.

"서로 돌아보아 사랑과 선행을 격려하며 모이기를 폐하는 어떤 사람들의 습관과 같이 하지 말고 오직 권하여 그 날이 가까움을 볼수록 더욱 그리하자" (히브리서 10장 24절~25절)

'그날이 가까움을 볼수록 더욱 그리하자'
남이 모를지라도 당신의 주를 위한 수고와 애쓰는 모든 일이 절대로 헛되지 않을 것이다. 그날이 가깝다.

"잠시 잠깐 후면 오실 이가 오시리니 지체하지 아니하시리라" (히브리서 10장 37절)

주님의 다시 오심에 대하여 8장에서 말해 보았다. 그러나 항상 우리의 신앙은 현재적이지 못하고 그 재림의 실제 영광을 실감하지 못한다. 이 글을 쓰는 본인의 신앙도 그렇다. 그러면서도 한편으로는 또 믿고 성경을 붙잡는다. 우리 함께 믿음을 잡고 주의 재림을 기다리자. 단단히 주님의 재림을 붙잡고 소망 위에 굳건하게 하루하루 주님의 일들을 이루어 가야 할 것 같다, 주님은 다 아시리라 본다. 마라나타!

이제 마지막 9장에서는 지금까지의 내용의 토대 위에 계속 다가오는 시간들 속에 일어날 일들과 진행될 것들에 대하여 조심스럽게 예측해 보고자 한다.

믿음이 때로 비현실적으로 느껴지기도 할 것 같다. 또 정말로 그렇게 될까? 하는 작은 의심의 조각도 없다면 거짓말일 것이다. 그러나 현실이다. 어떡하겠는가? 믿음은 사실이며 우리는 이 길을 가야 한다. 그리고 이 길은 진실이다. 그리고 현실이 될 것이다.

9

다가오는 날들의 예측과 대비

　코로나바이러스는 이미 4년이 되었다. 지구는 아직도 코로나의 충격에서 헤어 나오지 못하고 있는데, 더하여 닥친 러시아의 우크라이나 침공은 세상을 더한 절망으로 밀어 버렸다. 전 세계는 지금 재앙들이 감당이 안 될 정도로 밀려오고 있다. 앞으로는 경제적인 충격과 혼란들은 더욱 가중될 것이다.

　그러나 인류는 그냥 '시간의 볼모'일 뿐 대책이 없다. 내년에는 또 얼마나 더 무서운 일들이 터질 것인가? 두려워하면서도 세상은 '막연한 낙관' 외에 할 수 있는 것이 없다.

　우리 기독교인들의 마음은 더욱 복잡하다. 이러한 일련의 재난들을 어떻게 보아야 하나? 정말로 성경대로 마지막 때가 가까운가? 주님은 정말로 오실까? 지금이 정말 그때인가?

　누가 완전한 믿음이 있을까마는 우리는 주어진 믿음을 더 확실히 하고 이 길을 가야 한다. 명심하고 예의주시하며 두려운 떨림으로 분별하며 하루하루 나아가야 한다. 반복해 오던 식의 흐릿한 대처는 안 된다.

　작으나마 그러한 앞날의 대비를 위하여 '마태복음 24장'으로 예측을 써 본다. 참고와 분별이 필요한 '예측'이다. 마귀의 속임과, 잘못된 성경의 해석, 잘못된 믿음들을 절대적 조심으로 대처하며 우리는 이 위험한 시대, 정신 차리고 주님의 길을 간다. 그러나 참 성경과 너무 동떨어진 기독교 신앙의 현실….

눈을 감으면 내면에서 애통이 외침으로 들려온다. 정신 차리고 참 성경의 신앙으로 돌아가야 한다고…. 보잘것없는 나라도 외쳐야 한다고….

"주님이 감람산 위에 앉으셨을 때 제자들이 조용히 와서 물었다. 주님의 재림하심과 세상 끝에는 어떤 일이 일어나겠습니까?" (마태복음 24장 3절)

많이 아는 내용들이고 또 물론 전에도 있어 왔다. 그러나 지금은 명심함으로 깊이 보아야 할 시대이다. 두려워할 줄 알아야 한다.

재난들의 시작이라

"곳곳에 기근과 지진이 있으리니 이 모든 것은 재난의 시작이라" (마태복음 24장 7절~8절)

지금 이 순간도 유럽과 미국이 산불들로 태워지고 있고 40도 50도는 넘나드는 기온에 수천의 사람들이 더위에 죽어가고 있다. 마태복음에는 곳곳에 기근과 지진이 있겠다고 하였고, 누가복음에는 한 가지 더 전염병도 나타난다. 즉 곳곳에 지진과 기근과 전염병 그리고 무서운 일들이 있을 것을 말하고 있다. 실제로 세상은 걷잡을 수 없을 정도로 재난들이 증가하고 있다.

"곳곳에 지진과 기근과 전염병이 있겠고 또 '무서운 일'과 하늘로부터 큰 징조들이 있으리라" (누가복음 21장 11절)

누가복음의 '무서운 일'이란 어떠한 모습일까? 지금도 두려운데 앞으로 어떠한 재난들과 전염병들의 무서운 일들이 닥칠 것인가? 지구는 급속도로 뜨거워지고 있다. 대륙들의 곳곳이 불타 잿더미로 변하고 있다. 시베리아의 광대한 영구 동토층이 녹아 수억 톤의 메탄가스가 누출되고 있다. 메탄가스는 현재 지구를 덥게 만드는 이산화탄소보다 30배나 더 강력한 온실가스이다. 이는 지구 온도를 현재보다도 상상 이상으로 급상승시켜 지구를 더한 불덩어리로 만드는 원인이 될 것이다. 더욱이 빙하와 동토층이 녹으면 그 안에 갇혀있던 이번 코로나바이러스 이상의 크고 두려운 전염병들이 나타날 것으로 예측된다. 누가복음의 전염병 말씀과 같은 것이다.

지구 온난화는 이제 돌이킬 수 없는 티핑 포인트를 넘어 돌이킬 수 없는 수준에 이미 이르렀다. 예상을 완전히 뛰어넘어 버린 것이다. 그에 더하여 지금 순간도 이 지구는 수십 번도 더 멸망시킬 수 있는 핵폭탄들이 노리고 있다. 러시아와 중국은 그 핵 위협을 가하고 있다. 어느 날 한번 스위치가 눌러지면 지구는 당장 불바다가 될 것이다.

마지막 때는 '불로 멸망'되리라고 예언된 성경 말씀이 두렵도록 놀랍다. 베드로 사도는 그때 온 세상이 불에 태워질 것이라고 예언하였다.

"이제 하늘과 땅은 동일한 말씀대로 '불사르기 위하여' 보호하신 바 되어…"(베드로후서 3장 7절)

전 지구적인 재난들은 확실하고 급하게 많아지고 있다. 이번 코로나바이러스는 작은 시작일 뿐이다. 이제 지구 전체는 극심한 더위와 가뭄을 가져올 것이다. 극지방까지 더워지므로 대기 순환이 안 되어 비는 이제 골고루 내리는 것이 아니라, 필요 없는 곳들에 한꺼번에 부어져 극심한 홍수를 가져올 것이다. 지구 전체적으로는 아주 극심한 온도와 가뭄에 메말라 갈 것이다.

전쟁 가뭄 홍수 그리고 경제 붕괴로 지구는 식량부족으로 갈 것이며, 아프리카 중남미부터 시작하여 가난하고 약한 나라들부터 극한의 기근들이 나타날 것이다. 또 그러한 지구의 불안정은 더 강력한 지진들과 쓰나미들을 불러올 것이다.

"곳곳에 기근과 지진이 있으리니 이 모든 것은 재난의 시작이니라"
(마태복음 24장 7절~8절)

사람들은 다른 것은 버틸지라도 배고픔은 견딜 수 없다. 이제 다가올 대기근들은 큰 내전들과 폭동들을 가져올 것이며, 이는 나라들 사이의 분쟁과 국가들 사이의 더 큰 전쟁들의 시작점이 될 것이다. 우리는 앞으로 엄청난 '난리와 난리들의 소문들'을 듣게 될 것이다.

"난리와 난리의 소문을 듣겠으나 너희는 삼가 두려워하지 말라" (마태복음 24장 6절)

코로나바이러스의 초기, 사람들은 들려오는 소식(소문)들에 두려워 떨었다. 이제 우리는 TV 매스컴의 발달로 거실에서 전 세계의 무서운 재앙들을 실시간으로 보고 듣고 느낀다.

즉 '난리와 난리의 소문'이다. 누가복음은 앞으로 닥칠 재앙들이 얼마나 무섭고 큰지 들려오는 소문들에 마음들이 녹아 기절을 할 것이라고 한다. 재앙들이 무섭고 커서 소문들을 듣기만 해도 두려움에 혼미해지는 것이다. 우리는 지금도 유럽과 미국의 무서운 산불들을 보면 마음에 큰 두려움을 느끼는 것이다.

"사람들이 '세상에 임할 일을 생각하고 무서워하므로 기절하리니' 이는 하늘의 권능들이 흔들리겠음이라" (누가복음 21장 26절)

"일월 성신에 징조가 있겠고 땅에서는 민족들이 바다와 파도의 성난 소리로 인하여 혼란 중에 곤고하리라." (누가복음 21장 25절)

"그때에는 사람들이 산에 대하여 우리 위에 무너지라 하며 작은 산들에 대하여 우리를 덮으라 하리라" (누가복음 23장 30절)

그 두려움들이 얼마나 큰지 산이 무너져 덮어 주기를…. 즉 순식간에 빨리 죽기를 바란다는 것이다. 이제 앞으로 나타날 전 지구적 재앙들과 전쟁의 공포를 말한다.

"이 모든 것은 재난의 시작이라" (마태복음 24장 8절)

"이날들은 기록된 모든 것이 이루어지는 징벌의 날이니라" (누가복음 21장 22절)

"이날은 온 지구상에 거하는 모든 사람에게 임하리라" (누가복음 21

장 35절)

'전에도 천재지변들은 있었는데 뭘 자꾸 심각하게 몰고 가'라며 세상 사람들은 여전히 긍정, 낙관, 무마시키므로 심각성을 잊으려 할 것이다. 교회들이나 믿는다는 사람들도 그리할 것이다. 그러나 너무 치우치면 안 돼, 종말론은 위험해 등의 가르침들로 이 실제적인 심각성들을 무마하려고만 해서는 절대 안 된다.

또한 코로나바이러스나 재난들의 증가를 인간들의 자연 파괴의 결과들로 주의를 돌려 주님의 재림과 연관을 부인하는 목회자들이 많다. 종말과 주님의 재림을 은근히 희석하는 것이다. 이것도 악한 것이다. 인간들이 자연을 파괴하였어도 인간들이 전쟁들을 일으켰어도 그 모든 것을 허락하신 분은 하나님이시다. 하나님의 주관과 뜻하심 아래 주님의 재림을 위하여 세상의 현재가 진행되고 있는 것이다.

그러나 이러한 종말의 위험성을 알리는 것에 또 너무 앞서가서 과다한 해석, 위협, 음모론, 때와 시를 은근히 말하는 듯한, 점점 더 자극적인 것으로 가는 것도 아주 위험하다.

주님의 재림을 약화시키는 것도 악한 것이지만, 너무 과다하게 앞서가 두려움과 겁을 조장하는 것도 위험한 미혹이다. 이제 두렵고 무서운 재난들은 날이 갈수록, 해가 갈수록, 두드러지게 확대될 것이다. 그러나 세상 사람들은 그 두려움들에 잡혀갈지라도 우리 그리스도인들은 참성경을 믿으며, 그 위에 서서 미리 예언된 대로 대처하며, 두려움이 아니라 주님의 재림 소망과 사모함으로 가면 되는 것이다.

걱정과 염려가 아닌 말씀의 성취를 확인하고 하나님에 대한 더욱 강하고 담대한 확신으로 가야 하며, 더 나아가 기독교를 향하여 세상을 향하여 주님의 재림을 외치는 앞선 사람들이 되어가야 한다. 이 작은 글도 두려움이 되지 않기를 바라며, 지혜로운 준비로 가는 한 조각 성찰의 경성의 도구가 되기를 바란다.

전쟁들의 증가

"민족이 민족을 나라가 나라를 대적하여 일어나겠고" (마태복음 24장 7절)

전 세계에 일어날 엄청난 전쟁들을 의미한다. 20세기는 1차 2차 대전을 겪었다. 아르메니아 학살, 르완다 학살, 근래 미얀마의 로힝야 종족 학살 등 근래에 있었던 민족 간의 전쟁들을 보았다. 중동지방의 민족들 국가들의 전쟁들을 우리는 보았으며 근래에는 러시아의 우크라이나 전쟁을 보고 있다.

물론 전쟁들은 인류 역사 속에 항상 있었다. 그러나 과거에 있었다고 현재 상황들을 가벼이 여길 것이 아니다. 우리는 앞으로의 일어날 일들에 더욱 예의 주시하여야 한다. 이번 러시아의 우크라이나 침공은 전 세계에 엄청난 충격을 주고 있다. 더하여 중국이 대만을 침공한다면 전 세계는 돌이킬 수 없는 혼돈을 받게 될 것이다.

이러한 전쟁으로 인한 흉작에 더하여 앞으로 온난화로 인한 흉작, 그리고 경제적인 파탄들은 더 큰 식량의 위기를 가져오게 할 것이다. 수많은 재난이 오게 되면 아프리카 중동 중남미 등의 가난한 나라들로부터 심각한 기근으로 갈 것이며 배고픔은 큰 폭동들로 확대

될 것이다.

기근이 그 도화선이 될 것이다. 민족들과 민족들이, 나라와 나라들의 전쟁들이 확대되어 갈 것이다. 많은 전쟁이 심화되어 갈 것이고 결국 핵전쟁의 위협들이 높아져 갈 것이다. 그러나 하나님은 이러한 전쟁들을 오히려 마지막 때 구원의 물결들로 사용하실 것이다.

전쟁들은 독재 국가들이나 이슬람의 장벽들을 허물어 그동안 막혔던 곳들에 복음이 마지막으로 들어가게 하시고 많은 난민에게 구원의 은혜들이 주어지게 하시는 것이다. 전쟁들로 인한 잔인성에 사람들은 인간 자체들에 절망하게 되어 마음들이 메마른 대지처럼 하나님께로 열리게 될 것이다. 잔인한 전쟁들은 오히려 마지막 때의 구원의 대 추수를 이끌게 될 것이다.

또한 민족들 간의 핍박과 싸움, 나라 간의 전쟁들은, 각 나라 속에 사는 유대인들의 귀환(이스라엘의 회복)을 가속시킬 것이다. 우리는 앞으로 이렇게 더한 두려운 전쟁의 소식들을 듣고 보게 될 것이다. 이러한 일들을 볼 때 불신자들은 무서워하며 떨지라도 우리 그리스도인들은 근본적으로 두려워할 이유는 없다. 우리는 이러한 경고들을 이미 받고 준비하기 때문이다.

그래도 앞으로 우리 믿는 자들도 두려울 것이다. 그러므로 성경대로 알고 철저히 대비하며 하나님께 믿음의 뿌리를 든든히 내리고 있어야 한다. 더 나아가 주의 재림을 믿지도 않고 대비하지도 않은 교회들과 교인들을 앞서 선도하여야 하고, 특히 자녀나 가족 그리고 주변 영혼들의 구원을 위하여 뜨거운 사명감으로 앞서 있어야 한다.

또한 세계관을 넓혀야 한다. 아직도 기독교인으로 나라의 정치, 이 정권이냐 저 정권이냐에 갇혀 다투고 싸우는 수준만은 안 된다. 이제는 눈을 돌려 전 지구적인 주님 재림의 징조, 온 세계 속에서 진행되는 하나님의 마지막 추수, 복음의 땅끝 전파와 주님의 재림 준비의 세계관으로 나아가야 한다. 그래야 하나님은 이 나라까지 더욱 지켜주시고 온 땅에 더욱 높이 드시며 마지막 때에 더 귀히 사용하시는 것이다. 시선을 주님의 재림과 온 땅의 진행으로 돌리시기를 바란다.

수많은 미혹의 증가

예수님은 마지막 때의 나타날 징조들을 말씀하셨는데 제일 먼저 그리고 가장 많은 부분에 말씀하신 것이 바로 미혹이다. 앞으로 미혹들이 극심해질 것이다.

"너희가 사람의 미혹을 받지 않도록 주의하라 많은 사람이 내 이름으로 와서 이르되 나는 그리스도라 하여 많은 사람을 미혹하리라"(마태복음 24장 4절~5절)

"그때 사람이 너희에게 말하되 그리스도가 여기 있다 저기 있다 하여도 믿지 말라 거짓 그리스도들과 거짓 선지자들이 일어나 큰 표적과 기사를 보여 할 수 있으면 택하신 자들도 미혹하리라"(마태복음 24장 23절 24절)

미혹은 무엇일까? 진짜가 아니면서 아주 교묘히 다가와 속여서 결국 파멸로 이끄는 것이다. 주님의 재림의 때가 가까워 갈수록 미혹도 극심해질 것이다. 신천지에 가 보면 과거 목회자요 장로요 권사였던 사람들이 가득하다고 한다. 미혹당한 것이다.

　인천의 어느 지역을 지나다 보면 저기 언덕 꼭대기에 기다랗고 빛바랜 커다란 흰 건물이 눈에 들어온다. 바로 예전 박태선의 천부교 건물이다. 박태선은 1917년 북한 평안남도 덕천에서 태어나 주일 학교에 다녔고 하나님을 믿었다고 한다. 그는 6.25 전쟁 이후 장로가 되어 엄청난 기적들과 이적들을 나타내었고 엄청난 사람들을 몰고 다녔다. 그러나 그는 결국 스스로 하나님이라고 하였고 결국 이단이 되었다. 그리고 수많은 사람을 지옥으로 이끄는 자가 되었다. 그는 천부교를 만들었고 우리나라 이단들의 총 본산이 되었다. 이만희의 신천지도 거기에 나왔다.

　만민중앙교회 이재록 목사도 초기에는 죽을병에서 치료받고 얼마나 많은 기적을 나타내며 교회를 키워 갔는가? 결국, 이단이 되어 온 나라를 충격에 빠트렸다. 그 이후 지금까지도 이러한 기적과 이적들로 이단시되는 자들이 우리나라에는 얼마나 많은가? 이러한 변질과 미혹의 무서움을 알아야 한다. 미혹의 결과는 영원히 저주받을 지옥이 되는 것이다. 평생 애쓰며 믿어 왔던 모든 것들이 결국 파멸이 되는 것이다.

　박태선도 이재록도 신천지도 통일교도 처음에는 기독교에서 출발했음을 항상 명심하여야 한다. 그들도 모두 믿음의 길로 가다가 변질되었고 미혹당하였고 결국 악한 지옥의 사자들이 되었다, 그리고 그들의 특징은 아주 교묘하게 다가와 진짜같이 속이며 이끌어 간다는 것이다.

"그런 사람들은 거짓 사도요 속이는 일꾼이니 자기를 그리스도의 사도로 가장하는 자들이니라" (고린도후서 11장 13절)

"이것은 이상한 일이 아니니라 사탄도 자기를 광명의 천사로 가장하나니 그러므로 사탄의 일꾼들도 자기를 의의 일꾼으로 가장하는 것이 또한 대단한 일이 아니니라 그들의 마지막은 그 행위대로 되리라" (고린도후서 11장 14절~15절)

미혹시키는 자들은 모두 자신을 하나님의 사람이요, 예수님을 위한 사람이요, 성경과 참 구원을 전하는 자라고 말한다. 그들은 이리의 모습이 아닌 선한 목자의 모습으로 다가온다. 곧 능력 있는 목사의 모습, 선교사의 모양, 유명한 영적 지도자 또는 기독교 단체를 이끄는 모양들을 가지고 있을 수 있다. 그러므로 그 분별이 어려울 수 있다는 것이다.

이렇게 판단함은 항상 조심스럽다. 그러나 이것은 영혼들이 천국 가느냐 지옥으로 가느냐의 문제가 달린 것이다. 이것은 영원한 저주냐 영생이냐의 문제가 달린 것이다. 그러므로 잘 가르쳐야 할 것이지 부작용이 두렵다고 미뤄둘 것이 아니다. 더더욱 주님 재림의 때가 가까울수록 이러한 미혹은 극에 달할 것이라고 주님은 말씀하시기 때문이다.

오늘날에는 이러한 노골적인 미혹자들 보다 더 교묘한 것들이 가득하다. 즉 앞에서 말한 다른 복음들, 자유주의, 다원주의 음모론 등 마지막 때의 수많은 이론이다. 게다가 시한부 종말론자들, 또는 세대주의 종말론자들, 더하여 말세를 전한다는 자들도 얼마나 변질의 위험이 있는지 모른다.

한참 코로나바이러스가 강하던 때 이슬람 선교를 주창하는 한 유명 선교 단체와 그 대표의 주장과 행태를 보며, 미혹이 얼마나 교묘하며 위험한가를 알게 되었었다. 항상 좋게 보았고 믿었던 그들이었기에 그 충격은 컸다. 이는 평소 우리 옆에 있고, 또 우리가 속해 있고, 또 우리가 믿었던 사람들도 미혹의 악한 주체가 될 수 있는가를 보여주는 것이었다. 물론 그 한 가지로 이단이라고 판단하는 것은 아니다. 다시 본래의 사명으로 참복음으로 돌아올 것을 믿는다.

그러나 스스로 알 것은 교만하지 말고, 자신들에 도취하여 있지 말고, 철저히 바른 성경 위에 서야 한다는 것이다. 그렇지 않으면 하나님을 위한다고 하다가 마귀의 종이 될 수 있다.

기적이나 이적들을 쫓아다니지 말아야 한다. 유명하다는 곳들, 치유 능력 있다는 소문들, 대단하다는 사람의 이름들을 쫓지 말아야 한다. 몰려다니지 말아야 한다. 거짓의 자들도 표적과 기사를 나타낼 수 있다. 우리나라는 지금도 이렇게 은사와 기적들에 혹하여 몰려다니는 사람들이 너무 많다. 목회자들이나 사역자들도 치유나 능력 행함이나 크거나 유명해지려는 것을 쫓지 말고 진정한 복음을 추구하기 바란다.

"거짓 그리스도들과 거짓 선지자들이 일어나 큰 표적과 기사를 보여 할 수만 있으면 택하신 자들도 미혹하리라" (마태복음 24장 24절)

"그때 '사람들이 너희에게 말하되' 그리스도가 여기 있다 저기 있다 하여도 믿지 말라" (마태복음 24장 23절)

거짓의 자들도 큰 표적들과 기사들을 행할 수 있다는 것을 명심하여야 한다. 사람들의 말하는 좋다는 곳, 능력 있다는 곳들로 여기 있다 저기 있다 몰려다니는 사람들을 마귀는 노린다. 그리고 그러한 은사들이나 집회들에 잡히면 자꾸 그러한 것들만 추구하고 쫓아다니게 된다. 작더라도 진정한 교회, 진실한 삶을 사는 목자들을 따라야 한다. 성경 그대로의 참복음, 부활과 재림과 진정한 복음을 전하는가가 중요하다.

　대단하다, 기적을 행한다, 카리스마가 있다가 아니다. 큰 것을 주창하는 야망이 큰 목회자는 더욱 아니다. 과다하게 이름이 높아지려는 사람은 더 위험하다. 작더라도, 우직스럽더라도, 화려한 가르침이 아니더라도, 참성경 참복음 위에 있고 그것을 가르치는가가 중요하다. 많이 모으는 것이 아닌 한 영혼의 천국 구원에 최선을 다하는 목자를 보아야 한다.

　한국의 교인들은 신앙적인 바른 믿음보다, 목사들 영적 지도자들 즉 사람에 대한 과다한 믿음과 추종을 한다. 그 목회자가 잘못하여도 맹목적으로 따른다. 현재도 광장과 정치의 목사를 맹목적으로 따르는 사람들을 보면 안다. 이러한 맹목적 믿음은 말세로 갈수록 아주 미혹당할 가능성이 크다. 목회자가 변질되면 그를 추종하던 자들은 모두 같이 넘어가기 때문이다. 그러한 자들은 자신이 어느새 변해 있어도 자신들은 모르게 된다. 이러한 자들은 하나님 앞에는 아주 위험하다.

　잡다한 세상 축복이 아닌 진정한 예수 그리스도 그리고 그분의 십자가 즉 영생의 말씀을 전하는 목자를 찾아야 한다. 또한, 세상 복이 아닌 죄와 심판 천국 주님의 재림을 전하는 목자가 중요하다. 거룩함 즉 예수님을 닮은 성품의 지도자들을 찾아야 한다. 멋들어진 모양과 자극적인 설교가 아니다. 철저히 말씀대로 살고 진실하고 정직하며 예수님을 닮은 성품이 있는가를 먼저 보아야 한다. 즉 성령의 열매들이 있는 목자이다.

　또 돈이 아닌 청빈한 목회자를 보아야 한다. 거짓말하고 재물에 대하여 집착하는 자들을 피해야 한다. 돈에 정직하지 못하며 유명세를 쫓는 목회자나 정치적인 목회자는 반드시 주의해야 한다. 과다한 종말론 음모론 과하게 계시록을 잘 푼다는 등 현혹하는 것을 주의하여야 한다.

"억지로 풀다가 스스로 멸망에 이르느니라" (베드로후서 3장 16절)

지금도 유튜브는 미혹의 장이다. 각자 자신이 옳다고 한다. 기독교 정의의 사도인 양 구독자 명수 추종자들을 모은다. 본질은 사단의 일꾼인데 겉으로는 하나님의 일꾼으로 자칭하고 있는 사람들도 많다. 이렇게 하나님을 위한다는 주장자들은 항상 자신도 틀릴 수 있음을, 자신도 지금 마귀의 일을 하고 있을 수 있음을, 자신도 오히려 미혹자가 되고 있을 수 있음의 의심을 품어 보아야 한다. 자칭 정의의 사도가 되면 안 된다. 사람의 대단함을 보지 말고, 깊게 사람을 따르지 말고, 항상 성경과 말씀으로 철저히 비추어 분별하여야 한다.

이제 이 미혹하는 자들은 점점 더 강해지고 많아지고 교묘해질 것이다. 또한 미혹당하는 믿는다는 자들도 아주 많아질 것이다. 미혹은 주님 재림의 때로 흘러갈수록, 더욱 영혼들을 지옥으로 이끄는 주체가 될 것이다. 또 처음에는 올바르던 자들도 마구 미혹시키는 자들로 넘어갈 것이다.

이제 지구적인 재난들이 가중되고 혼란되고 두려움과 무서움들이 나타나면 더 많은 미혹자들이 나타날 것이다. 더 능력을 행한다는 자들이 넘쳐날 것이다. 사람들은 지푸라기라도 잡으려는 심정으로 마구 휩쓸려 다닐 것이다. 능력과 기적들을 쫓지 말라.

"할 수만 있으면 택하신 자들도 미혹하리라" (마태복음 24장 24절)

가장 크고 악한 교묘한 미혹시키는 자들이 기존의 기독교 안에 있게 될 것이다. 당신도 혹 미혹자는 아닌가? 철저히 살펴보시기 바란다.

"인자가 올 때 세상에서 믿음을 보겠느냐?" (누가복음 18장 8절)

주님은 자신이 세상에 다시 오실 때 진정한 믿음을 볼 수 있으실까? 염려하셨다. 두렵고 떨림으로 심각하게 받아들여야 한다.

기독교에 대한 박해와 배교의 증가

지난 2000년 동안 기독교는 숱한 박해를 견디어야 했다. 그동안 기독교는 7천만 명 정도의 순교자를 내었으며 세계적으로 지금도 한 해 5000명 정도가 순교하고 있다. 그리고 한 해 2억 명 정도의 기독교인들이 지금도 박해를 당하고 있다고 보고 된다. 그에 비하여 우리는 현재 참 편한 신앙생활을 하고 있다. 이제 머지않아 우리도 어려운 신앙생활을 하게 될 것으로 본다.

예수님은 마지막 때에는 믿는다는 이유로 받을 박해를 말씀하셨다. 그러므로 주님의 오심이 다가오는 시대에는 전 지구적으로 참 기독교에 대한 극심한 박해와 핍박이 있을 것이다.

앞으로 세계는 더 많은 재난과 재앙들이 나타나게 될 것이다. 그러면 사람은 큰 두려움과 극도의 혼란들을 겪게 된다. 혼란들이 일어나면 나라들이 혼돈과 무법 상태에 이르게 되고 큰 불안들이 엄습하게 된다. 그러한 가운데 처하게 되면 국가나 권력의 주체들은 더욱 강한 통제와 권력을 행사하게 될 것이다.

　이번 코로나바이러스는 통제의 작은 모양을 보여 주었다. 앞으로 나타날 전 지구적인 재난들은 궁극적으로 기독교를 표적으로 삼을 것이다. 이는 세상은 근본이 마귀에게 속하여 있기 때문이다.

　기독교만이 진리이고 기독교만이 구원이 있다는 강한 믿음 때문에 세상은 많은 거짓과 악한 사건들로 속여 기독교를 몰고 갈 수 있다. 로마의 네로와 같이 로마시의 화재를 기독교인들에 뒤집어씌워 기독교를 공공의 적으로 삼게 한 것과 같다. 믿는 것 자체를 불법으로 여겨 투옥과 생명까지 노리게 될 것이다. 또다시 로마 시대처럼 신앙의 시험대에 올라갈 것이다. 이때가 이르면 순교를 각오하는 진정한 그리스도인들이 아니면 숱한 교회들 목회자들이 배교의 길을 가게 될 것이다.

　세상과 권력들은 모든 것들을 통합하여 기독교를 마지막의 유일한 대적으로 몰고 갈 것이다. 기독교로 표방하는 수많은 교회와 교인들이 신사참배 하듯 권력을 따를 것이다. 그러나 끝까지 진리를 지키려는 교회들과 그리스도인들은 박해와 순교의 대상이 될 것이다. 참 기독교인들을 잡아주고 환란에 넘기고 죽이는 데 앞장서는 자들이 바로 타협한 기독교인이라는 사람들이 하게 될 것이다. 믿는다는 많은 사람이 고통과 박해로 인하여 믿음을 버릴 것이다.

"그때 사람들이 너희를 환란에 넘겨 주겠으며 너희를 죽이리니 너희가 내 이름으로 모든 민족에게 미움을 받으리라." (마태복음 24장 9절)

"사람들이 너희를 회당에서 매질하겠으며 나로 말미암아 너희가 권력자들과 임금들 앞에 서리니" (마가복음 13장 9절)

전 세계는 엄청난 재앙들로 인하여 전 지구적인 통제가 필요함을 느끼게 되고 전 지구적인 권력의 나타남의 길을 열어줄 것이다. 그 권력에는 세계의 나라들, 종교들, 모든 것들이 통합될 것이다. 거기에는 WCC 등으로 표현되는 많은 자칭 기독교들이 동참하게 될 것이다. 예수 그리스도가 유일한 길임을 포기하고 모든 종교 모든 것들에 길이 있다고 일치와 화합을 주장하게 된다. 이들은 나중에는 끝까지 신앙의 진실을 지키는 기독교인들을 극단주의자들 원리주의자들이라고 핍박하는 자들이 될 것이다.

"그 때에 사람이 너희를 환란에 넘겨 주겠으며 너희를 죽이리니 너희가 내 이름으로 모든 민족에게 미움을 받으리라." (마태복음 24장 9절)

거대한 국가와 같은 정치권력 집단인 가톨릭은 더더욱 세계 권력에 힘을 실어주고 통합하는 가장 큰 역할을 할 것이다.

"그러나 끝까지 견디는 자는 구원을 받으리라" (마태복음 24장 13절)

이제 앞으로는 목숨을 내걸어야 하는 박해의 시대가 올 수 있다. 초대교회가 그랬고, 지금도 세계 곳곳에서는 순교 앞에 서 있는 사람들이 그렇고, 이제 말세의 때 더욱더 곳곳에서 순교의 피들을 흘리게 될 것이다.

복음의 땅끝 전파

지난 2000년 동안 복음이 땅끝까지 들어가는 시대는 단 한 번도 없었다. 그러나 지금은 진정으로 복음이 땅끝들에 도착하고 있다. 성경의 완전한 실현이다. 그래서 주님 재림의 때가 되었다는 것이다.

"이 천국 복음이 모든 민족에게 증언되기 위하여 온 세상에 전파되리니 그제야 끝이 오리라"(마태복음 24장 14절)

"먼저 복음이 만국에 전파되어야 할 것이니라"(마가복음 13장 10절)

주님의 오심에 대하여 우리는 지진들이나 재난들, 전염병들, 미혹들, 전쟁들의 증가도 주시하여야 하지만 무엇보다 복음의 전파를 집중해 보아야 한다. 지금의 재난들과 징조들을 예의주시하여야 하는 이유는 가장 중요한 복음의 땅끝 전파가 함께 성취되고 있기 때문이다. 또 이제 나타나는 많은 재난과 전쟁들은 나라들과 국경들을 무너지게 할 것이며, 복음이 더욱 급속도로 땅끝에 이르게 하는 계기가 될 것이다.

그동안 이슬람권이나 북한의 경우 복음이 들어갈 수 없었다. 그러나 하나님은 전쟁이나 기근 등까지 허락하셔서 복음을 듣게 하고 계시다. 하나님은 모든 나라를 흔드시고 닫힌 문을 열게 하신다. 이번 코로나바이러스는 바로 이것을 보여주었다. 세상은 이제 막힌 곳 닫힌 곳 알려지지 않은 곳이 없다. 속속들이 복음이 다 들어갈 수 있게 되었고 또 들어가고 있다.

이제는 러시아도 중국도 이슬람권과 북한까지 곳곳에 복음이 들어가 있다. 머지않아 하나님은 요엘의 예언과 같이 나라들 민족들 방언들에 예비된 믿는 자들에게 성령을 부어주실 것이다. 그러면 그들로 인하여 순식간에 아직도 예수 그리스도 구원의 이름을 들어보지 못한 자들 남은 자들에게 복음이 증거 될 것이다. 우리가 알지 못하는, 복음이 땅끝에 이르는 바로 그날, 우리는 주님 재림의 나팔 소리를 듣게 될 것이다.

그러므로 우리는 더욱 선교사들을 도와야 하고 자신이 땅끝으로 나가야 한다. 세상 사람과 별반 다름없이 돈 쌓아 놓고 편안히 늙음과 노후를 기다리는 것이 아니다. 우리의 마음과 눈은 지금도 땅끝에 가 있어야 하고, 주님 재림의 영광이 감은 눈 안에 있어야 한다.

그날 땅끝에 서서 예수님 재림의 나팔 소리를 듣기를 소망해 본다. 늙어서 쇠약해 감이 아닌 주님을 위하여 다 드려서 이 육체가 쇠약해 가기를 바란다. 주님을 사모하여서….

'주께서 주신 동산에 땀 흘리고 씨를 뿌리며
 내 모든 삶을 드리리 날 사랑하시는 내 주님께
 비바람 앞을 가리고 내 육체는 쇠잔해져도
 내 모든 삶을 드리리 내 사모하는 내 주님께

 땅끝에서 주님을 맞으리 주께 드릴 열매 가득 안고
 땅끝에서 주님을 뵈오리 주께 드릴 노래 가득 안고

 땅의 모든 끝 찬양하라 주님 오실 길 예비하라
 땅의 모든 끝에서 주님을 찬양하라
 영광의 주님 곧 오시리라' (땅끝에서 : 고형원)

"이와 같이 너희도 이 모든 일을 보거든 인자가 가까이 문 앞에 이른

줄 알라" (마태복음 24장 33절)

이스라엘의 회복

"무화과나무의 비유를 배우라 그 가지가 연하여지고 잎사귀를 내면 여름이 가까운 줄 아나니 이와 같이 너희도 이 모든 일을 보거든 인자가 가까이 곧 문 앞에 이른 줄 알라" (마태복음 24장 32절 33절)

성경은 주님의 재림 전에 이스라엘 나라의 회복과 세계에 흩어져 있는 이스라엘 백성들이 그들의 고토로 돌아갈 것을 말씀하고 있다. 이는 실제가 되고 있다.

AD 70년 이스라엘은 멸망하였고 유대인들은 많은 나라로 흩어져 갔다. 그리고 거의 2000년을 나라 없이 유랑하였다. 그러나 그들은 그들의 언어와 민족정신을 잃지 않았고 1948년 2000년 만에 이스라엘 나라를 회복하였다. 도저히 불가능한 일이 이루어진 것이다. 하나님이 하셨다고 밖에는 설명이 안 된다. 이제 더하여 온 땅에 흩어져 살던 유대인들이 이스라엘로 돌아가고 있다.

2022년 일어난 러시아와 우크라이나 전쟁은 우크라이나에 살고 있던 유대인들의 귀환을 아주 급속도로 진행하게 하고 있다. 하나님은 전쟁들까지 사용하시어 유대인들의 귀환을 이루고 계신 것이다. 성경의 예언들이 다방면들에 급속히 성취되고 있다. 시계가 아주 빨라지고 있다. 이스라엘의 회복은 주님 재림의 눈에 보이는 징조들과 같다. 이제 재난들과 전쟁들과 경제공황의 문제들은 각국 유대인들의 입지를 더욱 불안정하게 할 것이고 이는 유대인들의 귀환을 더욱 앞당기는 계기가 될 것이다.

근래에는 예수님께서 꿈속에 혹은 실제로 자신을 친히 나타내시어 유대인들을 회심하도록 하고 계시다. 때가 그만큼 가깝다는 증거이다. 유대인들은 영적 지도자들인 랍비들에 대한 신뢰와 의존도가 높다. 그러므로 랍비들이 먼저 기다리는 메시아가 예수님임을 알게 되고 랍비들이 먼저 예수님을 기다려온 메시아로 선포하게 되면 유대인들은 전 국가적으로 일시에 큰 회심을 이룰 수 있다.

즉 집단 개종의 가능성이다. 그러므로 지금 유대인들의 귀환과 구원은 어느 때에 이르면 급속도로 이루어질 수 있다. 우리는 이스라엘의 회복과 유대인들의 귀환을 눈여겨보며 주님의 재림에 대한 더욱 가까움에 대한 확신을 더욱 단단히 하여야 한다.

마지막 대 부흥과 대 추수의 예측

주님이 다시 오시기 전에 마지막 전 세계적인 성령의 강한 임하심과 영혼 구원의 대 추수가 있을 것이라 본다. (로버트 콜만. Robert E. Coleman)

지금도 재난들과 전쟁의 소문들은 지구상 모든 사람의 영혼을 흔들고 있다. 이제 앞으로 더 큰 재난들과 재앙과 전쟁의 일들이 닥쳐오게 되면 사람들의 마음은 두려워하며 떨 것이다. 그들은 세상에 더 기댈 것이 없음을 알게 되어 하나님에게로 마음들이 열릴 것이다. 즉 구원의 단비를 애타게 기다리는 심령들로 예비되는 것이다.

그때 하나님께서는 온 땅에 성령님을 부어주실 것이다. 마른 땅이 단비를 흡수하듯 나라들과 민족들과 방언들에서 구원받는 영혼들의 큰 물결이 일어날 것이다. 그리하여 온 땅에서 마지막 대 추수가 있게 될 것이다.

"말세에 내가 모든 내 영을 모든 육체에 부어 주리니" (사도행전 2장 17절)

이 강한 성령의 능력은 그때까지도 복음을 듣지 못했던 남은 자들에게 전파될 것이다. 또 이슬람 같은 강한 지역들에까지 성령의 은혜가 임할 것이며 무수한 사람이 돌아오게 될 것이다. 그리하여 복음을 한 번도 듣지 못했다고 그 누구도 부인할 수 없게 될 것이다.

그때는 우리가 생각지도 않은 나라들, 저 사람들이 가능할까? 했던 복음에 불가능할 것 같던 민족들, 종교들 그리고 오지 외딴 바다 끝에서까지 영혼의 추수가 있게 될 것이다.

"오직 주께서는 너희를 대하여 오래 참으사 아무도 멸망하지 아니하고 다 회개하기에 이르기를 원하시느니라" (베드로후서 3장 9절)

이슬람권에서, 인도에서, 시베리아에서, 남미에서, 아프리카에서, 모든 종교 모든 인종 나라들에서 일어날 영혼의 마지막 대 추수의 가슴 벅찬 영광을 본다. 또한 그때는 현재 깊은 영적인 상실을 겪고 있는 영국과 유럽의 교회들에까지도 회개와 구원의 바람이 불 것이다. 그날을 간절히 소망한다.

"이 일 후에 내가 보니 각 나라와 족속과 백성과 방언에서 아무도 능히 셀 수 없는 큰 무리가 나와 흰 옷을 입고 손에 종려 가지를 들고 보좌 앞과 어린 양 앞에 서서 큰 소리로 외쳐 이르되 구원하심이 보좌에 앉으신 우리 하나님과 어린 양에게 있도다" (요한계시록 7장 9절~10절)

초대교회같이 작은 규모의 교회로 갈 것이다

이번의 코로나바이러스는 우리에게 많은 것을 가르쳐 주었다. 평시에는 문제가 없으나 심각한 위험의 시대가 되면 앞에서 말한 것처럼 국가나 그 이상의 권력의 강한 통제가 출현하게 된다. 앞으로 기독교는 큰 박해와 핍박의 시대를 맞이하게 된다.

우리 기독교는 자신이 속한 국가의 나라 법의 아래 있게 된다. 그러나 우리는 또한 그 상위법인 하나님의 신앙의 법에도 같이 속하여 있게 된다. 종교의 자유가 주어지는 평시에는 문제가 없다. 그러나 재난과 같은 심각한 문제들이 발생될 때 우리는 나라의 법을 따를 것이냐 하나님의 법을 따를 것이냐의 문제가 생기게 되는 것이다. 이번 코로나바이러스가 기승을 부릴 때 나라에서는 교회에 모이지 못하게 하였고 우리는 모여야 했다. 나라 법과 하나님 법의 관계성이다.

이처럼 자유가 있는 나라에서는 문제가 없으나 당장 기독교를 불법으로 막고 있는 나라에서는 그리스도인들은 나라 법을 어겨서라도 신앙을 가지고 몰래 모이게 된다. 하나님의 법이 그 위에 있기 때문이다. 지금도 중동의 교회들 북한의 그리스도인들 이란의 교회들은 국가가 막아도 죽음을 각오하고 모이고 신앙생활을 이루어 간다.

아직은 실감이 나지 않으나 이번 코로나바이러스처럼 미래에 많은 재난과 지구적인 재앙들이 닥치면 기독교는 심각한 통제와 제재와 핍박을 받게 될 수 있다. 이제 재난들과 재앙들 전쟁들 많은 난리로 인하여 전 세계 외형적 크기의 기독교는 점점 존립의 위협을 받게 될 것이다.

많은 교회가 권력의 명령 따르게 될 것이고, 진정한 신앙을 지키려는 자들은 작은 소규모의 모임과 비밀스러운 모임의 교회 형태로 가게 될 것이다. 그때가 되면 교회들은 규모가 클수록 자신을 지키기 위하여 타협하게 된다.

앞으로의 세상은 모든 나라 종교 권력들이 통합될 것이다. 그들은 끝까지 오직 예수 그리스도만이 유일한 길임을 고수하는 참 기독교인들을 원리주의 근본주의로 몰아 공통의 대적으로 삼게 될 것이다. 그러므로 극심한 박해와 핍박이 기독교에 가해질 것이다.

앞의 '진정한 교회가 무엇인가'에서 다룬 것처럼 주님 재림의 때 즉 마지막 때에 이를수록 미래에는 작은 형태의 모임, 가정교회 형태, 지하교회 형태의 모임 등으로 가게 될 것으로 본다.

초대교회는 가정교회같이 모였으나 그들의 신앙은 살아 있는 참 신앙이었다. 중국의 부흥을 가져왔던 강력했던 교회는 가정교회 지하교회였다. 지금 중동의 이슬람 핍박 속에 있는 참 기독교도 그러한 작은 형태의 교회들이다. 그러한 작은 형태의 교회들은 진정한 신앙을 유지할 수 있으며 근본적으로 모든 핍박을 능히 이길 수 있는 강한 힘을 갖게 된다. 그러나 내용은 없으며 덩치만 큰 교회들은 권력에 타협하든지 모래알과 같이 될 수도 있다. 믿음의 바탕이 없던 교인들은 떠나갈 것이다. 이번 코로나 사태에서도 이를 보여주었다.

앞으로 곳곳에 덩그러니 을씨년스러운 예전의 교회였던 건물들을 보게 될 것이다. 근래에도 과거 높던 교회들이 공장이나 다른 기업

건물들로 바뀐 것을 본다. 이제 세계 곳곳에 나타나고 시작될 것이다.

그러므로 시대적 흐름 속에 깨어 있는 목회자라면, 여전히 대형교회의 추구가 아닌, 초대교회적인 지도자가 되어야 한다. 시대를 대처하지 못하는 교회들은 주님의 때가 다가올수록 타의에 의한 분열의 고통과 하락을 겪게 될지도 모른다. 영혼들을 위하여라도 초대교회적인 작더라도 강한 진정한 교회를 추구할 수 있는 용기가 필요한 시대이다.

우리나라는 아직 자유 국가로서 이러한 예측이 전혀 실감이 안 갈 수도 있다. 그러나 이미 세계 수많은 곳이 심각한 박해 속에서 신앙생활하고 있음을 알아야 한다.

하나님께서는 주님의 재림이 가까워지면 소규모 교회 가정교회 지하교회 형태의 참 교회, 진정한 기독교와 진정한 성도들을 원하실 것이다. 꼭 그래서가 아니라 이제 나타날 미래를 생각하여 대형교회로의 방향을 멈추고 초대교회적인 진정한 교회를 추구하여야 한다. 무조건 작아야 한다는 의미가 아니다. 진정한 교회는 크지 않을수록 그 본질을 잘 이루지 않을까 하기 때문이다. 그것이 앞으로 나타날 재림의 시대에 진정 하나님의 바라심이 아닐까 생각해 본다.

전 지구적인 권력과 지도자의 시대가 올 수 있다

전 세계적인 전쟁들과 재난들 속에 나라들과 지도자들은 인류 멸망의 위험을 느끼게 될 것이다. 이러한 극도의 위기의식은 항상 모래알 같던 세계, 나라, 정치, 경제, 종교, 등 모든 것들의 통합하여 함께 대처하자는데 힘을 실어주게 될 것이다. 그러므로 어마어마한 멸망의 상황이 닥치면 나라들과 국가들은 비로소 힘을 합할 것이며 결국 세계적인 기구가 나타날 것이다.

또 그러한 세계를 통제할 초 지구적인 권력의 자가 나타나 마지막 때 하나님을 대적하게 될 수 있다. 그때는 종교들도 통합이 일어날 것이며 가톨릭이 중심이 될 것이다. 궁극적으로는 오직 하나님, 오직 성경, 오직 한 구원의 길 예수님을 믿고 가는 진정한 기독교만이 통합된 그들의 공격과 핍박과 멸절시킬 대상이 될 것이다. 순교자들의 수가 채워지기까지.

그러나 순교의 대상이 되더라도 진정 하나님을 믿고 천국과 주님의 재림을 사모하는 진정한 교회들, 그리스도인들이 되기를 바란다.

"너희가 내 이름으로 말미암아 모든 사람에게 미움을 받을 것이나 끝까지 견디는 자는 구원을 얻으리라" (마태복음 10장 22절)

"그러나 끝까지 견디는 자는 구원을 얻으리라" (마태복음 24장 13절)

가톨릭의 미래

가톨릭은 갈수록 마리아 숭배의 모양으로 짙어져 갈 것이다. 교황 숭배 성상 숭배 성경의 변질 등 수많은 변질로 깊어질 것이다. 나중에는 완전히 다른 종교가 될 것이다. 그러나 세계적으로는 자신들이 기독교를 대표하는 정통으로 주장하며 평화를 내세워 종교들의 통합을 외칠 것이다. 많은 기존의 기독교(개신교) 안에서도 가톨릭과 함께 하며 통합을 이루어 갈 것이다. WCC요 다원주의이다.

그들은 참 기독교 즉 성경을 하나님의 유일한 말씀으로 수호하는 기독교를 궁극적 핍박의 대상으로 삼게 될 것이다. 그들은 중세 시대에 참 기독교인들을 수없이 죽음으로 몰고 갔던 일을 마지막 때에 또 하게 될 것이다. 그러므로 현재의 가톨릭에 대한 과다한 환상을 버려야 한다.

그러나 또한 가톨릭에 대한 과다한 배타성도 미워하는 마음도 안 된다. 가톨릭에 대하여 이단이다 악이다 적그리스도이다 하는 과다한 비판이나 손가락질이 아닌 구원 받아야 할, 사랑이 필요한 불쌍한 영혼들로 깊이 보아야 한다. 아직도 그들 중에는 돌아올 영혼들이 있으며 하나님의 계획이 있으시리라 보기 때문이다.

마치는 말

이제까지 다가오는 앞날에 대한 예측이었다. 우리는 하루하루를 보면 세상이 전혀 문제없이 돌아가고 있는 것 같다. 어제처럼 해는 뜨고 봄이 와 꽃들이 피고 하늘은 푸르다. 그러므로 당장만 보면 주님의 재림도 앞의 예측들도 전혀 일어날 것 같지 않다.

그러나 가만히 들여다보면 코로나바이러스부터 전 세계는 무서우리 만치 두려운 말세적인 징조들로 가득했다. 이제 당장 내년만 해도 전 지구적 우주적 재앙들은 급속도로 나타남이 더욱 보이고 느껴질 것이다. 이렇듯 상상도 못 했던 일들이 항상 현재가 되어있는 것을 우리는 발견한다. 설마 하는 신앙은 안 된다.

냄비 속의 개구리 비유를 우리는 안다. 온도가 조금씩 올라가서 개구리는 별문제를 못 느낄 수 있지만, 알게 되었을 때는 이미 늦게 되는 것이다. 주님의 재림과 종말적 진행들이 조금씩 진행되고 또 적응하므로 사람들은 심각성을 자꾸 무시한다. 그러나 심각성을 깊이 인식하게 될 때는 이미 늦다. 주님 재림의 시계는 점점 급해져 갈 것이다.

더한 재앙의 일들이 다가오더라도 참 신앙인들은 두려워할 이유는 없다. 우리는 궁극적으로 주님이 임하시기를 사모하고 기다리기 때문이다. 주님이 언제나 오시더라도 '아멘 주여 오소서'라고 거리낌 없는 준비가 되어있으면 된다.

또한 주님의 재림이 조금 늦더라도 상관없다. 주님을 기다리며 열심히 주님 일하다 생을 마감하게 되면 먼저 주님께 가 있으면 된다. 그러다가 머지않아 주님 재림의 때에 주님을 따라와 부활의 영광에 동참하면 된다. 항상 마음은 주님 재림의 신앙으로 뜨거워져 가야 한다. 그러나 외형은 더욱 침착하게 분별하며 가야 한다.

지금까지 마태복음 24장과 성경들을 묵상한 예측들이었다. 이미 많이들 아는 지식들이다. 그러나 앞의 이야기들이 우리 그리스도인들 서로를 경성케 하는 작은 사랑의 도구 되기를 바랄 뿐이다. 주님의 재림은 진정 가깝다고 본다. 깨어 준비하여야 한다.

"하늘에서는 주 외에 누가 내게 있으리요 땅에서는 주 밖에 내가 사모할 이 없나이다 내 육체와 마음은 쇠약하나 하나님은 내 마음의 반석이시요 영원한 분깃이시라" (시편 73편 25절~26절)

아멘!